U0459034

赵旭腾 著

版圖之枷

军事后勤视野下的明代国家兴亡

海寧廳

尾當堡

永嘉堡

李家寨

山西出版传媒集团
山西人民出版社

图书在版编目（CIP）数据

版图之枷：军事后勤视野下的明代国家兴亡 / 赵旭
腾著. — 太原：山西人民出版社，2025. 5. — ISBN
978-7-203-13841-9

Ⅰ. E294.8

中国国家版本馆 CIP 数据核字第 202580ED02 号

版图之枷：军事后勤视野下的明代国家兴亡

著　　者：赵旭腾
策划编辑：崔人杰　张志杰
责任编辑：吉　昊
复　　审：崔人杰
终　　审：梁晋华
装帧设计：陈　婷

出 版 者：山西出版传媒集团·山西人民出版社
地　　址：太原市建设南路 21 号
邮　　编：030012
发行营销：0351-4922220　4955996　4956039　4922127（传真）
天猫官网：https://sxrmcbs.tmall.com　电话：0351-4922159
E - mail：sxskcb@163.com　发行部
　　　　　sxskcb@126.com　总编室
网　　址：www.sxskcb.com

经 销 者：山西出版传媒集团·山西人民出版社
承 印 厂：山西出版传媒集团·山西人民印刷有限责任公司

开　　本：890mm×1240mm　1/32
印　　张：11.75
字　　数：252 千字
版　　次：2025 年 5 月　第 1 版
印　　次：2025 年 5 月　第 1 次印刷
书　　号：ISBN 978-7-203-13841-9
定　　价：89.00 元

如有印装质量问题请与本社联系调换

序

　　历史研究的深化，往往始于对固有范式的突破与视角的转换。在汗牛充栋的明史著述中，军事史研究长期聚焦于战役考据、将帅评骘与战略思想剖析，而支撑战争机器的深层肌理——军事后勤体系——却鲜见系统性阐释。本书的学术价值，恰在于将研究视野放至国家治理的"毛细血管"，通过剖析明代军事后勤体系的制度嬗变、技术困境与地缘博弈，揭示国家能力消长与政权兴替的内在逻辑。

　　二十世纪以降，黄仁宇、王毓铨等前辈学者已敏锐触及明代财政与军事的关联性，其关于漕运经济、军事屯田的研究为这一命题奠定根基。本书在继承实证传统的基础上，引入军事后勤学视角，对军粮来源、运输网络、战争消耗三大问题进行剖析，力图从军事后勤的角度阐释明代国家兴亡与疆域变迁背后的经济因素。

　　好的通识读物需是建立在原创研究的基础上，本书研究依托三类核心史料构建论证体系：其一，以《明实录》《度支奏议》为核心的官方文献，剖析国家顶层设计中的后勤战略思维；其二，结合明代文臣的文集奏议，探求制度设计的变化过程；其三，从明代边镇志书中的地方实践记录，揭示制度文本在军事实践中的变形与调适。这种多重证据链的互证，使研究既具宏观结构性，又不失微观实证性。

全书以明代国运起伏为轴线，分"开疆""守土""坍缩"上中下三篇，共十一章展开叙事。上篇点出军事后勤在中国古代战争中的重要作用，重点指出明代军队在后勤问题上面临的困境和对策，以及朱元璋在征战天下过程中如何通过屯田、开中法等手段，从物资征集、存储和运输三方面构建明军后勤体系。中篇叙述了永乐北征后，明王朝的军事策略由攻转守，随之而来的是卫所屯田的兼并、开中法的毁坏、运输体系效率的退化以及后勤愈发依赖国家财政的银钱。下篇以明代辽东地区为突破口，演示了辽东一镇的后勤问题如何引发整个国家的财政问题，并最终引发了国家的崩溃。使"军事后勤能力影响国家命运"的命题获得立体化论证。

本书的进步意义，不仅在于系统介绍明代军事后勤的框架变化，亦在于其将焦点从典章制度的阐释转向其实践效能的分析，历史图景中曾被遮蔽的"制度成本""行政损耗"等要素便显现出关键解释力。在国家治理的大命题下，明代军事后勤体系暴露的中央与地方的财政博弈、国家困境与制度惰性的冲突、边疆治理的成本控制等问题，折射出跨越时空的镜鉴价值。

真正的历史规律往往蛰伏于琐碎的数字与沉默的账册之间，这些看似枯燥的计量，实为叩问国家兴亡之门的密钥。本书能够独辟蹊径，以通俗的叙述方式，从后勤的视野分析明代疆域的扩张与收缩，有助于读者了解军事战争背后的其他线索，进而对明代的政治决策形成更理性的认识。

华林甫

2025年3月22日

目 录

上 篇 开疆

上 篇

开疆

第一章　沉重的枷锁

生命线

元至正十七年（1357年）三月，朱元璋军终于攻克为张士诚军所占的常州城。从至正十六年（1356年）七月始，作为朱元璋麾下头号大将的徐达率师围攻常州，不想却因常州城坚兵精而不能攻克。九个月后，常州城却以一种戏剧化的方式被攻克了：因为长期无法攻克常州，朱元璋军中出现了大量的逃兵，而常州守将吕珍趁机将这些逃兵招入城中，导致军粮短缺，难以生存，继而被徐达攻克。据《明太祖实录》记载："初，常州兵虽少而粮食足，故坚拒不下。及诱我叛兵入城，军众粮少，不能自存。我师攻之益急，吕珍宵遁，达等遂取之。"①

著名的历史地理学家谭其骧先生曾经对历史与地理之间的关系做过一个精彩的比喻："历史好比演剧，地理就是舞台；如果找不到舞台，哪里看得到戏剧！"巧合的是，在大洋彼岸的军事

---

① 《明太祖实录》卷5，丁酉年春三月壬午条，台湾"中央研究院"历史语言研究所1962年校印本。

学家,也有一个类似的比喻:"战略之于战争,犹如情节之于戏剧;战术可比之为演员扮演的角色;后勤相当于舞台管理、置办道具及担当演出的种种维持工作。"①要想看历史这出大戏,离不开地理;要想看战争这场大戏,则离不开后勤。在战争中,后勤拥有与战略、战术并重的地位。张士诚的常州守将不顾及后勤承受能力,盲目招降纳叛,输得不冤。

在中国战争史上,因为后勤问题而导致失败的战例不胜枚举,袁绍因为乌巢被烧而含恨撤军,桓温北伐因后勤不济而屡屡失利。可见饥饿亦是古代将士的重要杀手,更是制约国家版图扩张的沉重枷锁。战争史吸引读者的往往是前方战线上两军相交的刀光剑影,军师谋士的神机妙算,而战线之后的补给线,则容易忽略。但对于国家版图扩张而言,补给线的重要性并不亚于战线的推进。战线的推进并不代表疆域的扩张,就如人们可以去很远的地方旅行,但钱花完了就得回家。同理,战线推得再远,如果补给线跟不上,军队还是要退回来。结果往往是领土打得下来,却守不住。

那么,后勤补给究竟难在何处呢?简言之,难在国家的财政能力与统筹能力,具体而言又反映在筹措与运输之上。

首先,后勤补给的筹措,就是一门系统性工程。《孙子兵法》曾言:"驰车千驷,革车千乘,带甲十万,千里馈粮,则内外之费,宾客之用,胶漆之材,车甲之奉,日费千金,然后十万之师

---

① 【美】乔治·C·索普:《理论后勤学》,解放军出版社2005年版,第2页。

举矣。"先秦时期，中国就有了后勤统筹体系之建设。西周时期就已经建立了较为完备的后勤物资筹备体制，根据《周礼·地官》的记载，在野鄙、县都等处，都有粮食储备，称为"委积"，"县都之委积"的用途是"以备凶荒"，凶，即战争。

春秋以降，随着生产力的提升，尤其是战国以后铁质兵器的推广，战争的烈度不断增加，军队的数量也不断增大，征战的距离不断延长，后勤补给的规模也相应增加，这就需要政府对资源进行统一调度，也就是说军队后勤保障由国家统一组织实施。各诸侯国竭尽所能，进行改革，为战争做好物资储备。具体表现在：一、军费的来源扩大了。在农业上，原本承担军赋的是作为奴隶主的"国人"。春秋以后，扩大到"庶人"。同时，各诸侯国还通过征收关税、设立军市收取市租、盐铁专营、收取人口税等方式增加军费。二、后勤部队的编制与内容扩大了。西周时，一乘的编制包括战车一辆，兵士二十人，此外还有辎重车一辆，炊事二人，饲养二人，负责衣甲一人。到了春秋时期，楚国一乘已经发展为战车一辆，兵士七十五人，辎重车一辆，后勤二十五人的规模。在后勤中，又包含炊事十人，饲养五人，维修装具五人，砍柴、取水五人。可见，不仅后勤部队的人数随着作战部队的增加而增加，后勤保障的范围也相应扩大了。

到了秦统一中国后，随着中央集权制国家的建立，历朝历代都不断加强后勤制度的建设，以统筹全国的资源用于军事后勤。从中央到地方各级设立后勤官员，对资源进行管理。汉代以大司农负责筹措军费、粮草，同时还要保障军事物资的输送。根据

《汉书·食货志》的记载："中国缮道馈粮，远者三千，近者千余里，皆仰给大农。"①大司农下又有太仓令负责粮食存储。同时，少府负责武器装备，太仆负责车马。地方上则有仓农监、工官参与地方部队的后勤保障。

唐代以尚书省主管全国后勤事宜。尚书省下的户部、兵部、工部与军事后勤直接相关。户部下的仓部司郎中，主管军事后勤物资。《新唐书·百官志》载："仓部郎中、员外郎，各一人，掌天下库储，出纳租税、禄粮、仓廪之事。"②兵部负责军队兵器、盔甲等物资的存储，工部则负责舟车、兵器的制作。

宋代是中国古代社会经济发展的高峰，在后勤方面其体制建设也比前代更为完善。在中央，总揽国家财政的盐铁、度支、户部"三司"，负责军事后勤。其中，盐铁司掌军器制作，下辖七案中兵案与胄案同军事后勤直接相关。兵案"掌衙司军将、大将、四排岸司兵卒之名籍，及库务月帐"；胄案"掌修护河渠、给造军器之名物，及军器作坊、弓弩院诸务诸季料籍"。度支司下八案中，钱帛案"掌军中春冬衣"，粮料案"掌三军粮料、诸州刍粟给受、诸军校口食、御河漕运"，骑案"掌诸坊监院务饲养牛羊、马畜及市马等"。户部司五案中，修造案掌"诸库簿帐、勾校诸州营垒"，衣粮案"掌勾校百官诸军诸司奉料、春冬衣、

---

① 班固：《汉书》卷24《食货志》，中华书局1962年版，第1173页。
② 欧阳修等：《新唐书》卷46《百官志》，中华书局1975年版，第1193页。

禄粟、茶、盐、鞋、酱、僦粮等"①。除了三司，兵部、工部、太仆寺、少府监、军器监等部门也都兼有后勤供应之责。地方上，则以"路"的军政长官负责后勤。其中安抚使司负责军事，转运使司负责转运地方钱粮物资至京师，提举常平司负责仓储工作，都参与地方上的后勤组织工作。此外，宋代还有专门的后勤部队——厢军。相对于以作战为主责的禁军，作为地方军的厢军，其承担了诸多军事后勤职能，包括筑城、制造军器、驿站运输、疏浚河道、建造舰船、养马、屯田等方方面面。

相较于后勤物资的筹备，后勤物资的运输更为困难。孙子所言的战争是行军距离不过千里的诸侯争霸战，且作战地域大都在水陆交通发达的中原、江淮地区。而中国历史上，动辄出兵几十万、转战数千里的大规模边塞战争又岂能胜数？其他军需物资暂且不论，单粮食一项所产生的巨大损耗，就足可拖垮一个强盛的王朝。

以秦军北击匈奴的河套之战为例，为保证前线将士吃饱肚子，秦朝各级官府可谓拼尽全力，但好不容易征来的军粮中，每三十石也只有一石能运抵前线，其余九成多粮食几乎都被押运队伍消耗掉。到汉武帝时，因为坐拥"文景之治"留下的雄厚资本，汉廷有了向匈奴开战的底气。一时间，卫青、霍去病纵横沙场，大汉军威声达西域、漠北、朝鲜、闽粤。然而谁又能想到，一将功成万骨枯，汉武帝对匈奴作战四十四载，不仅人员大量伤

---

① 脱脱等：《宋史》卷162《职官志》，中华书局1985年版，第3808至3809页。

亡,更造成了国力衰竭的严重后果。相比当年蒙恬率军征伐匈奴,汉朝的战线拉得更长,补给也更艰难。汉武帝在河套修筑朔方城,动用民夫数万人从内地运粮。由于距离太过遥远,每十多钟(一钟为十石)军粮只有一石能被送达目的地,而原本富庶的山东(崤山以东)地区也因此库府空虚,民不聊生。如果没有武帝晚年以及汉昭帝及时推行的休养生息政策,汉帝国说不定就会"五世而亡"。汉代以后的历代中原王朝,作战对象仍主要为北部或西部的游牧民族,同样没能摆脱沉重的补给负担。隋炀帝征高丽,出动军队百万,输送粮饷的民夫比士兵还多一倍,光是二人推的运粮小车就达三十余万辆。尽管有大运河帮忙,其运输效率也未见得比秦代高出多少。到了明代,陆运效率极其低下的情况仍无明显改观。

为了提高运输效率,历朝不断提升运输能力。在陆上,历代致力于修筑道路,方便运输。战国后期,中原各国争相修筑纵横交错的"午道",在巴蜀地区则开山凿壁,搭建栈道。秦始皇廓清宇内后,出于统治需要,不仅修筑了以咸阳为中心的四通八达的"驰道",更为北逐匈奴而特意修建了从咸阳至九原的"直道"。到了汉代,又开辟出多条运输干线。以西北和北路干线为例,前者主要作用是巩固河西四郡,联络西域诸国,对匈奴构成包围之势。北路干线有两条,一条自关中向北,直达九原塞外;另一条自蒲津渡河,经平阳、晋阳,通往云中、代郡。由于汉朝对匈作战多集中在北线,这两条干道当仁不让地成为远征大军的"生命线"。隋唐时期,陆上运输的突出特点是驿站体系周密、严格。唐代全盛时期，全国设驿站一千六百余座，主要担负飞报军情、组织运输等任务。宋代虽鲜有开疆辟土之大战，但其构筑于西北边境的堡寨却颇具独到之处，平时藏兵，战时存粮，可有效保障军粮安全。元、明、清三代，"南粮北运"格局渐趋固定，形成了一套较完善的水陆联动运粮体系。

水运，同样是古代运输的重要组成部分。相比陆上的肩挑手扛、车马拖曳，顺水行舟的效能显然更高。为提高航运能力，战国后期至秦汉年间，各诸侯国和中央王朝相继开挖了鸿沟、郑国渠等人工河道。特别是沟通长江和珠江水系的灵渠，一条三十多公里长的小河就解决了五十万秦军"吃饭难"的问题。隋代开凿大运河主要考虑的是国家安全，即加强对南方豪族的控制，同时便于向北方前线输送军粮。但是，国家工程也好，后勤补给也罢，除了物力外，人力也是有限的。历代大规模战争所需的后勤工程，消耗的不仅是物力，更是宝贵的人力。大批原本应该从事农业生产的人民，被征为民夫，参与到繁重的徭役中，使得经济形势雪上加霜，也往往是王朝由盛转衰的节点。因此，英明的帝王与军事家，对于运粮这件事上所耗费的人力物力，是能省则省，这也是水运得以兴起的原因。到了元代，元政府疏于治理大运河，又开辟了南北之间的海运路线。但无论何种运输方式，都是极为艰难的。运河需要不断疏浚河道，海运则有风浪倾覆的危险。

那么，军队远征该如何有效破解运输补给的困局呢？在残酷的现实面前，古人想出一条良策：屯田。

屯田制度，可以视作今天建设兵团制度的先声。军士屯田，始盛于西汉，武帝、宣帝都通过屯田来巩固对边境的统治。屯田的好处至少有四方面。其一，边防部队不再受制于充满艰险的漫长补给线，粮食安全有保障；其二，节省下大批押运粮草的宝贵兵员，增强了边防实力；其三，官兵吃上新鲜食品，能够鼓舞士气；第四个好处也是最重要的一点，利于国家的长治久安。回顾历史，王朝倾覆的征兆往往是国贫民弱，内忧外患。在农耕经济占主体地位的古代中国，能否解决百姓温饱很大程度上决定着一个政权的命运。而屯田让军队不再与民争食，政府还能得到不少余粮。百姓"手中有粮，心里不慌"，社会自然稳定。

东汉末年，天下大乱，粮食危机全面爆发。当时，即便豪强地主也面临粮食不足的问题，许多中小军阀甚至因缺吃少穿而树倒猢狲散。反之，谁要是手中握有大批军粮，振臂一呼便会万人景从。建安元年（196年），曹操听从枣祗等人的建议，颁布实施《置屯田令》。曹操的屯田沿袭东汉，分为军屯和民屯。军屯以营为单位，每营六十名士兵，设典农中郎将和典农校尉进行管理。而民屯则以流民为主，五十人为一屯。正是依靠雄厚的粮食储备，曹魏得以称雄北方，并为后来西晋统一天下奠定了重要的物质基础。到了元代，除军屯和民屯外，又出现了囚犯屯和降卒屯。明太祖朱元璋推行的军屯制度，到永乐年间臻于极盛。朱元璋曾自夸"养兵百万，不费民间一粒米"，这种说法尽管有些言过其实，但屯田对当时恢复社会生产、富国强兵确实产生了积极影响。同样，正是清乾隆年间在新疆的大力屯垦，才使平叛战果得以保存。而作为晚清战史上不多的亮点，左宗棠反击阿古柏侵略大获全胜后，其巩固边疆的首要举措同样是屯田。

除上述补给方式外，还有一种特殊的办法——取粮于敌。《孙子兵法》就认为，此举既能削弱敌人，又可补充自己，实乃一箭双雕之良策。但是此举也是"兵行险着"。首先，从敌境内搜刮军粮，虽解燃眉之急，却无法持久。而且，这种补给方式受环境和敌情影响很大，如果在农耕文明欠发达地区行军打仗，很难保证能够及时获得军粮。更何况，"坚壁清野"是防御者的常用战术，它能使强大的军队因"攻不能克，掠无所得"而不战自溃，此类教训史不绝书。所以，古代有远见的帝王或军事家在挥师远征、开疆拓土时，不会采用这一策略作为后勤补给的主要方式。行文至此，补给方式对国家疆域变化的影响已毋庸置疑。帝国的疆域扩张不得超出帝国所能承受的后勤能力的极限。当然，也不可因此陷入"后勤决定论"的窠臼。补给方式与军事战术一样，只是巩固版图的一个因素，就好比一台戏唱得好不好，不能只看舞台布置得怎么样。

吃饭不易

在古代战争中，即使后勤补给跟得上，士兵们的餐食也称不上有多好，能吃饱已经是万幸。今人往往用"小米加步枪"形容战时条件之艰苦，殊不知，这种在今天有些不起眼，甚至有些寒酸的"粗粮"，却稳居古代军粮"头把交椅"达千年之久。为什么偏偏是小米呢？这与古人的活动范围密切相关。隋唐以前，中国的政治、经济中心都在黄河流域，而当地恰是粟米的传统主产区。古代社会,当一种作物在民间广泛种植且达到盈余状态时,这种粮食才可能成为军粮。而从先秦至隋唐年间,粟米是最符合这一条件的粮食品种。而大米由于受当时生产条件限制,尚未实现大量种植。秦汉时期,一斗大米的价钱可以买二斗半粟,吃大米在那年头绝对是很奢侈的事情。那么,古代粟米产量究竟有多少呢?史载,战国魏李悝变法时,在十一税(缴纳亩产量的十分之一作为赋税)条件下,五口之家耕耘百亩农田,每年可产粟九十五石,余有四十五石,这在两千多年前实属不易。

正是有了充足的余粮,战国和秦汉时期,动辄数十万人马云集的大规模作战才可能成为现实。秦国将所存粟米分黄、白、青三项分类收藏,栎阳仓储粮以两万石为一积堆放,咸阳仓则扩至十万石一积堆放。这些堆积如山的粟米,无疑是秦削平宇内、一统华夏的重要资本。到了汉代,粟米更是得到了大规模推广种植。景帝时期的政治家晁错所著《论贵粟疏》一文中,对粟米的战略价值给予了高度评价,如"带甲百万,而亡粟,弗能守也""粟者,王者大用,政之本务",虽然这里的"粟"已成为粮食的统称,但也从一个侧面凸显了汉代粟米生产的重要性。

汉朝曾长期与匈奴争锋北疆,而为了做好战争准备,西汉历代统治者采取了很多措施,其中最关键的就是筹粮和养马。汉文帝就曾采纳晁错"以爵位换粮草"之言,为边防部队筹到了"足支五岁"的军粮。官兵口粮还好办,真正要命的其实是战马的饲养问题。在一些古装影视剧中,常能看到军马在厩中吃草的镜头。但要想战马保持强大的战力,"草饲"是远远不够的,要

"谷饲"才行。汉代为了提升战马的体力，更是将粟米作为精饲料供给骑兵部队。那么，战马的肚皮有多大呢？《汉书·赵充国传》说得明白："军马一月之食，度支田士一岁"。《盐铁论》也提到"一马伏枥，当中家六口之食，亡丁男一人"。一匹战马就要吃掉至少六人的口粮，而汉武帝初期，国家已拥有官马数十万匹，其粟米消耗之巨可想而知。这种情况一直延续到张骞出使西域，引进了汗血宝马的优良牧草——苜蓿后才有所缓解。此外，粟米在军中长盛不衰还得益于其良好的存储性。考古人员在发掘隋代含嘉仓遗址时发现，其中一处粮窖中竟保存有已经炭化的粟米五十万斤，这应当是尚未来得及消耗的余粮。唐代积粟可藏九年，稻米只能藏五年。粟米的保质期几乎是稻米的两倍，实际上粟米贮藏时间可能更长。据《旧唐书·马周传》记载，直到隋灭亡二十年后的唐贞观十一年（637年），前者留下的长安府库仍未用尽。粟米的这一优点在军事上意义重大，毕竟古代运输条件落后，边远地区驻军难免遭遇长期无法补给的情况。

尽管从秦汉至隋唐，小米一直是军队的"当家饭"，但其并非全国性的粮食作物，只是受当时中华文明的政治中心、军事重心、生产力水平、政府引导等多方面因素影响，粟米才牢牢占据了军中主食的地位。随着唐朝中后期经济重心南移，小麦和水稻产区不断扩大，大米、面粉逐渐取代粟米而成为军粮首选。

唐初及以前，北方地区的小麦和粟相比，仍处于次要地位。但自唐中期以后，小麦种植范围由东向西、向南迅速拓展。而在南方，经过历朝历代的开发，至隋唐时，江南的生产力水平已有长足进步。南方双季稻在唐代就已普遍种植，还出现了稻麦轮作复种的一年两熟制。此后，大量稻谷北运，和小麦一起成为后世军粮的主体。

有意思的是，麦稻制品的普及速度，除受耕作技术、自然条件制约外，还与南北方独特的饮食习惯紧密相关，而习惯有时是很"顽固"的。古人加工主食多采取蒸煮之法，即将粟米或大米制成米饭或粥食用，但用这招做出的"麦饭"无论对于吃惯小米的北方人，还是吃惯大米的南方人而言，都是难以下咽的。南北朝齐梁交战时，南方人组成的梁军曾因吃"麦饭"导致士气不振、战斗力下降。但随着品种的改良和面粉加工技术的进步，火头军们开发出了越来越多可口、美味的麦类军粮，并留下不少有趣的典故。如因戚继光而得名的"光饼"，由于倭寇流窜劫掠，明军跟踪追击，来不及埋锅做饭。戚继光遂令火夫用面粉做成小圆饼，以炭火烤炙，饼色金黄，酥脆咸香，中戳小孔，以绳串之，以便士兵携行食用。

除了主食，古代的副食品，也远不及今天这样丰富多样、美味可口。在保鲜技术并不发达的古代，在军中吃上新鲜的菜肉是一种奢求。除非能就地补给，否则大部分时间里，与征战在外的将士们每餐相伴的恐怕就只有腌制食品。按其材质可分为肉类和蔬菜类。腌鱼、腌肉被统称为"鲊"，并因做法不同又分为两类：腌而湿的称"鲍"，也称"暴腌"；腌而干的称"鲞"。据贾思勰的《齐民要术》记载，制作鱼鲊要选用春秋两季的新鲤鱼，去鳞后切成"长二寸，广一寸，厚五分"的鱼块，浸洗去血后均匀撒上盐，盛在笼中杀净水分，再用添加了茱萸、橘皮、好酒的熟粳米饭做成腌渍料"糁"，最后把鱼放进瓮中，铺一层鱼，盖一层糁，以满为限。待白浆析出便大功告成。尽管鲊味道鲜美，但其加工过程却相当繁复。相比费时费力的腌制品，肉干的制作就简单多了，只消将牛、羊、獐、鹿肉破成片，浸去血水，用盐和椒末浸泡入味再阴干即可，最后还有个诀窍就是用"木棒轻打，以令坚实"。当然，古代军中也不是谁都能吃上肉的，而帝王将相的饮食则好得多。比如，腌鱼在历史上就有一则著名的典故：秦始皇东巡至沙丘宫时，重病身亡，丞相李斯和中车府令赵高为篡立胡亥，便用随军携带的"鲍鱼"掩盖尸臭，以达到秘不发丧之目的。

　　关于蔬菜配给，古代并无定制，除了自给自足的屯田军能吃到新鲜食品外，大多时候，蔬菜水果同样是高级将领的"特供食品"。既然军中缺少肉食，新鲜蔬菜也很稀缺，那古人又如何解决军队的副食品问题呢？于是"酱"应运而生。先秦时期的酱，主要指用盐腌制的肉食，这一时期还有专门的字代表不同的酱，如鱼字旁加延，表示鱼酱；月字旁加延，意为肉酱。到了汉代，随着大豆的引进，出现了豆酱并很快成为军队的重要副食品，关于这方面的古代文献记录很多。在敦煌汉简中，就有反映河西边塞军人消费酱的资料："酒三斛，黍米二斛，酱二斗"，秦代《传食律》中也有相应记载：对御史手下的差役供应"半斗粺米（精米），四分之一升酱"；爵位在"不更"以下到谋人者，则享受"一斗粺米，半升酱"的待遇。由此可见，酱不仅被当时的军人广泛食用，还根据身份、职务制定了相应配给标准。

这些腌制品的营养价值并不高，保鲜方法则主要依靠发酵和大量用盐。食盐作为古代重要的战略物资，也有一套严格的供给制度。在当时医学落后、营养匮乏的条件下，盐与其讲是一种普通调味品，莫如说是军队战斗力生成的重要源泉。

除了干粮和腌制食品外，在条件允许的情况下，军队之中也会酿酒。中国的酿酒历史源远流长，而酒与军队的关系更是密不可分。魏晋时期，军旅中已经有酿酒师的存在，专门负责造酒供给部队，为此还引出了一段"阮籍从军"的趣闻。阮籍是魏晋时期著名的"竹林七贤"之一，因政局险恶，明哲保身的阮籍本不想为官，可当他听说步兵营厨极善酿酒并贮有佳酿三百斛时，就向朝廷请求出任步兵校尉。他就职后不问一事，每天工作就是喝得酩酊大醉，以此避祸。

两宋之际，有一只赫赫有名的精锐部队，名为"背嵬军"。宋代《云麓漫钞》曾言："韩、岳兵尤精，常时于军中角其勇健者，别置亲随军，谓之背嵬，一入背嵬，诸军统制而下，与之亢礼，犒赏异常，勇健无比，凡有坚敌，遣背嵬军，无有不破者。"韩世忠、岳飞帐下都有名为"背嵬军"的精锐部队，根据最新出土材料，背嵬军在北宋时期的西北边军中就已存在。岳飞的背嵬军曾在与金军骑兵作战时，手持巨斧，身披重甲，大破金军骑兵。那么，何为"背嵬"呢？其中一种说法就是"背着酒瓶"，清代《退庵笔记》曾言"嵬，一作㟽，燕北人呼酒瓶为㟽，㟽即罍字。凡师行，大将之酒瓶，必令亲信人负之。行故韩、岳取以名军。"背嵬军，就是韩世忠、岳飞部队中拥有背负大将酒瓶资格的亲兵。而在浙江临平、江苏泰州等地，从清代就有大量韩瓶出土，也印证了两宋之际军中饮酒的史实。

不过，与阮籍、韩世忠当年所饮之酒不同，今人常喝的白酒实际上是元代以后才有的。此前，中国人喝的酒主要是黄酒、米酒和果酒。由于还未采用蒸馏技法，古代粮食酒度数都不高，且饮用时大多需要加温。因为度数不高，故而"千杯不醉"；由于老酒要温着喝，才有了"煮酒论英雄"。但酒精含量低，也直接决定了这些粮食酒极易酸腐。相比之下，倒是果酒更易保存。盛唐时，随着对西域经营的进一步加深，边防官兵已经时常可以喝到当地酿造的葡萄酒，所以才有了名句"葡萄美酒夜光杯，欲饮琵琶马上催"的诞生。

综合来看，古代军人的饮食问题并没有得到很好解决，现代研究表明，长期食用脱水和腌制食品，不仅缺少维生素，更会因其中所含的过多盐分诱发动脉硬化、胃癌、骨质疏松等各种疾病。由此亦不难窥见古人征战之劳苦。

大明的难题

现在，我们将目光放回到本书的时代——大明王朝中来。如前两节所述，在古代社会，军队的后勤补给并不是一件简单的事情，这一点，在明代也未发生变化。而且对于大明王朝来说，其也有着自身的难题。

我们在了解一个王朝的兴衰时，总会随着开国君主平定天下而感到豪情万丈，也会随着一个王朝的日益堕落乃至最后消亡而倍感失落。在明军的后勤保障方面亦是如此，朱元璋以淮右布衣投身义军，最终不仅消灭了江南群雄，更是北逐蒙元，开创大明王朝。在这其中，朱元璋推广屯田，广积粮草，选取了最合适的进军路线，通过有力的后勤补给保障了明军的推进，将大明版图开拓到极致。永乐时期，朱棣五次亲征漠北，加上南边将交趾纳入版图，后勤保障也称得上成功。但是自永乐以降，大明的版图逐步内缩，北边相继放弃了大宁、东胜、开平、亦集乃城一线，南边交趾得而复失，西北对西域各部族，东北对女真的羁縻也逐渐失效。其中原因，除了政治上明朝君臣对于边防策略的失误外，也不得不归咎于经济因素——后勤补给所带来的巨大消耗。朱元璋设想中"不费民间一粒米"的军屯在明中期就宣告破产，商屯、民屯在此后亦是一蹶不振，大明又走回了千里馈粮之路，耗费巨大，终于拖垮了明军。

从明蒙之间未能定下正式和约开始，大明的北境防御就像一道永远不会愈合的伤口，不断消耗着明政府的血液。堡寨也好，边墙也罢，终归是要军士守卫的。无论是最初的卫所，还是后来的营兵，以及调动而来的班军、客军，都需要保证其粮食供应，才能确保作战能力。但是自永乐以降，边境守军长期处在人缺粮、马少食的状态。从明末天启年间刻印的《武备志》等兵书中，可以一窥明代中后期军粮补给的概况。

明军出征仍以干粮作为主食。以戚继光辎重营为例，此为戚继光在北方边境追击敌军所创，每营有车八十辆，可供一万人马三日之食，每车可以装载米、烘炒、黑豆共计十二石五斗。可见在明嘉靖年间，军队的主食是以米、炒米粉（或者麦粉，类似志愿军炒面的粉状食物）和黑豆为主。如果中途因为种种原因，比如携带的粮食仅仅支撑到消灭敌人，敌人又没有粮食可以夺取，班师途中怎么解决吃饭问题呢？明军也有自己的办法。首先，最直接的即是宰食牲畜，这些牲畜主要是羸弱的原本用于运输的牛、驴以及少量的马，健壮的军马不在此优先考虑范围内。其中一头牛或者一匹马，可以够五十人吃一天，一头驴则可供三十人吃一天。其次，还可以通过各种加工方式来延长粮食的保存时间，其中一种办法就是将一石米洗净烧熟，再放到浆水中，再任由其曝干，去除尘土后再蒸再曝。如此反复十遍，得到二斗的成品，可以供一人吃五十天。吃的时候取手掌大小，先用开水浸润，再煮熟。又或者以麦粉做饼，加入醋，晒干后储存，食用时取梧桐子大小煮食。佐食方面，可以将三斗豆豉捣成膏状，加入五升盐做成饼，晒干后储存。食用时，取枣核大小，用来代替酱菜，三斗豆豉可以供一人吃五十天。醋则是以一升醋浸润一尺布，晒干后储存，食用时取方寸大小煮食，一尺布可以供一人吃五十天。看着《武备志》中的明军食谱，如此艰难的条件下，又有多少人愿意"梦回大明"呢？

　　而戚继光所部，在明中晚期的军队中，已经算得上是待遇较好的了。而且，严格来讲，戚继光部的士兵，不能称为"军"，而应称为"兵"。明代只有入军籍，在卫所之中的士兵，方可称之为"军"，而募兵制下通过银钱招募而来的士兵，一般称之为

"兵"。戚继光部一万人的三日口粮为一千石,则一月行粮为一万石。这在嘉靖年间已经是不错的待遇了,此时一般卫所的月粮还比不上戚继光所部。但是,据《大明会典》所载,弘治年间一卫所需月粮五千一百四十石,年粮为六万一千六百八十石。再加上官军的俸粮和士兵的行粮,每一卫所共需月粮六千一百八十四石,年粮七万四千二百零八石。明代一卫,一般而言,满额不过五千六百人,由此可见,嘉靖时期明军的补给已经不如弘治时期。而实际上,早在正统初年,明代边军的后勤补给就已经出现了严重问题。正统四年(1493年),当时的兵部右侍郎于谦,就曾上奏山西边军后勤补给的困难:

> 巡抚河南山西兵部右侍郎于谦奏:近奉诏书,逃民复业者,蠲其逋租,复之二岁,恩至渥也。然山西租税,供给边方,民受惠则军储缺,军食足则民力困,彼此两难,有足虑者。今山西岁运大同、宣府、偏头关三边税粮共一百五十五万二千七百石有奇,道途之费率六七石而致一石。又有晋、代、沈三王府,及郡王、将军、郡主、县主、仪宾岁禄,各部坐派物料、柴炭夫役,内地军卫有司俸粮,为费不一。今逃者蠲之,不免取给于未逃者,窃恐人人畏其繁重亦复逃徙,不惟负朝廷旷荡之恩,抑且误边疆缓急之用。请以法司赃罚并江南折粮银,每岁区画六十万两,分送大同、宣府,俟秋成易米上仓,或定价与米麦相兼支放,可免山西馈运之半。各部物料宜暂停止,则民无重困而军食足矣。上命户部

会官议。

少保工部尚书吴中等议：山西虽贫，其税粮宜定。拨大同八十万石，宣府三十万石兼以北直隶粮辏用，不敷之数则于浙江折粮银内拨十万两，京库拨绢五万匹、布十万匹，运赴宣府籴粮收支。大同则以山西原坐宣府粮内退存九万石于彼收受。其余一切买办工役悉皆停派，如此则边储可足，贫民不困而山西逃窜者可渐复矣。

上曰：卿等议固是。然永乐、宣德间，二边运粮供给若何？及有无运送银绢布之数，其再具以闻。

户部复言：国初，大同粮料，俱系山西布政司供给。永乐十九年，方起倩军夫于京仓运送粮料二十万一千一百余石于宣府。宣德六年至十年，亦于京仓通州攒运粮料三十八万石赴宣府。其山西税粮岁止拨四十万石或三十万石赴宣府备用，并无运送银两、布绢。其后宣府陆续添设保安等卫所，通旧八卫，共一十九卫所。官军数多，于是每年奏令粮户赍价于松江等处收买布匹，或遣人解银前去准籴，或出京库绢运彼准作官军月粮。此皆权时制宜以足边方之用也。今山西人民艰难，宜仍照原拟为便。

上曰：卿等既以为便，可即行之。①

从于谦的上疏可以看出正统初年山西明军的后勤困境。山西

①《明英宗实录》卷55，正统四年五月丁巳条，台湾"中央研究院"历史语言研究所1962年校印本，第1053至1055页。

明军的后勤补给来自何处？按照朱元璋的设计，山西驻军的粮草应该由山西各个卫所自行屯田解决，但显然，从后面户部"国初，大同粮料，俱系山西布政司供给"的回复看，即使是洪武时期，这一目标也未实现。山西的军粮，到正统年间，仍旧是由山西布政司，也就是俗称的山西省解决的。于谦反映问题的核心就在于军民之间的矛盾。因为军屯不能满足军事后勤的需要，就需要山西省民田的租税供给。租税多，军足民困；租税少，民惠军缺。一块地的出产，要供给两拨人，已经很困难了。而山西还有晋王（太原）、代王（大同）、沈王（潞州）三个王府的花销要从山西的租税中支付，再加上其他大小贵族，山西的粮食供应，确实是难上加难。因此，在正统年间，山西已经出现了人口逃亡的情况，明政府原本想采取对逃亡人员采取免租二年的优惠措施，吸引人口回归。但于谦一针见血地指出，此举只会让更多的人逃亡。因为逃亡归来的人可以免租二年，那么没逃亡的人呢？显然享受不到这个优惠，在压力不减的情况下，不逃亡的负担更重，那还不如逃亡。于谦之所以是一代名臣，相较于明代大部分文臣只能发现问题而不能解决问题，其独到之处就是能够提供解决问题的方案。于谦的方案是开源与节流并存。开源是指每年从"法司赃罚并江南折粮银"中划出六十万两，拨给大同、宣府（属京师），用于籴买粮食。节流则是停止山西工役，减少支出，缓解民力。这一计划得到了工部与户部的支持，虽在具体数额上尚有差异，但总体而言实现了于谦的设想。

于谦所反映的只是山西一地的困境，但却是整个明军后勤补给的症结所在，其提供的解决方案，在正统初年尚是正确的方案，但到了明中晚期，却难以挽救积重难返的明军补给问题。

自洪武以降，直到李自成攻破北京城，悬挂在明军头顶的补给难题，不减反增，使得明代疆域整体上处于不断内缩的状态。综合而言，明军的补给困境有二：

一是缺粮，二是缺钱。

缺粮，是后勤补给最直接，也最根本的难题。让军队吃饱饭，在中国是一个直到中华人民共和国成立才算解决的问题。究其原因，没有生产力的革命性变革，只依靠传统农业生产来维持一支庞大的军队，是极为艰难的。通常情况下，军队是粮食的消费者，而非生产者，军队所需的粮食，大多数仍然需要农民来提供。于谦提出的山西军粮问题，是正统五年（1440年），此时距离朱元璋去世还不到五十年，军粮与民粮的冲突就已经迫在眉睫。这里，我们不妨在于谦的基础上，再分析一下军粮补给的缺粮困境。

首先，是供给方面。粮食从哪里来？在工业化生产之前，粮食只能靠农民的辛苦耕作。从自然条件看，南方的粮食产量要高于北方，而明代的国防压力，主要来自北方，因此在北部边境，尤其是被称为九边的军事重镇屯有重兵，这些军队的粮食补给，最优选是就地补给，如作为拱卫京师的要地宣府、大同，就主要依靠山西的补给，但是山西地形以山地为主，所产粮食本身就有限，且首先应该满足山西民众的生活。这也是于谦所提出的问题，一份粮食要供给两拨人，矛盾是无可避免的。有限的生产力，是一切问题的根源。但在明政府的操作下，有限的生产力，却要应付无穷无尽的任务。种粮食，需要时间，需要人力。要想保证农业生产，就要保证人有余力，不违农时。然而明代民众面对的却是繁重的徭役。为什么于谦的奏疏明英宗首先要让工部来回答，是因为于谦提到了"各部坐派物料、柴炭夫役"，各式徭役，消耗的是人力，耽误的是农时，因此工部同意了于谦的方案，"其余一切买办工役悉皆停派"。但这只是一时，明代民众徭役繁重，仅军事方面，就要负责军事工程的修筑、军粮的运输等，耗时耗力，不耽误农时是不可能的。后来明军军屯崩溃，其中一项重要的原因就是永乐北征以及修筑北京城等军事行动和工程事务侵占了原本用于农业生产的时间与人力。

而在军粮的使用方面，明军也是花样百出。这里不得不提到明军的班军制度与主客兵制度。所谓班军，指的是卫所之军，轮番入京操练或者赴边戍守。入京者，由九边、山东、河南以及南直隶等地的卫所军队轮番入京操练，被称为京操班军。而内地卫所轮班赴边境戍守，则称为边操班军。班军制度始于永乐年间，在宣德年间推行全国。朱棣这么做的初衷是为了增强京城和边地的防御力量，本身无可厚非。但是如此一来，明军的军粮支出就要大大增加。首先，明军最基本的补给是所谓的月粮，即明军中的士兵、余丁[①]以及军匠每月向官府支取的粮食。月粮是明代军士的"基本工资"，用于供本人及家属生活之需。月粮不限于粮

---

① 余丁，又称军余，明代军户，一户出一男丁从军，其余男丁可以从事辅助工作，称作余丁。

食，也就是所谓的"本色"，在粮食不足等特殊情况下，也用大明宝钞、银两和布匹来代替，称为"折色"①。月粮根据情况的不同，高者每月一石五斗，低者每月三斗。月粮是明军的基本开支，只要在军籍的明军，都可按月领取。而明军行动，如班军进京或者入边的补给，则称为行粮。明军执行操备、出哨、守墩、瞭高、烧荒、修边、巡边等任务期间所需要的补给，都可以称为行粮。行粮是古代军队开拔时加给的粮饷，不是固定的，而是根据时间和里程支付，与月粮一样，行粮也分本色与折色，也根据任务的不同采用不同的标准。但行粮与月粮一样，都是由户部管理的。从这个角度看，明军的命脉实际是掌握在户部手中，也有效地避免了军队将领的反叛。行粮初期是明军征战所需，如《大明会典》记载：

> 凡行粮马草，专为从征军马而设，其例有操备、出哨、守墩、瞭高、烧荒、修边、防秋及各色公干人役，验日、验程支给，或出境一百里至三百里，或计程五日，或本折，或暂支，或轮季，各有例具后。洪武二十六年定，凡遇行军马匹日支粮草，已有定例，其应付一节，该卫先具军马数目，开呈户部，主案出给批文，差官赍领，经过官司并驿，分照依坐去军人马匹数目，照例验程支给，其有为事编发应支行粮人数，亦合照例关支，仍仰所在官司将支过数目申达上司

---

① 在传统社会的赋税制度语境中，将原定征收的米粮等称为"本色"，将代替"本色"的金银等物称为"折色"。

作数。其所赍批文,候至所止地方,随即赴官告缴,递回本部,于原编底簿内销注……永乐四年,令从征旗军人等沿途给与行粮,日行一程,止关一次。①

正统二年(1437年),大同巡边将士每月行粮为五斗。但随着班军制度的推行,明军每年即使没有战争也要进行大范围的调动,无疑增加了后勤补给的压力。而相比这个,人力的调动才是更大的危机。朱元璋原本想通过军屯来缓解军事后勤的压力,但永乐时期卫所军队的频繁调动,以及此后班军成为定制,原本应该在卫所从事耕种的军士,不得不有违农时,使得军屯遭到了破坏,进一步降低了粮食产量,明军缺粮逐步进入了一个恶性循环。为了补充军粮,从洪武年间开始,明政府就有以向边境运送粮食来免除罪罚的政策,到了后期,更是出现了允许捐粮纳官的事情,可见其缺粮之窘迫。

就如于谦提出的,某地的粮食产量不够,怎么办呢?明政府给出的解决方案有两种,一是从粮食盈余处调拨粮食,如成化九年(1473年)二月乙丑,户部上奏:"陕西军饷不足,请于山西税粮内拨豆七万石,草一百二十万束,布十万匹,运送榆林等处给用。"但是运粮的成本也很高,这就引出了另一个问题,粮道艰难。古代粮道之艰难,在第一节中已有论述,这一情况在明代并未有实质性改变。朱棣疏浚运河后,解决了北京粮食供应的难

---

① 申时行等:《大明会典》卷39《户部二十六·俸给》,《续修四库全书》版,第694至695页。

题，使得北京周边地区不必将大量粮食运往京城，但是军粮的运输，仍然困难重重。于谦所奏"今山西岁运大同、宣府、偏头关三边税粮共一百五十五万二千七百石有奇，道途之费率六七石而致一石"，可见运输效率依旧低得可怜。要运十万石粮食给山西边地，途中就要至少耗费五十万石。从《明实录》以及明代相关奏疏中，类似的耗费比比皆是，突出一个运粮之难。山西地势，素有"表里山河"之称，地势险峻，行路艰难。明朝著名文学家王世贞，在隆庆四年（1570年）六月从苏州启程，前往太原赴任山西按察使，沿途留下了不少诗作，后编为《入晋稿》一卷，其中就描述了其翻越太行山之艰难，现摘录其中两首，可一窥山西道路之艰难。

《太原道中书事①·其一》：
盘陀十二驿②，驿驿似西川。
毕竟中无地，还疑小有天。
居民同伏鼠，宿客傍栖鸢。
不待蝉声苦，秋霜向鬓边。

《过沁州一舍大风雨即事》
峭崿撑天漏，妖云蔽日翔。

---

① 此为王世贞过太行山后回忆所作，此行王世贞颇为艰难。

② 盘陀十二驿：指王世贞在翻越太行山进入太原途中路过的盘陀驿等十二个驿站。

千山俱鼎沸，万树各鸱张。

迸雨排银镞，飞湍挂玉梁。

左担愁绝涧，西顾失连冈。

湿束人偏小，愁催路转长。

行行畏鱼腹，步步怯羊肠。

自哂随车谬，翻疑叱驭狂。

安危此身在，大地有康庄。

由此可见，山西道路，不仅是连绵陡峭的山路，还伴随着暴雨山洪，王世贞作为按察使尚且狼狈不堪，在沁州暴雨时连随身行李都舍弃了，仓皇奔走。那些常年押运粮食的军士，其艰险也是可想而知的。因此，明政府逐步选择了以发钱代替运粮。

在正统初年，于谦所提出的以江南折粮银代替粮食运送到边境，用于购买平价粮食的方案，还只是一个补充方案，但自弘治以后，运送银两，逐渐取代运粮，成为明军后勤补给的主要手段。以《明实录》中弘治三年（1490年）以为例：

（五月）庚午，命户部发太仓库银十万两于辽东，以备边储。

（六月）甲申，户部请以太仓银五万两有奇给陕西边军，准冬衣布花并月粮。

（六月）辛丑，遣户部属官二人往大同、宣府发官库银籴粮预备。以宣府积寡，更发太仓银五万两助之。

（十一月）丁未，命运太仓银三万两于榆林，作弘治五年岁例之数。

（十二月）已巳，命以河东盐课银四万两充偏头关军饷。

《明实录》中提到的太仓银，指的是明正统七年（1442年）始设的户部太仓库所藏之银。太仓库，是明中央官库之一。因其专贮银两，又称"银库"。各省岁赋、盐课、关税等项折成银两归其储存。除此以外籍没家财、变卖田产、追收店钱及按原规定上缴的银两，也都收在太仓库中。太仓库成立之初，库存银两就有八百余万两，但随着明政府在弘治以后内府支出越来越大，就以太仓银充实内府，到了嘉靖年间，太仓库老库仅存银一百二十万两，紧接着就入不敷出。而太仓银在正德年间，就不再是补充军饷的主力，年例银、运司银、布政司银纷纷被用于划拨军饷，但都无法满足明军后勤补给的需求。最终，明军的饷银问题，也成为明帝国灭亡的原因之一。

从洪武元年（1368年），到崇祯十七年（1644年），军事后勤先是成为明帝国崛起的助力，帮助朱元璋统一全国，开疆辟土；接着又成为帝国版图的沉重枷锁，这其中，它经历了怎样的变化，又在明代历史中扮演了怎样的角色呢？

第二章　时来天地皆同力

金陵王气

洪武二年（1369年）正月，初定天下的朱元璋，因感念创业不易，立功臣庙于今南京鸡笼山，并下诏曰："朕本淮右布衣，因天下乱，率众渡江，保民图治，今十有五年矣。荷天眷祐，西取陈友谅，以安荆楚；东缚张士诚，以平三吴。遂至八闽，直抵交广，以极于海，悉皆戡定。"①从淮右布衣到大明天子，论开国的传奇程度，历代开国帝王，鲜有能与朱元璋相比的。而助力朱元璋走完这条传奇之路的，除了天时地利、文臣武将外，还有其正确的后勤方略。

在元末，粮饷对于饥民来说，无疑具有极强的吸引力。当原本的社会秩序崩坏后，粮食与武器就成为建立新秩序的基石。乱世之中，扯开大旗，自有兵将来投，但是队伍能维持多久，还是要看能否具备足够的后勤能力。朱元璋的"原始股"——

---

① 《明太祖实录》卷38，洪武二年正月庚戌条，台湾"中央研究院"历史语言研究所1962年校印本，第773页。

驴牌寨民兵三千人就是因为没有粮食而欲寻找势力投靠，朱元璋得到消息后主动收编了这三千人，又夜袭元将张知院于横涧山，收其兵卒二万，才拥有了足够的兵力，开始了自己征战天下的道路。

从至正十三年（1353年）攻下滁州开始，到至正二十年（1360年）与陈友谅大战前，朱元璋初步拥有了自己的根据地，也逐渐摸索出自己的后勤策略。在郭子兴麾下时，后勤问题一直是悬在朱元璋头顶的达摩克利斯之剑。郭子兴等义军首领目光短浅，占据城池之后想的往往是割地称王，并不注重恢复生产，加上淮西此时是四战之地，元军与义军，乃至义军之间，战事不断。因此义军屡屡乏粮，小小的濠州城内就有几股势力斗得不可开交。朱元璋也看出跟随郭子兴并无前途，才在至正十三年（1353年）带徐达、汤和等二十四人离开濠州，另起炉灶。

上天很快就眷顾了朱元璋，定远人李善长前来拜谒，并加入了朱元璋的麾下。《明史》记载李善长在朱元璋麾下"为参谋，预机画，主馈饷，甚见亲信"[1]。可见，李善长的重要作用之一，就是统筹后勤。在洪武三年（1370年）由"宣国公"进位"韩国公"时，朱元璋亦曾评价李善长的功绩："左丞相李善长，虽无汗马之劳，然事朕最久，供给军食，未尝缺乏。"[2]或许在朱元璋

---

① 张廷玉等：《明史》卷127《列传第十五》，中华书局1974年版，第3769页。

② 《明太祖实录》卷58，洪武三年十一月丙申条，台湾"中央研究院"历史语言研究所1962年校印本，第1127页。

心中，李善长调度后勤之功，才是无法被取代的。在古典小说中，武将负责冲锋陷阵，文臣的作用则往往是出谋划策。运送粮饷，在小说作者眼中是颇为无趣的内容。但在执政者，尤其是开国帝王眼中，则是关系生死存亡的大事。

须知，朱元璋另起炉灶时所带的二十四个人，没有一个是文臣。而此前在郭子兴麾下时，帮助朱元璋处理事务的是谁呢？是妻子马氏。"后仁慈有智鉴，好书史。太祖有札记，辄命后掌之，仓卒未尝忘。"①但马皇后的才能显然不足以帮助朱元璋平定天下。李善长的到来，对于白手起家的朱元璋来说，无异于萧何之于刘邦，诸葛亮之于刘备。可惜的是，不知是否因为李善长被卷入胡惟庸案中，关于其早期事迹，史籍往往付之阙如。尽管李善长辅佐朱元璋统筹后勤的过程语焉不详，但从结果看，自李善长加入后，朱元璋集团逐步拥有了明晰的后勤策略。

李善长曾希望朱元璋效法汉高祖刘邦夺取天下，而汉高祖攻灭项羽一统天下的物质基础就是以关中为基地，源源不断生产物资。不论刘邦在前线失败多少次，哪怕六十万大军被项羽打散，关中提供的粮食、被服、器械，都能帮助其重新组织军队。因此，朱元璋要问鼎天下，第一步就是要有自己的属地。从滁州开始，朱元璋花费三年的时间，相继攻下和州、太平、集庆、镇江，并着手建设后勤基地。

在这段时间里，朱元璋也切身体会到了后勤之重要。在这三

---

① 张廷玉等：《明史》卷113《列传第一》，中华书局1974年版，第3505页。

年间，朱元璋在应付元兵围攻的同时，还要与饥饿作斗争。朱元璋六月攻下的滁州，立足未稳，次月滁州大旱，刚刚兴起的义军就面临缺粮的危险。因此朱元璋斋戒沐浴，前往滁州西南柏子潭龙祠求雨，在祷告与绝祀的"威胁"下，三日后天降大雨，滁州大丰收，为朱元璋积累了不少的军粮。甚至还能拿出军需结交元军，提醒他们"高邮巨寇未灭"，解除了滁州之围。但到了第二年，朱元璋军占据和州以后，元军又以十万兵力围攻和州三月之久。幸而在即将粮尽时，朱元璋击破元军。这些经历都告诉朱元璋，要成就霸业，必须要有充足的后勤保障。那么，后勤物资从哪里来？首要还是扩展自己的统治区域。

在攻下太平之初，朱元璋军中就有夺取粮食回到和州的声音，夺取粮食，而非生产粮食，是之前郭子兴义军常做的事，但不是朱元璋要做的事。朱元璋要的是一个稳定的统治区域，能够源源不断地为军队提供粮食等物资。在冀朝鼎《中国历史上的基本经济区与水利事业的发展》与鲁西奇《中国历史的空间结构》中，都提到了"基本经济区"的概念。"基本经济区"在同一时期更受帝王的重视，帝王也通过维护"基本经济区"的优势地位来维护自己的统治。汉唐以关中为基地问鼎天下就是例证。和州，离关中很远，但离江南很近。时过境迁，此时的江南，早不是秦汉的江南，是中国经济中心之所在，是财赋所出之地。因此，朱元璋意图攻占当时的集庆路，也就是今天的南京。

唐代诗人罗隐曾有一首《筹笔驿》，感叹诸葛亮的一生，其中"时来天地皆同力，运去英雄不自由"常常被用于感叹时运对

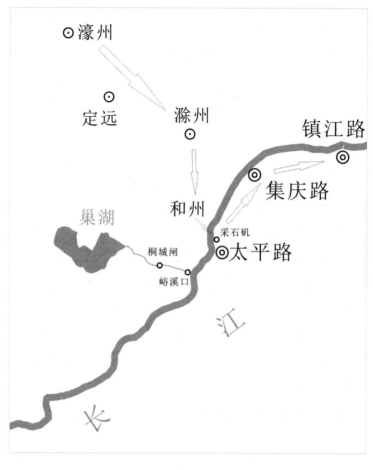

至正十三年（1353年）到至正十六年（1356年）朱元璋征战地区示意图

于英雄人物的影响。而朱元璋的创业之路，真是前半句的真实写照。此时朱元璋的第一个好运，是在筹划渡江时，廖永安等人送来了巢湖水师。朱元璋的第二个好运，就是在巢湖水师被元军堵截时，天降大雨，巢湖水师趁水量激增之机冲出巢湖，击破峪溪口守兵。朱元璋的第三个好运，则是郭天叙与张天祐在进攻集庆时阵亡，朱元璋成为这支义军名副其实的领袖，再无掣肘，并最终攻占集庆，改集庆路为应天府。朱元璋用三年的时间将势力范围从滁州扩大到应天、太平、镇江、和州、滁州三路二州，横跨长江南北之地。随着朱元璋将应天确立为政治中心，其势力范围也将以长江南岸为主。

当时，朱元璋西边与徐寿辉政权相邻，东有张士诚，南边则为元军据守。朱元璋考虑东、西义军实力较强，因此重点向南扩充势力。向南攻略的优势有三：一是这些地区为元军所占，作为反元义军来说，名正言顺。在朱元璋攻克集庆的至正十六年（1356年），"元将定定扼镇江，别不华、杨仲英屯宁国，青衣军张明鉴据扬州，八思尔不花驻徽州，石抹宜孙守处州，其弟厚孙守婺州，宋伯颜不花守衢州，而池州已为徐寿辉将所据"①。朱元璋后来所攻陷的地区，除了池州外，均是元军的辖区。二是从战略上切断徐寿辉（后为陈友谅）、张士诚的联系，防止其将来对朱元璋进行合围，保证后方安全。至正十六年（1356年），就在朱元璋攻占集庆的同时，张士诚也攻陷平江（今苏州）、湖州、

---

① 张廷玉等：《明史》卷1《本纪第一》，中华书局1974年版，第5页。

松江（今上海地区）。在朱元璋向南发展的同时，张士诚也向南占据杭州、绍兴，但是未能更进一步。双方沿着镇江至诸暨一线对峙。三是南面的今安徽南部，江苏南部与浙江部分地区当时受到战乱的影响相对江北要小，拥有不错的经济实力。

从至正十六年（1356年）开始，朱元璋先是攻占应天之东的镇江，作为东边门户，并成功抵御了张士诚军的进攻，接着在同年六月攻克广德，次年二月攻克长兴，三月攻克常州，四月攻克宁国，六月攻克江阴，七月攻克常熟、徽州，十月克池州、扬州，在不到两年的时间里攻占了今江苏南部与安徽南部大量土地。接着，又经过精心准备，从至正十八年（1358年）三月邓愈攻占建德路开始，到当年十二月朱元璋亲征婺州，再到至正十九年（1359年）平定衢州、处州诸路，朱元璋完成了自己第一次势力扩张。朱元璋在这一时期也建立了基本的后勤保障体系。

首先是为农业生产提供了一个相对安定的环境。到至正十九年（1359年），朱元璋的势力范围如右页图所示。

相比淮河流域，朱元璋占据的长江下游以及太湖平原和钱塘江流域的部分区域，是中国重要的产粮区。在占据这些地区后，朱元璋在稳定治安后的首要任务就是发展经济。如在攻占镇江后"谒孔子庙。遣儒士告谕父老，劝农桑"，此时的朱元璋仍然面临粮草不足的窘境。在张士诚扣押杨宪，进攻镇江失败后，曾向朱元璋遣书求和："请岁输粟二十万石，黄金五百两，白金三百斤"。朱元璋则要求归还杨宪，不要金银，只要岁输五十万石粮食，不过张士诚并没有答应。

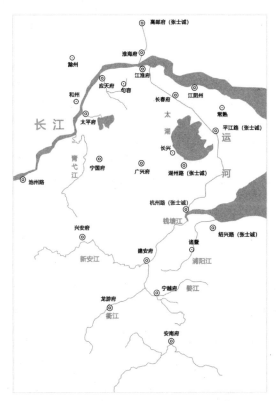

至正十九年朱元璋势力范围示意图①

① 朱元璋对所占之地的地名也进行了更改，除了将集庆路改为应天府外，太平路更名为太平府，镇江路更名为江淮府，扬州路更名为淮海府，常州路更名为长春府，宁国路更名宁国府，广德路更名为广兴府，徽州路更名为兴安府，建德路更名为建安府，婺州路更名为宁越府，衢州路更名为龙游府，处州路更名为安南府，池州路处于与陈友谅的反复争夺中，到至正二十一年方更名为九华府。不过这些地名除了通名改为府外，大部分专名存在的时间并不长。

要提供稳定的生产环境，就要在军事上保卫现有区域。我们借助地图重新审视一下至正十九年（1359年）底朱元璋的势力范围。

应天府，也就是后来的南京城，本身就是易守难攻的险要之地。诸葛亮评价其为"中山龙蟠，石头虎踞，真帝王之宅也"。明末清初的历史学家顾祖禹在《读史方舆纪要》中评价江宁府道："府前据大江，自金陵北向，则大江当其前。南连重岭，牛首、雁门诸山，凭高据深，形势独胜。"加上东边镇江与西边太平两大门户，要攻破应天并非易事。

在长江北岸，西面的和州，西北的滁州和东北的扬州，呈三角态势保障应天府北面的安全。守江必守淮，当时淮河流域战乱纷纷，原本以富庶闻名的扬州，在惨烈的元末战争中遭到了毁灭性破坏，在朱元璋攻克扬州时，城中仅存民户十八家。但作为重要的漕运枢纽，扬州在扼守运河航道的同时，也守卫了长江渡口，对于保证应天安全有着重要的意义。在西边则以太平为门户，同时在池州与天完军争战。向南以广德、宁国、徽州为腹地，再沿着新安江顺流而下，占据以丘陵为主的婺州、衢州、处州。这一时期，朱元璋主要应对的是东面张士诚的进攻。其自北向南据有镇江、江阴、常州、长兴、诸暨，构筑了一条坚固的防线。朱元璋因此得以保住富庶的太湖流域与钱塘江流域。其中镇江对于应天的军事地位尤其重要。早在东晋时期，镇江即著名的"北府"所在地，是南京的东大门，前有长江天堑，周边群山环绕，加上是运河与长江的交汇处，交通地位极为重要。北府兵出身的宋武帝刘裕,就对镇江极为关注,"非宗室近亲,不使居之"。宋金之间的黄天荡大战也在附近。朱元璋在攻占集庆的当年就攻占镇江,并打退张士诚的进攻,把东大门牢牢握在自己手中。而凭借徐达、常遇春、吴良、耿炳文诸将的才能,将张士诚军挡在东线。为统治区域发展经济提供了一个稳定的环境。

后勤除了要生产,还要运输,朱元璋在统治范围内还有一个后勤优势就是优越的运输条件。其势力范围内有长江、太湖、钱塘江等水系为其提供了较为高效的后勤保障。正如前文所言,古代的粮食运有很大比例是消耗在运输途中,而水运则是相对高效便捷的方式。在朱元璋的辖境内,应天、镇江、江阴、扬州、太平、和州之间的往来均可以通过长江实现。镇江至常州则有运河可以依凭,在太平、宁国则有青弋江水系,徽州以下,新安江通建德,建德则以兰江通婺州,婺州、衢州、处州之间各有水道相连。运输较为便捷。但新安江徽州至建德易行,反之则航道艰难。因此,朱元璋的军粮筹措,主要还是集中在应天以及太平、镇江、宁国、广德这些离应天距离较近的地区。至正二十七年(1367年),在平定陈友谅,围张士诚于平江后。朱元璋谕令中书省曰:"东南久罹兵革,民生凋敝,吾甚悯之。且太平、应天诸郡,吾渡江开创地,供亿烦劳久矣。今比户空虚,有司急催科,重困吾民,将何以堪。其赐太平田租二年,应天、镇江、宁国、广德各一年。"

其次,是在至正十六年(1356年)设立营田司,专掌兴修水利灌溉农田等事。至正十八年（1358年），以康茂才为营田使。据《明太祖实录》记载："上谕茂才曰：'比因兵乱，堤防颓圮，民废耕耨，故设营田司以修筑堤防，专掌水利。今军务实殷，用度为急，理财之道，莫先于农。春作方兴，虑旱潦不时，有妨农事。故命尔此职，分巡各处，俾高无患干，旱不病涝，务在蓄泄得宜。大抵设官为民，非以病民。若但使有司增饰馆舍，迎送奔走，所至纷扰，无益于民，而反害之，非付任之意。'"①营田司与营田使并非朱元璋首创。元大德二年（1298年）即设立浙西都水营田司，专主水利。②营田使则始于唐代，初置于有屯田之州。诸军万人以上有营田副使一人。开元十五年（727年），朔方五城各置田曹参军事一人，专莅营田。宋代不常置，同样掌管营田事务，有营田大使、招置营田使、营田副使、制置营田事等名目，以宣抚使、转运使、知府、知州、通判等兼任。除了营田使外，朱元璋在平定处州路后，又以擅长治民的"浙东四先生"中的章溢、叶琛为营田司佥事。朱元璋设立营田司的直接目的就是要建立完备的后勤系统，保障军粮的供应。

第三件事就充实文官系统，招揽后勤人才，保证后勤体系的平稳运行。李善长是不可多得的后勤人才，但仅有李善长是不够的。朱元璋每占据一地，就征召此处人才。在攻占集庆后，朱元璋征召夏煜、孙炎、杨宪等十余人，攻占婺州后，征召范

---

①《明太祖实录》卷6，戊戌年二月乙亥条，台湾"中央研究院"历史语言研究所1962年校印本，第63页。

②毕沅：《续资治通鉴》卷193《元纪十一》，清嘉庆六年递刻本。

祖干、叶仪、许元等十三人，平定浙东后，征召刘基、宋濂、章溢、叶琛。这些文官帮助新生政权处理民务，出力甚大。而在这些文官中不乏后勤人才，叶琛、章溢就是其中的代表。叶琛早年就有卓越的农业才能。章溢被任命为营田司金事后，巡行田地，核定税额，立下汗马功劳。此外，孙炎在处州时，朱元璋也是"凡钱谷兵马之事悉委之"，攻取徽州时得到的谋士朱升，为朱元璋提供了"高筑墙、广积粮、缓称王"的建议。"高筑墙"意味着加强防守，"广积粮"意味着做好后勤储备，"缓称王"则是不要过早吸引元军的注意。朱升的建议与朱元璋的实战经验一致，因此深得赞许。而凭借这一战略，朱元璋也屡克强敌，笑到了最后。

粮战 饥战 饱战

从军事实力和经济实力上看，朱元璋在元末群雄中并不是最耀眼的。北面的韩林儿、刘福通声势最大，以赵宋后裔自居，建元"龙凤"，打出旗号要"重开大宋之天"，也最为元军所重视。西面的徐寿辉，是长江以南实力最为雄厚的义军。东面的张士诚占据了最为富庶的太湖流域的绝大部分地区，夹在中间的朱元璋，实在称不上多有"帝王之相"。但所有人中，对时局把握能力最强的却是朱元璋。在后勤上，朱元璋贯彻广积粮的方针，牢牢掌握着战争中的主动权。

托名刘伯温的兵书《百战奇略》提出：在两军相持时，谁拥有粮食谁就掌握着主动权。如果双方都是通过粮道来维持补给，那么就要保卫自己的粮道,再派精兵断绝敌人的粮道。在深入敌境后,要主动抢占敌军仓储重地,以敌军的粮食补充自己。在守城时,面对长途奔袭缺少粮草的敌军,则要坚守不出,让其不战自退,再截断其后路。尽管此书并非刘伯温所著,但其粮战思想倒是与明军的作战经验颇为契合。

首先是保卫自己的粮道,再派精兵断绝敌人的粮道。这一点在朱元璋与陈友谅鄱阳湖大战中得到了完美诠释。朱元璋率二十万大军与陈友谅在鄱阳湖决战,后勤更是影响成败的决定性因素。作为朱元璋与陈友谅之间的战略决战,这场战役从至正二十三年(1363年)七月丁亥两军相遇,到八月癸酉张定边带陈友谅尸体逃亡,时间长达三十五天。战史在论述鄱阳湖大战时,往往注重双方战术的运用,尤其是朱元璋以火船烧毁陈友谅铁索连舟的案例。不过需要注意的是,鄱阳湖大战是长达一月有余的大战,朱元璋在七月己丑以火船袭击陈友谅水寨,烧毁舟船数百艘,"湖水尽赤,死者大半"。但此次火攻并未一举击溃陈友谅,两军相持十二天后,陈友谅再以联舟出战,又被俞通海等人击败,陈友谅军才转入守势。在战斗力上,陈友谅在人数与装备上占据优势,而朱元璋则是以逸待劳,军队精锐程度在汉军之上。在后勤筹备上,两者更是不可同日而语。

朱元璋早在当年二月就开始全域范围内进行屯田。早在至正十六年(1356年),朱元璋就设置营田司,以恢复农业生产。其中最著名的营田使就是大将康茂才。朱元璋在至正十八年(1358年)以其为营田使,并非因为防范其元军降将的身份,而是康茂才除了是一名将才外，也是屯田的好手。在鄱阳湖大战之前，朱元璋已在全军范围内推广屯田。据《明太祖实录》记载："二月壬申朔，申明将士屯田之令。初，上命诸将分军于龙江等处屯田。至是康茂才屯积充牣，他将皆不及。乃下令申谕将士曰：兴国之本，在于强兵足食。昔汉武以屯田定西戎，魏武以务农足军食，定伯兴王，莫不由此。自兵兴以来，民无宁居，连年饥馑，田地荒芜，若兵食尽资于民，则民力重困。故令尔将士屯田，且耕且战。今各处大小将帅已有分定城镇，然随处地利，未能尽垦。数年以来，未见功绪。惟康茂才所屯，得谷一万五千余石，以给军饷，尚余七千石。以此较彼，地力均而入有多寡，其故何哉？盖人力有勤惰故耳。自今诸将宜督军士及时开垦，以收地利，庶几兵食充足，国有所赖。"①康茂才在此次屯田中表现出色，被朱元璋作为榜样。通过大规模的屯田，为朱元璋积累了足够的军粮，在鄱阳湖之战中，朱元璋军都未出现缺粮的记载。同时，朱元璋的粮道非常通畅，从应天到鄱阳湖沿途重要据点都在朱元璋手中，从鄱阳湖北部湖口进入湖中后，朱元璋就派遣军队守住泾江口，保障粮道通畅。

陈友谅对于后勤保障的重视程度则不如朱元璋，最重要的一点就是没保障粮道的安全。成王败寇，史书中陈友谅的形象并不光彩，无论是人品，还是军事才能，似乎都不出众，但这也只是与朱元璋比。陈友谅的能力极强，其能在短短数年间占据湖

---

① 《明太祖实录》卷12，癸卯年二月壬申条，台湾"中央研究院"历史语言研究所1962年校印本，第148页。

广、江西，就足以证明这一点。鄱阳湖大战虽然只有月余，但从当年四月起，陈友谅就率大军"空国而来"，围困洪都，到鄱阳湖之战后期才出现乏食的情况，说明其在大军出征时的粮草筹措是非常充足的。但是陈友谅却没能保证自己的粮道。朱元璋在守住泾江口的同时，也派军队把守南湖嘴，堵住了陈友谅的归路，也让其无法通过长江航道补充给养。同时还调军队把守武阳渡，让其无法从武阳江上逃逸。缺乏粮食，是陈友谅失败的重要因素。

陈友谅虽然做了充足的准备，但是从四月围攻洪都到七月撤围进入鄱阳湖。汉军本身已经是疲惫之师，粮草消耗必然不小。而朱元璋则是以逸待劳，有备而来。经过近一个月的鏖战，朱元璋粮道畅通，补给无虞，而陈友谅进入鄱阳湖后粮道被断，时间日久，粮草消耗殆尽。根据《明太祖实录》的记载，此时的陈友谅不得不"遣舟五百艘掠粮于都昌"。朱元璋与陈友谅先战于鄱阳湖南的康郎山，此时陈友谅已经有撤出鄱阳湖之意，却被朱元璋抢先一步赶到湖口。陈友谅意图撤军，被南湖嘴和湖口的朱元璋军阻截，只得派舟船前往都昌掠夺粮食。结果又被"苦主"朱文正派人烧了粮船。陈友谅只能率军突围，并死在突围途中。粮船被烧，可谓是击垮陈友谅心理防线的最后一根稻草。最终陈友谅掠粮不成，突围而死。陈友谅死后，汉军势力逐渐瓦解，朱元璋军迅速攻占了今湖北、湖南、江西、安徽南部原本属于陈友谅的地盘，并于次年正月称吴王。在对战张士诚时，朱元璋军也常采用断敌粮道的战法，如至正十八年

（1358年）围攻宜兴时，断城西太湖口粮道，最终胜利。至正二十六年（1366年）朱元璋命徐达、常遇春率军二十万平定张士诚，湖州旧馆一战，常遇春焚烧东吴援军赤龙船，将其军械物资焚烧殆尽，旧馆守兵馈饷不继，张士诚麾下大将吕珍无奈投降。同年十一月，西吴军进逼苏州，康茂才又将东吴军船只和集聚的物资大量焚烧。张士诚在经历了艰苦卓绝的抵抗后，于次年兵败自杀。

其次是因粮于敌，也就是从敌人那里取得粮食以及其他的物资。尽管在作战方向上，朱元璋定的是先陈后张，但对张士诚这个富邻居，朱元璋从未忘了要时时敲上一笔。从至正十七年（1357年）开始，朱元璋就在张士诚处掠夺了不少补给。克长兴，从张士诚处获得船三百余艘；取常熟，获马五十匹、船三十艘。至正十八年（1358年），通州（今南通）水战，获张士诚战舰；江阴反击，俘获人马辎重；至正十九年（1359年），攻克诸暨，获马六十匹；战萧山，获战船五十余艘；常州反击，获船四十余艘、马三千余匹。在三年时间里，仅《明太祖实录》记载的，朱元璋就从张士诚处获得了船四百余艘、马三千余匹。至正二十年（1360年）九月，张士诚攻长兴不成，反被耿炳文俘获甲仗、舰船甚众。朱元璋平定陈友谅后，张士诚知道下一个就是自己。张士诚早于朱元璋在至正二十三年（1363年）九月称吴王，为了区分，一般将张士诚称为东吴，朱元璋称为西吴。一山不容二虎，一国也容不下二吴。张士诚于至正二十四年（1364年）十月，再以其弟张士信为帅率大军进攻战略要地长兴，被耿炳文与汤和援军内外夹击，大败而回，西吴军俘获战马三百余匹。至正二十五年（1365年），张士诚又以李伯升为帅，号称大军二十万来夺诸暨。此次东吴军准备充分，甚至建造房屋仓库，准备持久作战，攻克诸暨。却被李文忠率军击败，李伯升几乎是仅以身免，这些辎重物资又成了西吴军的囊中之物。此后朱元璋开始着手解决张士诚。至正二十五年（1365年），朱元璋以徐达为帅，先攻占张士诚长江以北的领地。泰州一战，共俘获东吴军船二百四十余艘、马近二百匹。镇江一战，又俘获其船八十余艘。到至正二十六年（1366年），高邮之战，徐达俘获东吴军粮八千石、马三百余匹。淮安守军投降，得粮四万石、马一千五百余匹。后攻破杭州，又得粮二十一万石。

但最大的富户还是徐寿辉军，以及继之而起的陈友谅汉政权。至正十七年（1357年）克池州，得粮九千余石；至正十九年（1359年）在宁国府太平县击败赵普胜军，得粮一万七千余石。这一万七千余石粮食，并不是攻城获得，而是在野战之中获取的。而赵普胜在失去这些粮食后仍然转战各地，可见其物资之充沛。等到至正二十年（1360年），陈友谅杀徐寿辉称帝，率大军直取应天府，在龙湾被朱元璋设伏击败后，又"送给"朱元璋巨舰百余艘。等到至正二十一年（1361年），朱元璋反击，在安庆俘获陈友谅战船二十七艘，在江州又获得战马二千余匹、粮数十万。这仗是越打越富裕。

除了陈友谅、张士诚，盘踞浙东的方国珍也是朱元璋的"运输队长"。方国珍早在朱元璋平定金华等地时就遣使通好，但一直首鼠两端。在东吴政权覆灭后，朱元璋就开始解决这位浙东富户。吴元年（1367年）十一月，汤和率军攻克庆元（今宁波），得到粮食三十五万四千六百石，为诸战之中得粮之最。

最后是守城。朱元璋能够腾出手在西线与陈友谅进行决战，得益于吴良、耿炳文与李文忠等人在东线的据守。朱元璋的守城策略是"兵精粮足"，兵不在多，而要精锐，但粮草物资一定要准备充足。如吴祯与吴良守江阴时，江阴守兵不满五千，但吴良兄弟训练士卒，严为警备，同时屯田以给军饷，敌不敢犯。张士诚的常州也是兵虽少而粮食足，因此坚拒不下。等到把朱元璋的叛军引诱入城，粮食不够，才无法坚持。

运筹帷幄之中

人无远虑，必有近忧。朱元璋能从元末群雄中胜出，也有赖于其卓越的后勤策略。通过与陈友谅、张士诚的战争，朱元璋探索出了军队的后勤策略。简而言之，可以归纳为：发展屯田、利用海运、休养生息与善用盐引。

屯田，不是朱元璋的首创，但却是在朱元璋手中得到了最大程度的推行。康茂才屯田的成功，给了朱元璋莫大的信心。在陈友谅身死后，朱元璋曾与谋臣孔克仁两次讨论天下形势：

> 自元运既隳，连年战争，加以饥馑疾疫，十室九虚。天厌于上，人困于中。中原豪杰智均力齐，互相仇敌，必将有变，欲并而一之，势猝未能。吾欲以两淮、江南诸郡归附之

民，各于近城耕种，练则为兵，耕则为农，兵农兼资，进可以取，退可以守，仍于两淮之间，馈运可通之处，积粮以俟，兵食既足，观时而动，以图中原。①

秦以暴虐，宠任邪佞之臣，故天下叛之。汉高起自布衣，能以宽大驾驭群雄，遂为天下主。今天下之势不然，元之号令纪纲已废弛矣。故豪杰所在蜂起，然皆不知修法度以明军政，此其所以无成也。因感叹久之。又曰：天下有兵，河北有孛罗帖木儿，河南有扩廓帖木儿，关中有李思齐、张良弼。然有兵而无纪律者，河北也；稍有纪律而兵不振者，河南也；道途不通，馈饷不继者，关中也。江南，则惟我与张士诚耳。士诚多奸谋而尚间谍，其御众尤无纪律。我以数十万之众，固守疆土，修明军政，委任将帅，俟时而动，其势有不足平者。②

这种兵农合一的后勤补给方式，就是屯田的本质。屯田历代都有实行，多于边境之地实行。朱元璋所占的江南之地，自唐末以来逐渐成为中国经济的重心，在此处屯田，条件可谓得天独厚。元末乱世，田地荒芜，人口锐减，朱元璋此时在江南屯田，

---

① 《明太祖实录》卷14，甲辰年正月庚午条，台湾"中央研究院"历史语言研究所1962年校印本，第177页。
② 《明太祖实录》卷14，甲辰年四月甲午条，台湾"中央研究院"历史语言研究所1962年校印本，第189页。

得天时、地利、人和。屯田产出的粮食，既是军资，也是稳定人心的重器。两淮地区久经战乱，赤地千里，人口凋敝，连扬州这样的繁华之地都只剩下十八户人家。此时在两淮屯田，除了种粮练兵外，也是收拢人心的重要手段。乱世之中，百姓最需要的就是平稳的生活环境，结束战乱是民心所向。两淮地区于城池附近屯田，就是吸引人口的良策，这对于军民双方都有益处。对于军队来说，修葺城池，耕种田地都需要人口；对于百姓来说，城池可以提供保护，种地可以生产粮食，都是最为迫切的需求。不仅在江南两淮，吴元年（1367年）三月，朱元璋以当地义军首领蒋节为靖州安抚司，让其率领旧部修葺会同县（今湖南省怀化市会同县）城池，自备粮饷来招抚之前因为战争四散的人民，充实城池，且耕且守。在战乱之中，有兵有粮，纪律严明，知人善任，就是朱元璋平定天下的底牌。

在平定陈友谅之后，南方只剩下张士诚，而方国珍、陈友定、明升等割据势力全然不是朱元璋的对手，朱元璋平定天下的最大障碍就是北方的元军。而此时北方的元军，最重要的军阀就是河北的孛罗帖木儿，河南的扩廓帖木儿（王保保），以及在关中的李思齐、张良弼。屯田是解决军粮的根本办法，但是统一战争规模巨大，仅仅屯田是不够的。战争的收益，在不同阶段往往有巨大的变化。以秦统一战争为例，秦灭六国，可以收获土地、人口，军士可以凭军功获得爵位，但是与匈奴的战争耗费巨大，而收益却甚微。对于朱元璋来说，平陈友谅、张士诚、方国珍，战胜之后，既消除了威胁，又获得了包括粮饷、马匹、军器在内的巨大的物资，可以实现以战养战，战胜的敌人越多，收获越大。而南北之间的战争效益则存在巨大差异。当敌人变成元军时，粮草补给的情况就发生了改变，因粮于敌的做法难以实现了。吴元年十二月①，朱元璋就曾言"中原赤地千里，人民艰食，军马所经，粮饷最急"。因此，朱元璋采取了南粮北运的策略，让汤和在宁波建造海船，从海上将南方的粮食运往前线。后来又让吴祯从山东以海舟运粮至辽东，当时辽东的粮食，多靠山东海运补给，这也是明代辽东都司所辖疆土归在山东承宣布政使司下的重要原因。除了辽东，河北的粮食也需要山东水运。如在洪武三年（1370年），就让山东招募水工从莱州粮仓运往永平卫（今属秦皇岛）以减轻陆上运输的负担。

战争所带来的巨大消耗，最终是要由人来承担的，军队屯田也好，从南方运输粮食也好，这些粮食都是军士、百姓耕种的。从朱元璋起兵到北伐灭元，已经过去了十三年。随朱元璋渡江征战的老兵多有死伤，朱元璋对其作了抚恤：

> 予自兵兴，十有余年，所将之兵，从渡江者，皆濠、泗、安丰、汴梁、两淮之人，用以攻取四方，勤劳甚矣。以其为亲兵也，故遣守外郡以佚之。其有老羸（赢）尝被创者，令其休养营中。死事物故者，妻子皆月给衣、粮赈赡之。若老而思慕乡土，听令于应天府，近便居止。庶去乡不

---

① 吴元年十二月为公元 1367 年 12 月 22 日至公元 1368 年 1 月 19 日。

远，以便往来，所给衣粮悉仍其旧。①

　　将士需要抚恤，农民同样需要休养生息。最早征服的诸府县，已经承担了繁重的征粮任务：因此在吴元年（1367年）正月，赐免太平田租两年，应天、镇江、宁国、广德田租各一年。不竭泽而渔，与民休息才能保证生产力。同时，对于新附地区，朱元璋也通过免除粮税的方式来恢复生产力。同年五月，朱元璋又下诏："予本布衣，因天下大乱，集众渡江，抚定江左十有三年。而中原之民，流离颠沛，尚无所归。吾乃积粟控弦于江左，坐视民之涂炭而莫之救，岂不负上帝好生之德，而有愧古圣人爱民之心哉？"免除了徐州、宿州、濠州、泗州、邳州、襄阳、安陆等新附地区三年的税粮徭役，并规定今后新附地区都实行蠲免三年税粮徭役的政策。此举除了恢复生产，也意在收拢人心。以洪武元年（1368年）至洪武三年（1370年）为例②：

时间	地点	免粮数量	缘由
洪武元年八月	长兴、吉安	次年秋粮	归附以来，连岁劳于供饷
洪武二年正月	山东	元年税粮，二年夏秋税粮	其民当元之末，疲于供给，今既效顺，何忍复劳
洪武二年正月	北平、燕南、河东、山西	当年税粮	北平、燕南、河东、山西之民，久被兵残，困于征敛

　　①《明太祖实录》卷17，乙巳年七月戊午条，台湾"中央研究院"历史语言研究所1962年校印本，第235页。
　　②数据源于《明太祖实录》。

续表

时间	地点	免粮数量	缘由
洪武二年正月	河南诸郡	洪武二年夏秋税粮	拟资粮饷，理宜优恤
洪武二年正月	应天、镇江、太平、宣城、广德	当年及次年夏秋税粮	旱灾，军需钱粮，供亿浩穰
洪武二年正月	无为州	当年税粮	旱灾
洪武二年四月	秦陇等处新附地	当年夏秋税粮	新归附
洪武三年三月	应天、太平、镇江、宁国、广德、滁州、和州	免今年夏秋税粮	朕兴师渡江时，资此数郡以充国用，致平定四方，朕念其勤劳，未尝忘之
洪武三年三月	徽州、严州、金华、衢州、处州、广信、池州、饶州、庐州	今年租税	以次归附，供亿军国之需，亦甚烦劳
洪武三年三月	河南、北平、山东三省	今年租税	近入版图，重念其民久罹兵革，疲困为甚，山东、河南壤地相接，宜优恤其民，使懋迁有无，相资为生
洪武三年三月	苏州府	秋粮三十万五千八百余石	民困可知
洪武三年三月	临濠府	当年税粮	令勿征以苏民力

粮食除了生产，也可以购买。用他处产出的金钱来购买粮食，是历代后勤补给的重要手段之一。朱元璋采取的办法是依靠盐引。早在平定浙东时，朱元璋就"立盐法，置局设官以掌之。令商人贩鬻，每二十分而取其一以资军饷"。将商人盐业收入的二十分之一用作军需。两年后，又试图将比例提到十分之一，为当时处州翼总制胡深所劝谏。

> 切详温、台二郡产盐，浙东、江西皆资其用。而台州道里险远，负贩者少。惟温州吴渡通潮，而处、婺商人每至吴渡，与海商贸盐，舟行九十余里，还至青田批验，又百五十里，方至处州，可谓劳矣。旧例二十取一，而每月所收，多者百余引，少者亦七八十引。今处州军饷全资盐税兼支，若遽改法，恐商人以征税太重，不复贩鬻，则盐货壅滞，军储阙乏，且使江西、浙东之民艰于食用。又如硫黄、白藤、苏木、棕毛诸物，皆资于彼。今税额太重，亦恐不能流通。臣请仍从二十取一之例，鬻卖之处，亦依例纳税，听商兴贩。如此，则懋迁之利，流转不穷，军用给足。①

可见当时的处州军饷，对盐引的依赖非常重，处州本就地处山区，粮食产量低，依靠盐业税收才能购买粮食。而文中也指出，除了军饷，处州的物资也多靠商人运输，这种办法在统一战

---

① 《明太祖实录》卷12，癸卯年闰三月丁丑条，台湾"中央研究院"历史语言研究所1962年校印本，第150页。

争结束后，逐渐演变为著名的"开中法"，推行至全国。

除了朱元璋这样的策划者，明政府中还有不少良将能吏，共同支撑着大明的后勤体系。这其中，既有汤和、康茂才、吴良、吴祯、李伯升、唐胜宗、曹震、杨璟、陈桓、叶升这样的将领，也有李善长、章溢、叶琛、周时中这样的文臣。

武将之中，有的擅长屯田，有的则擅长海运。屯田之才中，除了康茂才外，还有唐胜宗、曹震、杨璟、陈桓、叶升等人。延安侯唐胜宗，是跟随朱元璋在濠州起兵的名将，南征北战，立下赫赫战功。洪武十五年（1382年），在陕西屯田，此时陕西是西线后勤补给的重镇，唐胜宗屯田颇有功绩，因此在洪武二十三年（1390年），朱元璋又派其前往贵州，监督各卫所屯田。同时，唐胜宗在海运方面也有才能，曾坐镇辽东督运辽东粮饷，被比作三国时期威震乌桓的田豫。

曹震，同为濠州人士，因跟随沐英西征有功，被封为景川侯。洪武十三年（1380年）九月，曹震与营阳侯杨璟、永城侯薛显一同在北平（今北京）屯田，洪武二十年（1387年），又前往云南屯田。曹震在后勤运输上也有所建树，四川建昌驿道经大渡河往来，军士因瘴气多有死伤，曹震在询问当地父老后，发现了一条古驿道，没有瘴气，且道路相对平坦，为此向朱元璋建言，并得到了朱元璋的肯定。在镇守四川期间，曹震疏浚河道以通漕运，又修建陆路驿道，实现了以茂州为起点，西北至松潘，南至贵州，东北至保宁的驿路建设，其中松潘的道路最为重要。松潘卫是明代四川西北部极为重要的卫所，但是土地贫瘠，驻守在此的三千军士难以通过屯田补给粮食，因此有人建议将军士南移至茂州屯田，但松潘位置紧要，必须有军队驻守，幸亏曹震开辟道路，才保证了松潘的粮饷。后来曹震又提出了四条改善补给的建议，一是在夔州府的大宁、云阳两县开煮井盐，招募商人运送粮食来换取盐引；二是对于输送粮食到云南和建昌卫的商人给予马引，可以在重庆买卖马匹；三是蠲免马湖逋田租；四是属于湖广但毗邻重庆的施州卫的军储，原本要依靠湖广，曹震提出可以改由重庆输送，顺流而下，大大提高运输效率。可以看出，曹震心思细腻，谋划周详，是优秀的后勤人才。除了曹震外，在云南屯田的还有靖宁侯叶升与普定侯陈桓，都为西南边境的安定作出了卓越贡献。而曾与曹震一同在北京屯田的杨璟也是朱元璋所倚重的将才，杨璟曾领兵平定湖南、广西、四川等地。上一节提到的张士诚大将李伯升，在投降朱元璋后，也被委以在河南、山东、北平屯田的重任，当时明军北征的粮草，都需要通过这些地方补给。可见在朱元璋麾下，拥有一大批善于屯田和守边的将才。

除了屯田，朱元璋麾下也有一批善于海运的将才。元代因运河淤塞，注重海运。朱元璋在平定张士诚后，也拥有了一支庞大的海上舰队，在攻下庆元（今宁波）后，即以其作为海船制造基地。并命大将汤和以御史大夫的身份，在平定福建后于今宁波督造海船，用于往来运送漕粮，保证了北征的粮草。以镇守江阴闻名的吴良、吴祯兄弟，去世后一个被追封为江国公，一个被追封为海国公，也可见兄弟二人与江海之渊源。其中吴祯跟随汤和，从海上讨平方国珍，擅长海战。在朱元璋征讨辽东时，吴祯负责在山东督理海运。当时辽东军队的粮草主要依靠山东登州海运而来的粮食,吴祯负责粮饷,辽东基本无缺粮之忧,维系了辽东的稳定。

相比于武将,朱元璋的文臣在后勤保障方面也非常出色。除了李善长外,以善于后勤补给而名留史册的文臣,还有章溢、叶琛、周时中等人。叶琛,与章溢一样,为浙东四先生之一。叶琛在跟随朱元璋之前,就善于改革赋税,开垦田地,核定赋税。拜见朱元璋后授营田司金事,但可惜在镇守洪都时遭遇叛乱,不屈被杀。周时中,江西吉安人,原本是徐寿辉的部下,后投降朱元璋。因对时局判断得当,受到朱元璋的信任。命其为营田使,后改大司农,又任中书断事,曾运粮二十万赴开封,后因获罪又改为福建都转运盐使司副使。章溢,处州(今丽水)人,浙东四先生之一,曾在元将石抹宜孙麾下任事。当时就敢于开仓放粮,赈济灾民。处州被朱元璋攻占后,与刘基等人一同前往应天府拜见朱元璋,朱元璋与其相谈甚欢,任命其为营田司金事。章溢上任后,恪尽职守,先是将境内荒芜的田地分给农民耕种。后被任命为浙江提刑按察司金事,又回到处州,负责供给军饷。接着又被任命为湖广提刑按察司金事,章溢建议在荆州、襄阳的废弃土地上分兵屯田,准备军粮,应对北征。后来镇守处州的胡深率兵进入福建后落入陷阱,全军覆没,朱元璋又将章溢调往浙江。章溢在处州,与李文忠商议,把军队掠夺的粮食充入官府,平均分配,解决了浦城的军粮问题。又劝谏朱元璋,处州道路不便,即使采伐巨木也难以运输至沿海。当时处州已经因为沉重的赋税使得民怨频生，章溢此举减轻了民众的负担。章溢后来又领乡兵跟随李文忠征讨福建。在福建平定后，本欲以这些乡兵从海路参加北征。章溢急忙阻止，这些乡兵跟随他入闽作战时，就有言在先，福建平定后就要回到家乡务农，不可失信于人，应该让新投降的军队出发北征，朱元璋对其做法非常赞同。

在朱元璋的总体规划和文臣武将的辅助下，明军建立了相对成熟的后勤体系，成为明军一统天下的基石。

第三章 南征北战有所依

在平定张士诚后，威胁朱元璋政权安全的势力已经不复存在。十数年间，朱元璋从滁州一地，发展到横跨今江苏、安徽、浙江、江西、湖北、湖南、河南等数省的庞大区域。到元至正二十七年（1367年），朱元璋的吴政权已经成为当时中国最具实力的政权。此时，朱元璋再也不用假惺惺地与元政府交好，而是发布《谕中原檄》，提出"驱逐胡虏，恢复中华，立纲陈纪，救济斯民"的纲领，剑锋直指元政府。进入征伐天下的第二阶段。

步步为营

吴元年（1367年）十月，朱元璋举大军北伐。在此之前，除了攻占陈友谅、张士诚、方国珍等势力所占长江以南之地，朱元璋已经相继攻克了庐州路、安陆府、襄阳路、安丰路（濠州所在地）、淮安路以及徐州、宿州、邳州，几乎全取淮河流域，朱元璋的势力范围，西到巴蜀，东连大海，北至黄淮，南至闽粤，战略态势极为有利。

此时，处于北方的元政府，正处于四分五裂、军阀混战之势，王保保与元顺帝、李思齐等人矛盾重重，尚在争权夺利，对于南方的朱元璋，并无足够的重视。此时，正是北伐的良机。

根据《明实录》的记载，对于北伐的路线，朱元璋也曾与帐下诸将有过一番商议：

上将命诸将北伐。谓信国公徐达等曰："自元失其政，君昏臣悖，兵戈四兴，民坠涂炭。予与诸公仗义而起，初为保身之谋，冀有奠安生民者出，岂意大难不解，为众所附。乃率众渡江，与群雄相角逐。遂平陈友谅，灭张士诚。闽广之地，将以次而定，尚念中原扰攘，人民离散。山东则有王宣父子，狗偷鼠窃，反侧不常；河南则有王保保，名虽尊元，实则跋扈，擅爵专赋，上疑下叛；关陇则有李思齐、张思道，彼此猜忌，势不两立，且与王保保互相嫌隙。元之将亡，其机在此，今欲命诸公北伐，计将何如？"鄂国公常遇春对曰："今南方已定，兵力有余，直捣元都，以我百战之师，敌彼久逸之卒，挺竿而可以胜也。都城既克，有破竹之势，乘胜长驱，余可建瓴而下矣。"上曰："元建都百年，城守必固。若如卿言，悬师深入，不能即破，顿于坚城之下，馈饷不继，援兵四集，进不得战，退无所据，非我利也。吾欲先取山东，撤其屏蔽，旋师河南，断其羽翼，拔潼关而守之，据其户槛，天下形势，入我掌握，然后进兵元都，则彼势孤援绝，不战可克，既克其都，鼓行而西，云中、太原以及关陇可席卷而下。"诸将皆曰："善！"上顾谓信国公徐达曰："兵法以庙算胜者，得算多也。卿其识之。"①

此次朱元璋名义上是召集诸将谈论对策，实际上是给诸将统一思想。灭元之战也正是按照朱元璋的规划来执行的。后来的历史证明，朱元璋的战略无疑是正确的。其中，朱元璋反驳常遇春直取大都的理由，也并非虚言。历史上被冠以"北伐"之名的战争不胜枚举，然而成功的寥寥无几。强如诸葛亮，面对司马懿的据守也无功而返。朱元璋以前，历次北伐难以成功的重要原因之一就是粮饷不济。诸葛亮自不用说，即使是在朱元璋之前最成功的北伐——刘裕的历次北伐之战，也都面临粮草不济的问题。何况刘裕北伐虽然成功，却没有守住疆土。同样是以南京作为北伐的起点，朱元璋自然是要吸取前代的经验教训。如何保障后勤，从而保障新征服的疆土，朱元璋也自有一番考量。朱元璋的风格，是稳扎稳打，步步为营，这一点也反映在北伐之战中。除了上一章中提及的屯田、海运、休养生息与盐引四个策略外，在北伐中，朱元璋还采取了逐级补给的后勤方式。尽管朱元璋之前已经在江南与两淮进行屯田，但是北伐战争规模巨大，战线极长，所有粮食从江南、两淮运送，则路途消耗极大，以新征服之地作为补给基地，可节省大量人力物力。

从战山东，到攻河南，再到破元大都，以及随后的北征和西征，朱元璋分别以山东、汴梁、北平与陕西等地作为后勤补给的

———————

① 《明太祖实录》卷26，吴元年十月庚申条，台湾"中央研究院"历史语言研究所1962年校印本，第394至395页。

基地。

山东，既是大都的藩篱，也是历代北伐路线的首选。南朝时期的北伐，也多选择攻取山东作为第一步。朱元璋誓师北伐后，让徐达率甲士二十五万开赴山东。所谓二十五万甲士，或有夸张之成分，但甲士代表的是精锐军队，后勤人员并未计算在内，因此，整个北伐军的数量实际上要远远超过二十五万。同时，朱元璋还令北部庐州、安丰、濠州、泗州、六安、黄州、襄阳等处军队严加守卫，以防元军袭扰。

徐达军队于十一月由下邳出发。此时，大运河至淮安后，即被黄河截断，北部运河要从徐州才可继续北行。徐达兵分三路，一路亲自率领，从下邳出发，以最快速度一路往北攻略。在一个月内，先后攻克沂州、益都、乐安，将山东拦腰折断，继而攻占章丘、济南、胶东半岛。徐达军一路除了因王宣父子降而复叛费了一些周折外，其余各处元军或降或走，算得上所向披靡。到十二月，登州、莱州纳土归降，不战而定。另一路由勇将张兴祖率领，从徐州沿运河北上，沿途攻占东阿、济宁、曲阜等处。另一路由韩政率领，扼守黄河，阻挡元军。山东之战，徐达收获颇丰，如益都一战得粮十八万九千余石，河阳路得粮二万一千三百余石，根据洪武元年（1368年）四月徐达的奏报，平定山东后，"所下山东州县，凡获卒三万二千余人，马一万六千余匹，粮五十九万七千余石，盐五万三千七百余引，布绢八万七百余匹"。而且征服的山东各路、府、州、县，并未激烈抵抗，战争破坏小，民众尚有余力。同时，尽管当时京杭大运河多处淤塞，但仍有河段可以通行，尤其是山东至北京段，仍有不小的运力，方便军队补给，军队沿着运河北上，进攻大都，粮道无虞。

第二阶段，是攻取河南。在攻克山东后，朱元璋于1368年正月于应天即皇帝位，国号大明，年号洪武。明军在山东修整后，朱元璋决定从东、南两个方面进攻河南。二月，徐达攻克东昌，命济宁运粮一万石，徐州运二万石，俱赴东昌以作西征河南的准备。三月，邓愈帅军进攻南阳。在此之前，徐达、常遇春在山东平定叛乱，此时，也率军分水、陆两路进攻河南。至正二十六年（1366年），黄河河道北徙泛流，在沿曹州、济宁一线形成水道，因此明军得以掘开济宁耐牢坡西岸堤坝，率船队沿黄河河道西行，由郓城进攻开封。开封守将李克彝向义军降将左君弼询问明军的情况，左君弼本是红巾军将领，不得已投降元军，加上之前屡次被朱元璋击败，因此左君弼直言明军军威之盛，难以战胜。李克彝率军逃向洛阳，左君弼以开封城向明军投降。此后明军又在虎牢关击败五万元军，俘获无算，梁王阿鲁温出降，洛阳平定。接着徐达、常遇春率军平定河南境内元军，冯胜、康茂才率军西进，相继攻占陕州、潼关，实现了朱元璋的战略目标。洪武元年（1368年）五月，朱元璋亲赴开封，同时命浙江、江西二行省及苏州等九府运粮三百万石至汴梁。朱元璋意图以开封作为后勤基地，开凿河道，为之后征战西北做好准备。到了八月，更是直接下诏以开封为北京，开封在战争中的重要性可见一斑。

第三阶段，在实现平定山东，征服河南，扼守潼关的战略目标后，明军开始着手进攻元大都。而此时元顺帝还在忙着与王保保争权夺利，对迫在眉睫的战事仍然缺乏足够的重视。洪武元年（1368年）七月，徐达先是率兵攻取彰德、邯郸等河北府县，接着再次回到山东，准备沿着运河北上。同时，朱元璋则坐镇开封，一方面制定北伐计划，谕令大将军徐达按计划征伐；另一方面，调度粮食，令各卫粮船俱赴济宁馈运。在做好准备后，朱元璋令徐达率大军进军：

> 上在汴梁，复敕大将军徐达等曰：将军驻师河洛，养锋蓄锐，经营布置，已见功绪。今军中士卒，皆贾勇思奋，况秋气已近，粮饷粗足，乘机进取，维其时矣。宜调益都、徐州、济宁诸将，各将精锐，悉会东昌，以俟征进。[①]

徐达接到命令后，率军在临清集结，临清是大运河与卫河的交汇之处，是大运河在北方的枢纽，但此时临清至通州的河段多有淤塞，都督副使顾时奉命疏浚河道，临清知府方克勤则筹措粮草，明军万事俱备，此时老天爷再次眷顾了朱元璋，一场大雨让河道水位暴涨，明军舟师浩浩荡荡地向北京的东大门通州进发。沿着运河，明军一路攻克德州、长芦（今沧州）、直沽，攻下直沽后，明军的水师不仅可以沿着运河向北方运输，还可以依靠海舟从明州等处直接将粮食运到北方。

此时的元政府终于感受到了威胁，而王保保与元顺帝的斗争

---

① 《明太祖实录》卷32，洪武元年七月己卯条，台湾"中央研究院"历史语言研究所1962年校印本，第571至572页。

在此时也告一段落，元顺帝策划了一出四路反攻的大戏，意图让王保保率军进攻河北以牵制明军，同时让李思齐、秃鲁二路驻守陕西的军队进攻河南，再调集关外元军进入大都附近，准备迎战明军。可惜元军各路军阀各怀鬼胎，四路反攻的计划尚未执行，明军已经杀到了通州。

通州失守后，大都门户大开，元廷大震。就在明军准备与元军在大都决战时，深知大都元军能力的元顺帝不顾群臣反对，带着蒙古贵族连夜仓皇出逃元上都。在大都城外严阵以待的徐达等了五天，仍然没有见到出来决战的元军。洪武元年（1368年）八月，徐达率军进攻大都，老弱守军哪里是百战之师的对手，明军顺利占领大都，并将其改为北平。大都的陷落，象征着明政权正式取代元政府成为中国的主宰。而不甘心失败的元顺帝，带领着残存的北元势力，继续着与明军的斗争。北平府，则成为明军在北方新的枢纽。

从吴元年（1367年）十月起兵，到洪武元年（1368年）八月，仅仅十个月的时间，明军就将元顺帝赶出了元大都，自石敬瑭割让燕云十六州后，北京再次回到了汉族政权的手中。而平定山东、河南、北平三个地区，除了明军的英勇善战外，稳定的后勤保障，更是功不可没，朱元璋以精密的安排，去除了一千多年来，套在南方政权北伐之役身上的后勤枷锁。这既有赖明政权的粮食储备，也得益于朱元璋北伐路线的选择。诸葛亮出汉中，蜀道艰难，粮草不济。桓温北伐，或是遭遇坚壁清野，或是粮道被断。岳飞北伐，军事上高歌猛进，政治上却遭遇掣肘，没有南宋朝廷的粮草补给，岳家军也难以持久作战。有鉴于此，朱元璋选择了一条万无一失的后勤路线：

先取山东，江南、两淮粮草充足，近在咫尺，可保山东无虞。同时，攻占山东意味着掌握了北上大都的水运咽喉。攻占山东后，从东、南两路进攻河南，夺取开封，意味着掌握了黄河运输路线的枢纽。之后，调集三百万石粮食至开封，保障向北征战大都以及向西征服陕西的粮食供应。荡平河南后，又在临清这一北方枢纽囤积粮食，疏浚河道，大军沿运河北上，万无一失。从始至终，明军粮道都处于安全的状态，攻势自然势如破竹。

在将元顺帝赶出大都后，元作为全国性政权已经失败，但是北方元军仍然盘踞在今山西、内蒙古、辽宁、陕西、甘肃、宁夏

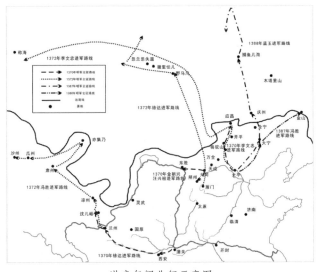

洪武年间北征示意图

等地。朱元璋除了征调粮食外,立刻派遣将领在北平、河南等地屯田。进一步保证了北方明军的粮食补给。而明军也开始了下一阶段的征战。

首先是北征山西,洪武元年十二月①,明军在太原一举击破王保保主力,同时荡平河北、山西的元军残余势力。此时,徐达在山西采用就地补给的政策,令山西各地向军事要地大同输送粮草:"大将军徐达令忻州运粮八千石,崞州七千石,代州七千石,坚州五千石,台州三千五百石,并刍豆俱赴大同。"王保保在太原惨败后,逃往甘肃,重整势力。到了洪武二年(1369年)二月,徐达自蒲州渡过黄河,进攻陕西。八月,陕西境内的元军基本平定。至此,明军初步完成了北伐事业。明帝国的北方边境,西起甘肃,东至辽宁。在征战陕西的过程中,开封仍然是明军重要的后勤基地。而在此之后,明军北方边境的后勤中心就转向了北平和陕西,这是针对西线的王保保与东线的爱猷识理答腊军队而作出的布置。此后,明军与北元军队鏖战十数年,明军虽然通过数次征战,基本肃清了西北元军与辽东元军,但是始终未能解决蒙古军队造成的边患问题。洪武二十一年(1388年),捕鱼儿海一战,北元势力基本被消灭,但明军与蒙古军队的战争并未结束。而明蒙之间,攻守几经易势,最终明政府构筑了后世称为"九边"的北方防御体系。

纵观朱元璋的北伐之战,除了精彩的战略战术外,也采用了

---

① 洪武元年十二月,为公元1369年1月9日至2月6日。

极为谨慎的后勤策略。在后勤路线上，选择了最为稳妥的两淮——山东——河南一线，既保障了后勤路线的安全，又充分利用了水路，提高了后勤运输效率。同时，积极筹措粮草，保证充足的供应，如洪武元年（1368年）五月，运粮三百万石至开封，这些粮食为明军的征战提供了充足的保障，至洪武三年（1370年）二月，开封军仓储粮尚有三万六千余石；洪武十九年（1386年），在进攻东北纳哈出之前，朱元璋也从北平、山东、河南、山西等地筹措一百二十三万余石运往大宁等地，保证了明军的后勤供应。而在北征元军的同时，朱元璋也对南方的敌对势力进行了肃清。

南下之路

就在徐达挂帅北征的同时，朱元璋也调兵遣将向尚未征服的南方各省发起攻击。与北征一样，南征也并非一蹴而就，从吴元年（1367年）南下征伐湖南、福建，到洪武二十二年（1389年）底定云南，洪武朝的南征之路也走了二十三年。在二十三年的时间里，南征可以分为三个阶段，第一阶段就是吴元年（1367年）至洪武元年（1368年），朱元璋以杨璟向南攻取永州、郴州，汤和攻浙江，胡美进攻福建，在攻下福建后，这一路明军又由廖永忠率领，从水路进攻广东，最终与杨璟部会师，攻下广西。第二阶段是在洪武四年（1371年），汤和、傅友德率军攻灭明夏，征服四川。第三阶段则是洪武十五年（1382年）傅友德、蓝玉率军攻取云南，消灭与北元遥相呼应的元梁王把匝剌瓦尔密，继而派遣沐英镇守云南。与北征一样,朱元璋对南征的后勤保障也作了充分准备。

首先来看浙江至广东一路明军。该路明军先后由朱亮祖、廖永忠统领。吴元年(1367年)九月,朱元璋命参政朱亮祖讨方国珍。十月,朱亮祖率军攻占黄岩、仙居各县,台州为朱元璋所有。同月,朱元璋以汤和为征南将军,吴祯为副将,率常州、长兴、宜兴、江阴诸军,跨过曹娥江,进攻上虞,继而攻占庆元(今宁波),在庆元,明军缴获了方国珍囤积的大量后勤物资,包括银六千九百余锭,粮三十五万四千六百石,极大充实了明军的后勤储备。方国珍盘踞浙东十余年,所克各县,后勤补给并非难事。而方国珍军更不是明军的对手,一路上明军所过皆克,方国珍逃至海上,最终投降。

同时,朱元璋亦以胡美为征南将军,从江西越过闽西北的杉关,进攻福建。胡美攻克建阳、建宁等闽北诸地,得银粮万计。而汤和、廖永忠则率军从温州取道海上来取福州。经过激战,明军攻取福州,得粮一十九万余石。接着,胡美率军南下,进攻福建西部汀州等地,汤和领军进攻陈友定大本营延平,俘虏陈友定。到洪武元年(1368年)闰七月,李文忠荡平福建诸山寨,福建平定。汤和在俘虏陈友定后,回到应天,接着在明州打造海船,准备海运。所部明军则由廖永忠率领,从海路继续南下征战。

在攻克浙江、福建的同时,朱元璋派杨璟率一路明军,从湖北出发,南下进攻湖南。吴元年(1367年)十月,朱元璋对杨璟说："南方之人皆入版图，惟淮北、山东尚未宁一，两广、八闽尚未归附。已命丞相徐达、平章常遇春等北定中原，平章胡廷美分道南征，以取八闽，俟八闽既定就以其师航海取广东。故命尔等率荆、湘之众进取广西，两军合势，何征不克。尔其务靖乱止暴，使远人畏服，毋替予命！"经过两个月的准备，杨璟在洪武元年（1368 年）正月向湖南出发，攻克永州，又令偏师攻克宝庆。接着向广西出发，三月，攻取全州、武冈州。同时，朱元璋以赣州卫指挥使陆仲亨率军汇合廖永忠征伐广东。廖永忠自福建从海上进攻广东，先后攻取东莞、广州，陆仲亨则沿途攻占英德、清远、连江、连州、肇庆。四月，杨璟攻克永州，湖南平定。廖永忠则沿着珠江西进，攻克梧州，朱亮祖从梧州出发，顺流而下，攻克容州、郁林州、元海北道、海南道降明。六月，朱亮祖率军与杨璟会师靖江。廖永忠沿江西进，攻克南宁。洪武二年（1369 年）九月，廖永忠、杨璟班师回朝。第一阶段南征结束。

明军的第一次南征，与北伐一样，是经过精心准备的军事行动，尤其在物资补充方面。杨璟一路，从十月开始准备，至次年正月方才进军，永州一战为围城之战，可见其物资充足。而汤和、廖永忠一路，则吸取了当初朱亮祖、胡深从陆上孤军深入而兵败的教训，从海路进攻陈友定腹地，同时由胡美从江西发兵，水陆结合，才得以消灭陈友定，之后又以李文忠为帅荡平山寨，彻底平定福建。在平定广东、广西时，同样采取了以水路为主的进军方式，起到了事半功倍的效果。

在第一阶段的南征结束后，长江以南，只有明升一个汉人政权尚割据一方，但是朱元璋并未乘胜进攻明夏，攻取四川，而是选择相对稳妥的战略，平定新征服地区的反对势力。

第二阶段：攻克明夏。明升，明玉珍之子。明玉珍本是徐寿辉部下。至正十四年（1354年），明玉珍率千余人进攻四川，于至正十五年（1355年）春占据成都，之后经略四川，颇得民心，麾下亦收服了一批能臣。至正二十年（1360年），徐寿辉被陈友谅所杀，次年，明玉珍自称陇蜀王，并且整兵准备讨伐陈友谅。到了至正二十二年（1362年），明玉珍干脆在蜀地称帝，国号大夏，改元天统，并在次年派遣万胜等人分三路进攻云南。至正二十六年（1366年），明玉珍去世，年仅三十六岁。明玉珍在世时，与朱元璋通好，蜀地也对其颇为信服。但明玉珍英年早逝，其子明升即位时只有十岁，主少国疑。明升即位不久，夏军骁将万胜就被奸臣诬告，矫诏冤杀。蜀地人心动荡。朱元璋趁机派参知政事蔡哲携带画工进入四川，将蜀地山川险要画成地图，早早就做好了日后图取四川的准备。洪武二年（1369年），明升派遣使者向朱元璋朝贡。在明军平定陕西后，明夏政权极为恐惧，表面上与朱元璋交好，暗中则加强警备，企图据险以守。朱元璋则以公孙述、李特、王建、孟知祥等蜀地"前辈"敲打明升。洪武二年（1369年）十月，朱元璋又派杨璟前往四川，劝明升纳土来降。洪武三年（1370年）五月，明夏北大门兴元守将刘思忠降明，明军以金兴旺守城。七月，明夏以吴友仁为将，企图收复兴元，被傅友德击退。

　　洪武四年（1371年）正月，朱元璋下令讨伐明升。明军兵分两路，一路以中山侯汤和为征西将军，江夏侯周德兴为左副将军，德庆侯廖永忠为右副将军，荥阳侯杨璟、都督佥事叶升等率京卫及荆、湘水师，由湖北走水路直趋重庆；另一路则是以颍川侯傅友德为前将军，济宁侯顾时为左副将军，都督佥事何文辉等率河南、陕西精骑，由陕西进攻成都。两路之中，汤和一路是第一次南征的主力，也是明军水师精锐，兵精将广，傅友德部军势虽不及汤和，但是所部作战极为勇猛。在派遣两路大军伐蜀的同时，朱元璋让冯胜在陕西修筑城池，邓愈在襄阳运送粮饷。

　　在两路大军的攻势下，平定四川似乎指日可待。但朱元璋并未轻敌，而是在大军临行前特意嘱咐傅友德要出其不意，直取阶州、文州。果然，不出朱元璋所料，夏军将防御重点放在东部，在瞿塘峡以铁索封锁江面，在长江南北两岸设立城寨，明军不能攻克。汤和一路被阻挡在瞿塘峡外整整三月。而傅友德则先是扬言要进攻兴元以西的金牛，实则率领精锐绕过金牛，攻取今属甘肃的阶州、文州，从四川的西北方向进攻成都，大大出乎夏军意料。傅友德率军继续南下，沿涪江攻克江油、彰明二县直趋绵州（今绵阳）。接着转道西南，打造战船，进攻汉州（今广汉）。自古以来的名将不仅仅是以勇猛著称，更是具有过人的智慧。在进攻汉州之前，汉江暴涨，且山地难行，于是与汤和联系中断，傅友德制作了数千木牌，上面写了明军攻克阶州、文州、绵州的时间，投入汉江，顺流而下。一方面是为了将这一消息告诉汤和，一方面更是以此消息震慑蜀地，威吓夏军。此举起到了惊人的效果，蜀地人心惶惶，原来驻守瞿塘关的夏军主力赶忙分兵救援成都。但傅友德离成都近，而救援的夏军主力则路途遥远。夏军援军尚未到达成都，傅友德已经攻下汉州，成都已是咫尺之间。而汤和在收到木牌后，令廖永忠率所部携带干粮，开凿山道，绕行至瞿塘关后，与瞿塘关前的明军前后夹击，一举攻克瞿塘关。接着廖永忠率领水军先行进攻重庆，汤和率步骑紧随其后。明军水师沿着长江西进，沿江州县望风奔附。当时在重庆的明升听从其母彭氏的劝说，没有西逃成都，而是向廖永忠投降，最终被封为归义侯，后被朱元璋安置在高丽。明升的选择是明智的，因为就在明升出降的前两日，傅友德已经进军成都。在明升投降将近一月后，明夏两军仍在成都城下鏖战，夏军甚至使用大象军攻击明军，但反被受到惊吓的大象冲乱阵型。明升投降的消息在此时方才传到成都。傅友德在成都接受了守军的出降。此后朱元璋又令曹国公李文忠经理四川，置成都右、中、前、后四卫分守。

明军的第二次南征，有关后勤保障的纪录较少，汤和一路为正兵，从湖北出发，又有邓愈在襄阳转运粮草，其后勤保障应是无忧，但是劳而无功达三月之久。傅友德出奇兵，与当年邓艾取道阴平有异曲同工之妙。虽是孤军远征，却收获甚大，而进入四川之后，粮草补给似不成问题，甚至在进攻汉州前还大造战船，此举没有充足的后勤保障是无法办到的。在平定明夏政权后，南方的反对势力就剩下元梁王把匝剌瓦尔密①据守的云南。本着不

---

① 把匝剌瓦尔密为元代"云南王"一系，上文"梁王阿鲁温"则由"汝阳王"进位。

战而屈人之兵的方略，朱元璋先在洪武六年十二月①派遣与宋濂齐名、曾参与纂修《元史》的浙东大儒王祎劝降梁王。梁王本有降意，不想此时北元朝廷也派遣使者来到云南。北元朝廷希望云南能够为其提供粮食，同时与北元遥相呼应，抗拒明朝。为了不让梁王首鼠两端，北元使者执意让梁王杀死王祎，王祎临死前告诫梁王："尔朝杀我，大兵夕至矣。"但朱元璋并没有立刻派兵收服云南，而是在洪武七年（1374年）再次派使者吴云前去说服梁王来降，不想吴云尚未见到梁王就被元军杀死。朱元璋出乎常理得对残元梁王"以礼相待"，不是因为其软弱，而是云南道路艰难，正如其对吴云所言："今天下混一，四方宾服，独云南一隅未奉正朔。朕欲以兵取之，恐劳师费财，重伤吾民，卿能为朕作陆贾乎？"当年北宋攻取四川后，宋太祖干脆以玉斧画大渡河言："此外非吾有也。"大理段氏得以享国数百年，元军攻灭大理后，一方面封忽必烈之子忽哥赤为云南王，世守云南，同时安抚段氏子孙，其统治非常稳固。因此虽然梁王两杀明廷使者，朱元璋都未出兵。

直到洪武十四年（1381年），朱元璋在做了充分准备后，才开始第三阶段的南征：平定云南。这也是所有南征战事中最为艰难、时间最为久远的战役。南征云南，又可以分为征服梁王与收服少数民族两个部分。在出征之前，朱元璋已经作了充足的物资准备，其为南征的近二十五万将士准备了布帛②三十四万四千三

----

① 洪武六年十二月已是公元1374年。

② 在古代布帛亦有货币的作用。

百九十匹，钞四十万八千九百八十锭，作为物质支持。

洪武十四年（1381年）九月，命颍川侯傅友德为征南将军，永昌侯蓝玉、西平侯沐英为副将，率军出征云南。列侯曹震、王弼、金朝兴，都督郭英、张铨等皆跟随出战。朱元璋照旧，为明军作出了行动指南。朱元璋拟定的战略是从乌撒路（今威宁）和普定路（今安顺）两路进军，在曲靖消灭元军主力，攻克昆明，再攻克大理。傅友德到达湖广后，让郭英、胡海洋、陈桓等率兵五万，由四川永宁进攻乌撒，自己则率大军取道辰州（今沅陵）、沅州（今芷江），走沅江水道前往贵州，经过三个月的行军，傅友德率军进攻普定，攻占普定后，又攻下普安，进而进军曲靖。元军果如朱元璋所料，在曲靖陈兵十余万阻挡明军。明军出其不意，趁着大雾，兵临白石江。沐英继而派遣数十人从下游暗自渡

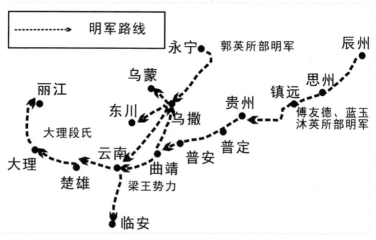

明军征云南示意图

河，在元军身后大树旗帜，鸣击金鼓，造成大部明军在其身后的假象，元军阵脚大乱，沐英趁机率军渡江，一举击败元军，攻克曲靖。接着傅友德派遣蓝玉、沐英率军继续进攻昆明，自己则率军进攻乌撒，支援郭英。最终，把匝剌瓦尔密自尽，元军投降。同时，傅友德攻占乌撒，打通了贵州与云南之间的道路，周边诸部慑于明军威势，纷纷归顺。

明军从出师到消灭元梁王势力，不过百余日。但明军在云南最大的考验并非元军，而是当地各少数民族的军队。明军为了守卫西南，设置了贵州都司与云南都司。洪武十五年（1382年），蓝玉、沐英率兵向西，进攻大理，活捉段氏首领段世。云南平定。但是从洪武十五年，一直到朱元璋去世，云南少数民族的叛乱此起彼伏，其中又以麓川土司思伦发所发起的定边之战最为著名。因此，从洪武十五年开始，云南战事的重心就是如何守土。明政府一方面在云南大规模屯田，保证军粮，另一方面在云南置盐课司，以开中法供给军粮，同时，改善驿路，多管齐下，保证了云南的后勤供应，将云南牢牢掌握在自己手中。

各司其职

地方政权，可以依靠卓越的领导艺术与组织能力实现运转，在建立大明之前，朱元璋能够依靠自己卓越的后勤战略和麾下文臣武将的能力维持明军的后勤运输，但到了全国政权，则必须依靠完整的制度。朱元璋建元洪武之后，也根据明军的实践经验，构筑了一整套后勤保障体系。

如上文所言，后勤保障是一个非常复杂的体系，包括物资的征收、运输、存储等各环节。这些环节，不是一个机构能够完成的，需要多个衙署的协力方能完成。朱元璋设计的明军后勤保障体系，在中央涉及五军都督府、兵部、户部与工部四个机构，地方上则有各级地方政府作为协力。所有机构合力才能保障后勤体系的运转。

根据洪武年间的《诸司职掌》以及《明史·职官志》，军队的后勤保障，在中央，明代有五军都督府与兵部、户部、工部等部门负责。其中，五军都督府掌问断五军所辖都司卫所军官兵丁刑名，其属有左、右、中、前、后五司官。兵部职掌天下军卫、武官选授之政令，其属有司马、职方、驾、库四司，负责将领俸禄、军队屯种、置办军械、舟车运输等事宜。户部职掌天下户口、田粮之政令，其属有民、度支、金、仓四司，负责军费、军需筹措以及物资仓储。工部职掌天下百工、山泽之政令，其属有营、虞、水、屯四司。此外，太医院也负责对将领的救治。接下来，我们就从后勤物资的征收、运输、存储三个方面来一睹明代军事后勤的具体分工。

首先，就是征收环节。兵部库司负责统计军器与军士所需盐粮等后勤物资。军器总数需要由库司统计好后再交给工部，由工部进行调拨。而所有士兵的月支粮食、食盐以及马场等处的饲养人员的冬夏布匹和月支粮食、食盐也都由库司进行统计。不过，兵部只负责后勤物资的统计，而这些物资的征收与存储则是由户部与工部负责。物资当中，以粮食最为重要。明军的军粮，以国家供给为主，军队自给为辅。国家供给主要依靠国家征收的粮食。洪武元年（1368年），朱元璋与历代统治者一样，对天下州、县进行分等，从而征收税粮。根据《明太祖实录》记载：

> 是岁（洪武元年）定各县为上、中、[下]三等。税粮十万石之下者为上县，知县从六品，主簿从八品；六万石之下者为中县，知县正七品，县丞正八品，主簿从八品；三万石之下者为下县，知县从七品，丞、簿如中县之秩，典史俱省注。①

> （洪武三年二月）先是，上问户部：天下民孰富？产孰优？户部臣对曰：以田税之多寡较之，惟浙西多富民巨室。以苏州一府计之，民岁输粮一百石已上至四百石者，四百九十户；五百石至千石者，五十六户；千石至二千石者，六户；二千石至三千八百石者，二户；计五百五十四户，岁输粮十五万一百八十四石。②

而军队自给，主要依靠屯田。在朱元璋征战天下之初，就通过屯田获得了大量军粮，极大支援了明军的南征北战。朱元璋平

---

① 《明太祖实录》卷28下，吴元年十二月是岁条，台湾"中央研究院"历史语言研究所1962年校印本，第474页。

② 《明太祖实录》卷49，洪武三年二月庚午条，台湾"中央研究院"历史语言研究所1962年校印本，第965至966页。

定天下后，也将屯田制度推广至全国。在北平、山东、河南、辽东、山西、陕西、四川、云南、贵州等地大规模屯田。在洪武二十五年（1392年），更是下诏天下卫所开展屯田，并给各都司卫所配备耕牛，根据洪武二十六年（1393年）《诸司职掌》的记录，各都司所配耕牛如下：

《诸司职掌》记载的明初都司耕牛数量

都司	耕牛数量
河南都司	36319只：水牛2247只，黄牛34072只
广西都司	950只：水牛367只，黄牛583只
山东都司	5999只：水牛419只，黄牛5580只
北平都司	17466只：水牛846只，黄牛16620只
山西行都司	黄牛17815只
山西都司	黄牛9143只
四川都司	8190只：水牛6529只，黄牛1248只，犏牛322只，牦牛91只
湖广都司	4667只：水牛3934只，黄牛733只
广东都司	482只：水牛413只，黄牛69只
浙江都司	2246只：水牛1254只，黄牛992只
江西都司	499只：水牛366只，黄牛133只
陕西都司	27467只：水牛46只，黄牛26683只，犏牛738只
云南都司	15284只：水牛9782只，黄牛5502只
贵州都司	5272只：水牛4568只，黄牛704只

续表

都司	耕牛数量
北平行都司	18537 只：水牛 18534 只，黄牛 3 只
直隶	45850 只：水牛 7401 只，黄牛 38445 只，犏牛 4 只
中都留守司	25600 只：水牛 1948 只，黄牛 23652 只
辽东都司	13878 只：水牛 13 只，黄牛 13865 只
总计：天下屯牛 255664 只	

　　卫所屯牛的配给，由工部屯司负责。工部屯司，负责卫所军屯的相关事宜。其目的就是保证军饷"凡边防郡县守御去处新立卫分拨军，开垦荒田屯种，须要计算顷亩数目，及田地肥瘦，人力勤惰，务在不旷征徭、不失军饷"。其中又以农具的铸造发放和耕牛的统筹为重点。而洪武二十六年（1393 年）的这份屯牛配给表，又反映出当时军屯的重点所在。屯牛的数量与卫所数量成正比。当时作为后勤补给重点区域的直隶、河南、北平、陕西、山西、云南，都拥有大量的耕牛，从而可以更好地开展屯田。

　　尽管朱元璋曾夸口，养兵百万，不费民间一粒粟，但实际上屯田的粮食并不能完全支撑军队，明政府还采取了其他办法来补充粮食，其中最重要的就是开中法。早在明朝建立以前，朱元璋在浙江就已经实行依靠盐引换取粮食的做法。洪武三年（1370年）以后，因为北部战事，朱元璋正式推广这一政策。所谓开中，就是由政府发给商人盐引，商人可以依靠盐引到指定地点领盐贩卖，获取高额利润。但要获得盐引，就要把粮食从内地运输到边境。后来商人干脆就在边境屯田，就地运粮。

根据《明太祖实录》的记载：

> （洪武三年六月）山西行省言：大同粮储，自陵县、长芦运至太和岭，路远费重，若令商人于大同仓入米一石，太原仓入米一石三斗者，给准盐一引，引二百斤。商人鬻毕，即以原给引目赴所在官司缴之。如此，则转输之费省，而军储之用充矣。从之。①

> （洪武三年九月）中书省臣言：陕西、河南军储，请募商人输粮而与之盐。凡河南府一石五斗，开封府及陈桥仓二石五斗，西安府一石三斗者，并给淮、浙盐一引。河东解盐，储积甚多，亦宜募商中纳。凡输米西安、凤翔二府二石，河南、平阳、怀庆三府二石五斗，蒲、解、陕三州三石者，并给解盐一引。河南府州县今岁既蠲其租，而岁用粮饷，艰于转输，其民间食盐商贩者少，宜令民人于河南、开封、陕州、潼关输米以佐军食，官给盐偿之。每户大口月一斤，小口减其半，其盐视地远近输米有差。诏悉从之。②

除了盐引，棉布、茶叶也都可以用来交易粮食，这些质轻价

---

① 《明太祖实录》卷53，洪武三年六月辛巳条，台湾"中央研究院"历史语言研究所1962年校印本，第1053页。

② 《明太祖实录》卷56，洪武三年九月丙申条，台湾"中央研究院"历史语言研究所1962年校印本，第1090至1091页。

高之物，易于运输，边地居民也有迫切的需求，是解决粮食问题
的辅助办法：

> （洪武三年九月）河州卫指挥韦正言：西边军粮，民间
> 转输甚劳，而绵布及茶可以易粟。今绵布以挽运将至，乞并
> 运茶给各卫军士，令其自相贸易，庶省西民之劳。诏从其
> 言。正初至河州时，城邑空虚，人骨山积，将士见之，咸欲
> 弃去。正语之曰：正受命同若等出镇边陲，以拒戎狄，当不
> 避艰险，致死命以报国恩。今既至此，无故弃去，一旦戎狄
> 寇边，其谁御之？民被其害，则吾与若等死亡无地，虽妻孥
> 不得相保，与其死于国法，无宁死于王事乎！于是众感激
> 曰：愿如公命。正日夜抚循其民，俾各安其居，河州遂为乐
> 土。①

不过，到了明中后期，军粮很大程度上需要用银钱购买才能
满足需求。为了满足军费，明政府通过多种手段开拓财源，除了
盐铁专营，征收税款，还巧立各种名目的税收；又或者削减开
支，例如削减宗室禄米，裁撤冗员；到了后期，更是允许纳钱赎
罪，纳钱授官。

后勤物资除了粮食，还有军器。工部负责军器、工程的制
造。军器局负责兵器的制造，主要有弓箭、刀盾、长矛等兵器，

---

　　① 《明太祖实录》卷56，洪武三年九月甲寅条，台湾"中央研究
院"历史语言研究所1962年校印本，第1098页。

如《诸司职掌》记载的"二意角弓、交趾弓、黑漆鈚子箭、有蜡弓弦、无蜡弓弦、鱼肚枪头、芦叶枪头、马军雁翎刀、步军腰刀、将军刀、马军红油团牌、水磨铁帽、水磨头盔、水磨锁子护项头盔、红漆齐腰甲、水磨齐腰钢甲、水磨柳叶钢甲、水银摩挲长身甲、并枪马赤甲",也有各类金鼓等指挥用具。针工局负责各类旗帜与部分衣物的织造。鞍辔局则负责制造马具。此外,城墙、仓库、军队营房的建造,道路桥梁的修理也是由工部负责。同时,工部还有一项职责与军事后勤密切相关,那就是运输船只与车辆的制造与修理:

工具	原料	数量
一千料海船	杉木	302根
	杂木	149根
	株木	20根
	榆木舵杆	2根
	栗木	2根
	橹坯	38枝
	丁线	35742个
	杂作	161条/个
	石灰	9307斤8两
	桐油	30128两
	舱麻	1253斤3两2钱

续表

工具	原料	数量
	络麻	1294 斤
	黄藤	885 斤
	白麻	20 斤
	棕毛	2283 斤 12 两
牛车	木材（榆木、枣木、槐木）	5 根
	杉木板枋	1 根
	鱼线胶	1 斤
	铁箍	8 个
	铁钉	40 枚
	铁穿	4 个
	车涧	8 条
	车头	2 个

　　此外，驾部负责大仆寺所属十四牧监马匹的选用、征调等事宜，为明军牧养军马。

　　在物资征集完成后，下一步就是运输。明代的军事传驿系统，由兵部驾司负责。明代传驿系统包括马驿、水驿、递运所。根据《明太祖实录》的记载：

　　　　置各处水马站及递运所、急递铺。凡六站，六十里或八
　　十里，专在递送。使客飞报军务，转运军需等物，应用马、

驴、船、车、人夫，必因地里量宜设置。如冲要处，或设马八十匹、六十匹、三十匹。其余非冲要，亦系经行道路，或设马二十匹、十匹、五匹，驴亦如之。马有上、中、下三等，验民田粮出备，大率上马一匹粮一百石，中马八十石，下马六十石。如一户粮数不及百石者，许众户合粮并为一夫。视使事缓急，给上、中、下马。每驿有供帐，使者日给廪米五升，过者三升，设官一人掌之。水驿如使客通行正路，或设船二十只、十五只、十只。其分行偏路，亦设船七只、五只，船以绘饰之。每船水夫十人，于民粮五石之上十石之下者充之，不足者，众户合粮并为一夫，余如马站之例。递运所置船，俱饰以红。如六百料者，每船水夫十三人；五百料者，十二人；四百料者，十一人；三百料者，十人。皆选民粮五石以下者充之。陆递运所，如大车一辆，载米十石者，夫三人，牛三头，布袋十条；小车一辆，载米三石者，夫一人，牛一头。每夫一人，出牛一头，选民粮十五石者充之。如不足者，众户合粮并为一夫。急递铺，凡十里设一铺，每铺设铺司一人，铺兵要路十人，僻路或五人，或四人。于附近民有丁力田粮一石五斗之上、二石之下者充之，必少壮正身。每铺设十二时日晷，以验时刻，铺门置绰楔一座，常明灯烛一副，簿历二本。铺兵各置夹板一副，铃攀一副，缨枪一把，棍一条，回历一本，递送公文依古法，一昼夜通一百刻，每三刻行一铺，昼夜行三百里。凡遇公文至铺，随即递送，无分昼夜。鸣铃走递，前铺闻铃，铺司预先出铺交收，随即于封皮格眼内填写时刻、该递铺兵姓名，速令铺兵用袱及夹板裹系，持小回历一本，急递至前铺交收于回历上附写到铺时刻，毋致迷失、停滞。若公文不即递送，因而失误事机，及拆动损坏者，罪如律。各州县于司吏内选充铺长一人，巡视提督，每月官置文簿一本，给各铺附写所递公文时刻、件数，官稽考之，其无印信文字，并不许入递。①

由此可见，明代传驿系统的首要职责是"飞报军情，转运军需"。而这用到的所有马匹、船只、车辆、人力都是由兵部负责。兵部需要在地理要冲设置驿站，检查物资。马驿根据地理位置的重要性设置马匹数量，有八十匹、六十匹、三十匹、二十匹、十匹、五匹之等，马又有上、中、下三等。水驿也根据水路情况分等。水马站、递运所构筑了通达全国的军事运输网络，而急递铺则保证了信息的畅通，对于后勤的保障至关重要。明成祖朱棣疏浚大运河后，更是建立了一支专门运输粮食的漕军，负责将粮食从南方通过运河转运至北方。

大量的军粮，在运输至目的地后，需要合理存储。军粮存储，主要依靠户部。

朱元璋在洪武三年（1370年）就在南京建立二十座军用仓库，专门囤积军粮。

---

① 《明太祖实录》卷29，洪武元年正月庚子条，台湾"中央研究院"历史语言研究所1962年校印本，第500至502页。

置军储仓,时在京卫多积粮以钜万计,而廪庾少,无以受之。乃命户部设军储仓二十所,各置官,司其事,自一至第二十,依次以数名之。[1]

中书省臣言:在京军储仓二十处,收粮六百余万石,每仓设官三员,请增设京畿漕运司官,专督其事。从之。[2]

朱棣迁都北京后,为了北京驻军的粮食补给,又在北京设立三十七处卫仓。而在辽东、宣府等军事重镇,也设立了大量军仓,如辽东有军仓五十七座,宣府有军仓七十座。根据《诸司职掌》,这些卫仓一般要常存二年积粮:"凡天下设置仓廒,其在各该卫所,常存二年粮斛,分为二十四廒收贮,以备支用。其在各司府、州、县各有仓廒,收贮粮米以给岁用。"如果卫所存储的粮食不够了,就需要就近由粮仓进行调拨。所有粮食的收支,全部要造册,进出都有严格手续。除了粮食,草料亦是由户部"收积草料以备军马往来支用"。户部除了负责粮食的存储,还要负责战争时期的物资的统计调拨。同时驻守军队的月支粮食、食盐等物料也是由户部进行统筹。其中食盐也是实行配给制。"凡内

---

① 《明太祖实录》卷54,洪武三年七月丁酉条,台湾"中央研究院"历史语言研究所1962年校印本,第1062至1063页。

② 《明太祖实录》卷55,洪武三年八月乙酉条,台湾"中央研究院"历史语言研究所1962年校印本,第1083页。

外大军，关支月盐，有家小者月支二斤，无家小者月支一斤。"在外军士则有支钞："其在外卫所军士，月盐亦有支钞，每盐一斤折钞一百文。"

明军通过各个衙署的协力，构筑了一整套军事后勤的保障体系。以此支撑着漫长的边疆。

洪武之边

从洪武元年（1368年）建国称帝，到洪武二十三年（1390年）底定云南，朱元璋基本统治了传统中国的农耕区域，西域、西藏也对朱元璋表示臣服。其统治范围，远远超出了宋代。康熙帝在明孝陵所题的"治隆唐宋"四个字，并非恭维之词。然而，洪武年间的征战，只能说完成了部分战略目标。

朱元璋将蒙古政权驱逐出中原后，面临两种选择，一是与蒙古诸部达成和解，双方进入和平状态；二是持续与蒙古诸部的战争。经历过惨烈的元末战争，明政府渴望一个和平的环境来恢复经济，复苏民力。对于明廷君臣来说，如果能与蒙古诸部实现和平状态，自然是最优解。因此朱元璋首选的是与北元政权和谈，具体而言，是希望北元向明廷"称臣"，体面结束元明之间的战争。

在徐达刚刚攻下元大都的洪武元年（1368年）十月，朱元璋就颁布诏书，展示了对元顺帝以及残元政府的优待态度：

上以元都平，诏天下曰：一海宇以安人心，正国统而君天下,理势所在,古今皆然。自群雄乘乱以来,四方思治。惟切元纲已隳,疆土遂分,孰拯斯民,以定于一,顾予菲德,造此丕图。荷上天眷佑,臣邻翊赞,肇基江左,平定中原。眷惟幽燕,实彼本根,命将北伐,列郡皆顺,已于洪武元年八月初二日克其都城。胡君远遁,兵无犯于秋毫,民不移其市肆。捷音来奏,良副朕怀。已改其都为北平府,命官屯守。海宇既同,国统斯正,方与生民共此安平之福。尚赖中外臣僚,夙夜公勤,以匡朕之不逮。所有事宜具条于左:

一元主父子远遁沙漠,其乃颜、蓟突等类素相仇敌,必不能容。果能审识天命,衔璧来降,待以殊礼,作宾吾家。

一避兵人民团结小寨,诏书到日,并听各还本业,若有负固执迷者,罪在不原。

一残元领兵头目,已尝抗拒王师,畏罪屯聚者,有能率众来归,一体量才擢用。

一故官及军民人等,近因大军克取之际,仓惶失措,生离父母、妻子,逃遁他所,果能自拔来归,并无罪责,仍令完聚。

一朔方百姓及蒙古色目诸人,向因兵革,连年供给,久困弊政。自归附之后,各安生理,趁时耕作,所有羊马孳畜,从便牧养,有司常加存恤。

一北平新附地方,应有犯罪及官有逋欠,但系前代事理,并行革拨。

一秘书监、国子监、太史院典籍,太常法服、祭器、仪卫及天文仪象、地理户口版籍、应用典故文字，已令总兵官收集，其或迷失散在军民之间者，许赴官送纳。

一自兵革以来，南北路隔，其北平府应有南方之人，愿归乡里者听，未附州郡，总兵官明示祸福，随处招谕。

一各处征进军士有阵亡、病故者，所在官司即与埋瘗，仍厚恤其家。

一新附州城军民、官吏，非奉朝省明文，毋得擅自科取军需，骚扰百姓，以妨农务。①

朱元璋的诏书之中充满了和平的气氛，但是显然，当时尚掌握重兵的北元政权并不想称臣纳贡，元顺帝与王保保持续在边境策动元军的反击。到了一年以后的洪武二年（1369年）十月，遭遇重大打击的残元朝廷再次得到了朱元璋的信：

是月，遣使致书元主曰：朕本布衣，昔在田里，赖承平之乐。忽妖人倡乱，海内鼎沸。当是时，出师者将非不勇，兵非不众，城廓非不坚，器械非不利，终无成功。妖人愈炽，遂致豪杰并起，此天运昭然，不言可见……朕谓君自知胡无百年之运，能顺天道，归我中国故土，上策也。未几，边将来报，君率残兵，留连开平。朕思君前日宗社奠安，国用富实，尚不能削平群盗，今以孤兵自随，远寄沙漠，若欲

① 《明太祖实录》卷35，洪武元年九月戊寅条，台湾"中央研究院"历史语言研究所1962年校印本，第632至634页。

效汉之匈奴、唐之突厥，出没不常，以为边患，是君之计不审也。方今中国封疆，尽为我有，全二千城之富庶，握群雄累岁之劲兵。华夏已平，外夷咸附，壮士无所施其勇，智将无所用其谋，而君乃欲与我为敌乎？君若不思保境土以存宗祀，而欲吐余烬于寒灰，是不知天命也。朕发铁骑，四出塞外，精兵百万，联阵二千余里，直抵阴山之北。即君遁逃，亦出侥幸。春和日暖，沙漠草青，汉兵出塞之时也，霜雪冬寒，则归而守险。君虽有百万之众，何能为哉？朕以诚心待人，明示机策，使君闻之。庶几改图易虑，安分顺天，以存宗祀，不亦善乎？君其审之。[①]

相比洪武元年（1368年），朱元璋在洪武二年（1369年）十月的信中口气无疑强硬了许多。这是因为在过去的一年中，北元的武装力量，可以说是遭到了毁灭性的打击。王保保、李思齐的主力均已被消灭，元军一败再败，已经不是明军的对手。因此朱元璋也以充满自信又颇具威胁的口吻致书元顺帝，以天命自属，要求其归顺大明。

到了洪武五年（1372年）十二月，朱元璋又一次向元主写信，只是这次的对象不再是元顺帝，元顺帝已于洪武三年（1370年，北元至正三十年）去世，此时北元当政的是其子爱猷识理答腊。朱元璋在书信中再次表达了让北元归顺大明的意图：

---

① 《明太祖实录》卷46，洪武二年十月是月条，台湾"中央研究院"历史语言研究所1962年校印本，第925至927页。

遣使赍书与元幼主云:《书》曰:皇天无亲,惟德是辅,此古今不易之大训,君其思之。自古国家必有兴废,以小事大,理势之常,贤智者亦所乐行而不以为辱。昔我中国,赵宋将衰之际,为金所逼,迁都于杭,纳以岁币。其后金为君家所灭,君家亦遣使于宋约纳岁币,一如金时。虽疆界有南北之分,而前后延祚百五十年。此小事大之明验也。且尔国之俗,素无姓氏,其族贵嫡而轻庶。君乃高丽有姓者之甥,又为庶出,君何昧而不察,固执不变?朕观前代,获他君子孙,必献俘庙社,夸示国中。其初亦有待之以恩、授之以爵者,及其后也,非鸩即杀,虽君家亦尔。宋之幼主,削发为僧,终不免于一死。在朕则不然,君之子至京师今已三年,优待有加,君宜遣使取归,何也?朕本布衣,生长君朝,承平之时,混于民间,犹勺水之下沧海,一粟之在大仓,岂有志于今日哉?自辛卯盗起,汝、颖、蕲、黄间,君家天运已去,人心已离,四海土崩瓦解。朕观君父子,国势不振,民罹荼毒,始议兴师,保身救民。一时群雄僭称名号者,尽为朕所俘虏,虽君之父子,亦不能守宗庙社稷,北遁沙漠,此天运也,人力有不可为。自古有识之君,孰不畏天?故特致书以达朕意,君其察焉。①

---

① 《明太祖实录》卷77,洪武五年十二月壬寅条,台湾"中央研究院"历史语言研究所1962年校印本,第474页。

洪武五年（1372年），朱元璋致爱猷识理答腊的书信，就内容而言，实际已经有所让步。除了再三强调自己是天命所属且极为宽仁外，相较于洪武元年（1368年），朱元璋给了北元一个巨大的台阶，就是"以小事大"，希望北元对明，能向南宋对金一样，称臣纳贡。洪武元年（1368年），朱元璋的设想是让元顺帝"衔璧来降，待以殊礼，作宾吾家"，现在以宋金之关系类比元明之关系，意味着北元只要名义上"称臣"，向明廷纳贡就可以，在北元小朝廷内，爱猷识理答腊仍可称君，这个条件不可谓不优待。而书信中提及的"君之子至京师今已三年"，则是指洪武三年（1370年）五月明军俘虏了其子买的里八刺，朱元璋没有将其作为俘虏献于宗庙，而是封为崇礼侯，礼遇有加。这件事被当作样板用于朱元璋对故元宗室、大臣的招抚，确实起到了不错的效果。但是对于爱猷识理答腊这位北元君主而言，效果则有限，北元始终没有向明廷称臣。究其原因，恐怕还是北元对自己的军事实力有一定的信心。

从洪武三年（1370年）起，朱元璋在一边招抚的情况下，一边也加大了对北元的打击。洪武三年（1370年）正月，朱元璋让徐达、李文忠、冯胜、邓愈、汤和领兵，第一次远征沙漠。此战李文忠率奇兵突袭元都应昌，俘虏了买的里八刺，爱猷识理答腊仅率数十骑遁走。但北元即使遭到如此打击，也未屈服，不断袭扰大明边境。到了洪武五年（1372年），朱元璋又发动了第二次北征，然而此次北征，徐达、李文忠、冯胜分率中路、东路、西路三路大军，共计十五万人，却没有取得预期的战果，徐达攻和林，在土剌河与元军大战，损失数万人，为徐达战史上少有的失败。李文忠在阿鲁浑河与元军大战，李文忠本人下马步战，经过殊死搏斗才得以脱困，继而再战，两军旗鼓相当。只有西路军冯胜一直推进到亦集乃路，获胜而还。正是因为此次失利，使得朱元璋在当年十二月再此致书元主，作出巨大让步。但爱猷识理答腊则因为军事上的胜利，并未答允朱元璋的和谈。

这使得朱元璋不得不继续以军事手段解决北元的威胁。洪武七年（1374年）、洪武十三年（1380年）和洪武十四年（1381年），明军又进行了第三、第四、第五次北征。这三次北征，虽然均以明军的胜利告终，但规模不大，所获也较为有限。转眼到了洪武二十年（1387年），明军又进行了两次大规模战役，一次极大扩充了明军版图，另一次则彻底葬送了北元小朝廷。

元顺帝时，就已经无法对全国军队进行有效指挥，在其出逃之后，虽然也试图联络各地元军，但终究没有实现恢复大都的设想。云南梁王在洪武十四年（1381年）被平定，而盘踞在东北的纳哈出仍手握重兵，威胁着北平。洪武二十年（1387年），朱元璋命冯胜率大军二十万出征纳哈出，冯胜在大宁留五万兵驻守，接着率领十五万大军直扑纳哈出老巢，纳哈出自知不敌，于是投降，明政府基本控制了东北地区，为将来努尔干都司的建立奠定基础。而洪武二十一年（1388年）蓝玉的捕鱼儿海之战，对北元朝廷予以了毁灭性打击，此时的元主脱古思帖木儿在逃亡路上被同为蒙古族的也速迭尔杀死，北元皇统自此断绝。不过，北元的军事力量虽被消灭，但是蒙古诸部依旧保留了大量的有生力量，也并未完全臣服于明政府，只是慑于当时明军的实力，暂时与明军保持总体和平。

在明军持续二十余年的攻势下，其版图也得到了极大的扩张。那么，在洪武年间，大明帝国的版图究竟拓展到了哪里呢？清代编修的《明史·地理志》言：

> 明太祖奋起淮右，首定金陵，西克湖、湘，东兼吴、会，然后遣将北伐，并山东，收河南，进取幽、燕，分军四出，芟除秦、晋，讫于岭表。最后削平巴、蜀，收复滇南。禹迹所奄，尽入版图。近古以来，所未有也。
>
> ……
>
> 计明初封略，东起朝鲜，西据吐番，南包安南，北距大碛，东西一万一千七百五十里，南北一万零九百四里。自成祖弃大宁，徙东胜，宣宗迁开平于独石，世宗时复弃哈密、河套，则东起辽海，西至嘉峪，南至琼、崖，北抵云、朔，东西万余里，南北万里。其声教所讫，岁时纳赆，而非命吏置籍，侯尉羁属者，不在此数。呜呼盛矣！①

《明史》是清人对明代历史的总结，上述文字，也是清人认识中的明代疆土。在清人眼中，"其声教所讫，岁时纳赆，而非命吏置籍，侯尉羁属者，不在此数"。也就是说，《明史·地理

---

① 张廷玉等：《明史》卷40《地理志》，中华书局1974年版，第881至882页。

志》中的明代疆土，指的是明政府可以直接管理的疆域，羁縻之所不在其记录的范围之中。这一点，并非清人要抹去努尔干都司和乌斯藏都司两处羁縻领土，而是继承自《大明一统志》以及《读史方舆纪要》两部明代地理著作的领土观。《大明一统志》成书于明英宗天顺五年（1461年），由明英宗亲自作序。在《大明一统志》中，关于明代疆土，分为两京十三布政使司与"外夷"两类。在最后两卷的"外夷"条目下，西蕃、和卓、于阗等地，皆被视为外夷，即使洪武年间在西蕃设有乌斯藏等三处都指挥使司，明廷对于其影响力也是有限的，并非和两京十三布政使司有相同的控制力。

其中的明初版图，除了安南为永乐年间并入外，其余皆为洪武年间所拓。其东西边境，从朝鲜半岛一直延伸到青藏高原，但其北界，只是笼统得说在大漠。但从下文"自成祖弃大宁，徙东胜，宣宗迁开平于独石"则可知上述地区，皆是洪武时期的明廷领土。因此，洪武时期，明政府实控的北部边界，从今辽宁省一直到今甘肃省西部。北端则至今内蒙古锡林郭勒盟一线。若以都司论，从东至西则为辽东都司、大宁都司、北平都司、山西行都司、陕西都司到陕西行都司的广大范围内。

那么，如此漫长的边境，需要如何防守呢？在洪武十八年（1385年）二月，大学士宋讷向朱元璋进献《守边策》：

今海内既安，蛮夷奉贡，惟沙漠未遵声教。若置之不治，则恐岁久丑类为患，边围卒荒。若穷追远击，恐六师往还万里，馈运艰难，士马疲劳。陛下为圣子神孙万世计，要不过谨备边之策耳。备边固在乎兵实，兵实又在乎屯田。屯田之制，必当以法汉。本始中，匈奴帅十余万骑而南欲为寇。汉将赵充国乃四万骑分屯缘边九郡，单于闻之引去。夫以四万骑分屯九郡，而充国统制其间，则当时之筹划区处，概可想见。我朝诸将中，勇智谋略岂无充国哉！陛下宜选其有智谋勇略者数人，每将以东西五百里为制，随其高下立法分屯所领卫兵，以充国兵数斟酌损益，率五百里一将布列，缘边之地，远近相望，首尾相应，耕作以时，训练有法，遇敌则战，寇去则耕，此长久安边之良法也。又何必劳师万里，求侥幸之功，以取无用之地哉？[1]

宋讷《守边策》的核心思想，就是分守屯田。这个观点并不新鲜，朱元璋在创业之初就采用了屯田的政策。到了平定天下后，也积极推进屯田。在洪武四年（1371年）三月，朱元璋就曾下令："山北口外东胜、蔚、朔、武、丰、云、应等州皆极边沙漠，宜各设千、百户，统率士卒，收抚边民，无事则耕种，有事则出战。"[2]但是如果就此认为自此之后朱元璋在边境上只是被动防御，那也是大错特错。在洪武后期，尤其是洪武二十三年（1390年）以后，尽管徐达等元勋宿将大多故去，骄横的蓝玉在

---

① 宋讷：《西隐文稿》卷10，清乾隆三年重刻本。

② 《明太祖实录》卷62，洪武四年三月癸巳条，台湾"中央研究院"历史语言研究所1962年校印本，第1197页。

洪武二十六年（1393年）也被朱元璋诛杀，但是朱元璋的儿子们却已长大成人，朱元璋让年长皇子分驻边境，成为塞王。据明代《名山藏》卷36《分藩记一》记载：

> 高皇帝以宋为惩，内域削弱，边围弗威，使胡人得逞中原而居闰位。于是大封诸子，连亘边陲。北平天险，为元故都，以王燕；东历渔阳、卢龙，出喜峰，包大宁，控葆塞山戎，以王宁；东度渝关，跨辽东，西并海，被朝鲜，联开原，交市东北诸夷，以王辽；西按古北口，濒于雍河，中更上谷、云中，巩居庸，蔽雁门，以王谷；若代、雁门之南，太原其都会也，表里河山，以王晋；逾河而西，历延、庆、韦、灵，又逾河北，保宁夏，倚贺兰，以王庆；兼毂、陇之险，周秦都邠之地，牧垌之野，直走金城，以王秦；西渡河，领张掖、酒泉诸郡，西扃嘉峪，护西域诸国，以王肃；此九王者，皆塞王也。莫不傅险陋、控要害，佐以元侯宿将，权崇制命，势匹抚军，肃清沙漠，垒帐相望。①

此时朱元璋以成年皇子掌控军权，屡屡出击蒙古，但被其寄予厚望的燕王朱棣，却彻底颠覆了朱元璋的安排。

---

① 何乔远：《名山藏》卷36《分藩记一》，明崇祯刻本。

中篇

守土

第四章　劳逸之间

朱元璋去世之后，其孙朱允炆即位。大明王朝的国策也由"洪武"转向"建文"。如果没有靖难之役，明王朝或许将走上"休养生息"的道路。但是建文一朝君臣操之过急的"削藩"，逼反了燕王朱棣。"靖难之役"后，朱棣迁都北京，亲自发动了五次对蒙古诸部的北征。直到明仁宗朱高炽即位后，才算正式进入"休养生息"的阶段。仁、宣二帝鉴于永乐年间北征蒙古、南征交趾所造成的巨大负担，作出了"转守为攻"的战略转变。而随着"土木之变"，明军主力丧失殆尽，明政府彻底转向了防守策略。

永乐北征

作为沙场老将，朱棣对粮道极为重视，在其夺取天下的靖难之役中，燕军的成功，离不开其对南军的后勤战。

建文元年（1399年）七月，朱棣在北平府举兵，号称"靖难"。八月，耿炳文率兵到达雄县，双方正式交战。燕军在与南军在白沟河一带对峙的同时，先后向东解围永平府，北上夺取大宁,解除了后顾之忧。朱棣得以将北平、永平、保定三府作为基地。此后三年,双方在保定府、河间府、真定府一带反复鏖战,互有胜败。到了建文三年(1401年)五月,双方均将注意力放到了对方的粮道上。先是建文三年(1401年)五月,平安、盛庸、吴杰分兵袭击燕军的粮道,朱棣还装模作样派指挥武胜到应天府追问缘由,建文帝大怒,直接将武胜下狱。与此同时,作为报复,朱棣就派李远向南突进,焚烧了南军停靠在沛县的"粮舟万计"。到了建文四年(1402年)三月,朱棣又派谭清断南军徐州粮道。通过针对南军粮道的一系列行动,在四月,朱棣就作出了"今敌持久饥疲,遮其饷道,可以坐困"的判断。接着,朱棣力排众议,率军南下,遮断南军何福的粮道,平安不得不分兵六万护卫粮道。结果何福兵败,平安更是被燕军生擒。此后燕军乘胜南下,一举夺取应天府,取得了靖难之役的胜利。因此朱棣对后勤的重要性有着切身体会。

在朱棣通过靖难之役夺取皇位时,北边蒙古诸部也发生了内乱,建文四年(1402年)北元大汗坤帖木儿被杀,蒙古最终分裂成西部瓦剌和东部鞑靼两个政治集团。朱元璋没能决定性地解决明蒙之间的外交关系,但是随着北元的分裂,朱棣则抓住了契机。朱棣即位后,并未直接出兵进攻蒙古,而是通过赐给鞑靼、瓦剌军事贵族封号赏赐的形式,对蒙古诸部采取了安抚措施。同时,又资助当时处于弱势的瓦剌,试图"以夷制夷"。从永乐元年(1403年)到永乐七年(1409年),明蒙双方总体保持和平态势,明廷得以恢复经济,休养生息。但在永乐七年(1409年),

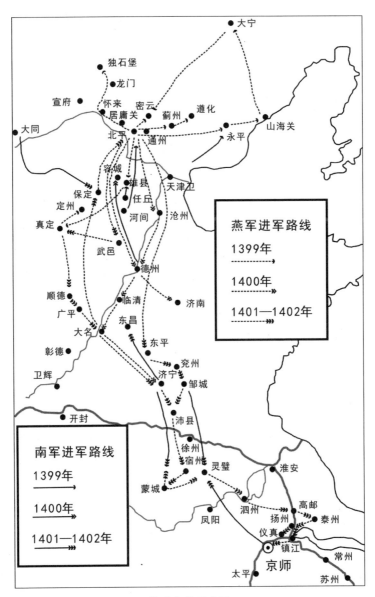

靖难之役示意图

明臣郭骥出使鞑靼被杀，朱棣命淇国公邱福率军十万，进攻鞑靼。开启了永乐朝北征的序幕。

朱棣分别在永乐八年（1410年）、永乐十二年（1414年）、永乐二十年（1422年）、永乐二十一年（1423年）、永乐二十二年（1424年）五次亲征蒙古。就战绩而言，永乐八年和永乐十二年的两次北征，成果较大，达到了战略目标。而后三次北征，则有穷兵黩武、空耗国力之嫌。

永乐七年（1409年），淇国公邱福轻敌冒进，中伏身亡，北征大军也伤亡殆尽。朱棣震怒之下决意御驾亲征鞑靼，击破时任蒙古大汗本雅失里与掌权的阿鲁台。与朱元璋时期对蒙古的战争相比，朱棣的北征蒙古，其战略目的并非征服鞑靼、瓦剌所占据的领土，扩大明帝国的版图，而是以军事力量迫使其臣服于明朝，解除其对明朝军事上的威胁。五次北征过后，明军的后勤能力也发生了变化，为将来明政府的国防策略的转变埋下了伏笔。

首先来看前两次北征，这也是明军远征蒙古所留后勤信息最多的两次战役。永乐七年（1409年）七月郭骥被杀后，朱棣就开始准备对鞑靼的战争。到了永乐八年（1410年）二月，战争的准备工作已经完成，朱棣昭告天下，御驾亲征：

> 诏曰：朕受天命，承太祖高皇帝洪基，统驭万方，抚辑庶类，凡四夷僻远，靡不从化。独北虏残孽，处于荒裔，肆逞凶暴，屡遣使申谕，辄拘留杀之。乃者其人钞边，边将获之，再遣使护还，使者复被拘杀。恩既数背，德岂可怀？况

豺狼野心，贪悍猾贼，虐噬其众，引领徯苏。稽于天道，则
其运已绝；验于人事，则彼众皆离。朕今亲率六师往征之，
肃振武威，用彰天讨。且朕必胜之道有五：以大击小，以顺
取逆，以治攻乱，以逸伐劳，以悦吊怨，鲜不残灭。荡除有
罪，扫清沙漠，抚绥颠连。将疆场乂安，人民无转输之苦，
将士无战斗之虞，可以解甲而高枕矣。布告中外，咸使闻
知。①

从朱棣的北征诏书中，不难发现朱棣对此次北征信心满满且
准备一举平定鞑靼，解决北部战事。

永乐八年（1410年）三月初一，朱棣以清远侯王友、安远伯
柳升统领中军，宁远侯何福统领左哨，武安侯郑亨统领右哨，宁
阳侯陈懋、都督曹得、都指挥胡原统领左掖，广恩伯刘才、都督
马荣、朱荣统领右掖。永乐时期，朱棣将京卫数量增加到七十二
个，分步骑军为中军，左、右掖，左、右哨"五军"。按照一卫
五千六百人的兵力看，光五军营就掌握了四十万的兵力。而这些
统领五军的侯、伯，除了宁远侯何福外，都是跟随朱棣靖难起兵
的功勋宿将。在参加北征之前，也有丰富的作战经验。清远侯王
友、安远伯柳升在永乐四年（1406年）从征交趾，其中柳升亦是
火器部队的统领。宁远侯何福以总兵官身份先后镇守宁夏、甘
肃，武安侯郑亨先后镇守宣府、开平，宁阳侯陈懋在何福之后镇

----

① 《明太宗实录》卷101，永乐八年二月辛丑条，台湾"中央研究
院"历史语言研究所1962年校印本，第1313至1314页。

守宁夏。都督朱荣等人也是靖难之役中表现出色的战将。次日，朱棣又命都督刘江等充游击将军，督前哨，都督薛禄、冀中等充骠骑将军，都指挥侯镛、陈贤等充神机将军，都督金玉等充鹰扬将军，都指挥李文等充轻车将军。刘江①就是在后来在"望海埚大捷"中大败倭寇的名将，此时他的任务则是统领作为先锋的前哨部队。此次北征，明军可谓精兵强将。

三月初九，朱棣"大阅誓师，时军阵东西绵亘数十里，师徒甚盛。戈甲旗旄，辉燿蔽日。铁骑腾跃，钲鼓釠②震"。当时被笼络的瓦剌，亦派使臣出使明朝，见此军阵，"骇愕曰：天兵如此，孰敢婴其锋者?"三月初十，朱棣出发北征，同时命瓦剌使者将礼物带给瓦剌顺宁王马哈木、贤义王太平、安乐王把秃孛罗。

初次北征，历时四月，其中绝大部分时间都在行军。朱棣于三月初十出发，四月初七过玄石坡，进入鞑靼境内。四月十六到达禽胡山（今蒙古国境内）。五月初一到达胪朐河，改其名为饮马河，之后继续向北行军，在五月十二到达兀古儿扎河，改其名为清尘河，筑杀胡城。此时明军已经与鞑靼军接战，五月十三，朱棣在斡难河畔大败本雅失里所率鞑靼军。朱棣在此处命都督薛禄祭斡难河山川，赐名玄冥河。随后，朱棣向南回程，沿途又击败不少鞑靼军。在六月初九，朱棣亲率精骑再次与阿鲁台军大战，大败鞑靼军。之后又以火器伏击尾随的鞑靼军，顺利撤军。最终，北征军顺利回到北京。第一次北征结束。

---

① 即刘荣，此时冒父名从征。

② 釠有金字旁，通"锅"。

　　朱棣第一次北征，除了在战役上大获全胜外，其后勤补给也颇为成功。在《明实录》中，留下了朱棣此次北征后勤补给的大量信息。可以帮助我们了解其行军补给的方式与得失。

　　首先，朱棣第一次北征的补给方式，以运粮为主，因粮于敌为辅。早在出征之前，朱棣就与户部尚书夏原吉商议过补给方式，最终决定使用武刚车来运送粮食。而且采用逐级运输的方式，即先预定好行军路线，在沿途要地修筑城堡。后勤部队跟随大军行进，十天一城，先将粮食运送至城堡内储存，大军开拔后，留下部分粮食在原城堡内，其余粮食随军运输，进入下一个城堡。如此往复，保证粮食安全。如朱棣三月初十开拔，三月十五即命章安、吴中运送粮食至平胡城。到达饮马河后，又在饮马河畔筑杀胡城，储存粮食和牲畜。在回程途中，于五月二十一，在杀胡城命成安侯郭亮督馈运赴应昌，吴中、章安馈运赴禽胡山。六月则让之前在宣府练兵运粮的张辅以及郭亮督运粮草，馈赴军前，郭亮于六月二十四将粮草送至军前。七月初二，在明军已经回到开平后，朱棣命都督张远等于平胡城运饷还开平。为了提高粮食的运输效率，朱棣让工部打造武刚车三万辆，用于运输。北征刚开始时，军中因车辆陷于沙地而颇有微词，希望放弃车运，改由人力运输，朱棣为此劝解将领：

　　　上曰：任重致远，水莫如舟，陆莫如车。舟遇浅，车遇沙，虽迟，如舟出浅，车出沙，人力所不能及矣。十人运一车，或缺一二人，尚堪挽之以行。用人负者，一人有故，必分于众,以一累十,以十累百,不尤难哉。①

最终明军还是采用了车运的方式。除了运送粮食外,朱棣也有限度地将从蒙古掠夺来的牲畜用于补充。明军在斡难河畔战胜本雅失里后,收取其辎重;在击败阿鲁台后,又在长秀川收缴鞑靼人的牛、羊、骆、马等牲畜用于补给,但平时则下令将士不得掠夺人口牲畜,违者处斩。即使如此,此次北征,仍然出现了粮草不济的情况。尤其是在班师途中,清远侯王友在即将到达存有粮食的禽胡山时,为了躲避鞑靼军,而改道前往应昌,致使军中将士因为缺粮而死者甚众,使得朱棣震怒,王友从此再未随朱棣北征。但朱棣以身作则,赏罚分明,亲爱军士,因此军心并未出现动荡。如自四月进入鞑靼境内开始,朱棣便命人巡视军营,将士都用餐后,方才用膳。击败阿鲁台后,又下令:

> 士卒从朕远征,备极艰难。古人为将,皆与士卒同甘苦。士卒未食,不先食。朕安得独享滋味。凡军中所获牛羊,及光禄寺上供米面诸物,悉均给士卒。②

其次,明军还非常注重水源。大军离开国境,进入漠北后,

---

① 《明太宗实录》卷103,永乐八年四月戊戌条,台湾"中央研究院"历史语言研究所1962年校印本,第1335至1336页。

② 《明太宗实录》卷104,永乐八年五月庚寅条,台湾"中央研究院"历史语言研究所1962年校印本,第1354页。

水就成了宝贵资源。早在三月,朱棣就命作为先头部队的刘江占据清水源。北征途中,朱棣对所经过的泉水、河水都进行了赐名。四月在禽胡山,朱棣将此处泉水赐名为"灵济泉";在广武镇,又将此处泉水赐名为"清流泉";在长清塞,又将此处泉水赐名为"玉华泉"。之后又将胪朐河改名为饮马河,将兀古儿扎河改名为清尘河,将斡难河改名玄冥河。均是为了纪念这些水源对明军的帮助。但此次北征,历时四月,最远到达今俄罗斯与蒙古交界处的斡难河畔,仅靠沿途的几处河流、泉水以及偶尔降下的雪水、雨水,仍然避免不了缺水的问题,如四月在威虏镇,因水源难以寻觅,就将骆驼所载水赐给军士。之后,随着天气炎热,缺水的问题更加突出。如六月初九(公历为7月10日),正是酷暑之际,在击败阿鲁台后,因"时热甚无水,军士饥渴",而就近在静虏镇扎营。幸亏次日天降雷雨,才解了明军缺水之困。

　　明军的第一次北征,成功击溃了鞑靼部,但随着东边鞑靼的衰落,西边的瓦剌逐渐强盛起来,永乐十年(1412年),马哈木杀死本雅失里后,有了抗衡明朝的意图,对明政府形成了严重的威胁。因此在永乐十二年(1414年),也就是第一次北征四年后,朱棣再次北征。此次北征也是五次北征中战果最大,后勤补给最为完备的一次。

　　早在永乐十一年(1413年)六月,蒙古卜颜不花就到北京朝见朱棣,说明马哈木在弑杀本雅失里后已经意图不轨。朱棣以"勤兵于远,非可易言"的理由暂缓出征,实则开始进行战争准备。朱棣先是在七月封鞑靼太师阿鲁台为和宁王,以此牵制瓦刺。十一月,驻守开平的成安侯郭亮、阿鲁台先后上奏马哈木兵至饮马河,名义上是袭击阿鲁台,实则意欲侵犯大明疆界。这坚定了朱棣北征的决心。随后,朱棣一方面让边境将士严加守备,训练兵马,坚壁清野,以防掳掠;另一方面,调集陕西、河南、浙江等处精兵前往北京。永乐十二年(1414年)正月,朱棣又发山东、山西、河南及凤阳、淮安、徐州、邳州民夫十五万,运粮前往宣府。二月,又让谢芳率领船队通过运河将粮食运送至北京。同时让成山侯王通前往宣府、大同、辽东选调精兵。此次北征,朱棣做了更为充足的准备,一方面筹措了更多的粮草,借助永乐九年(1411年)贯通的大运河,南方的粮食能够更快地运送至北京,再将大量粮食运送至宣府储存,用于补给。另一方面,根据第一次北征的经验,军不在多而在精,军队数量过于庞大,反而会造成后勤补给困难的后果,因此朱棣此次北征挑选的是全国各处的精兵,疲弱者则用于运送粮食。

永乐十二年(1414年)二月初六,朱棣挑选了此次北征的将领,第一次北征中表现不佳的王友等将领被排除,此次出征以安远侯柳升统领大营,武安侯郑亨、兴安伯徐亨统领中军,宁阳侯陈懋、襄城伯李隆统领左哨,丰城侯李彬、遂安伯陈英①统领右哨,成山侯王通、保定侯孟英统领左掖,都督谭青、新宁伯谭忠统领右掖,都督刘江、朱荣等为前锋。正好阿鲁台使者前来报信,说马哈木派骑兵前来侦查兴和,因此朱棣让刘江率先锋至万

---

① 一作陈瑛。

全右卫以西的兴和城之西下营，又让谭青率右掖兵往兴和操备。同时，朱棣让河南、山东两地的官军一万七千余人协助馈运。

三月十四，朱棣从北京出发，此次出征还带上了皇太孙朱瞻基，也就是后来的明宣宗。朱棣向西北而行，经沙河、龙虎台，过居庸关，一方面让居庸关守军无令不得擅出，一方面又让成安侯郭亮督运粮车赴万全都司。三月二十二，朱棣到达万全都司，也就是宣府镇所在地。在此，命忻城伯赵彝、建平伯高福、尚书吴中、郭资等人督运兵饷，命都指挥王唤等以骑兵护送军饷。朱棣在宣府镇驻跸了一段时间，应是等待各路后勤物资到达。

四月初一，朱棣在兴和阅兵，四月初六，颁布军令，规定了赏罚细则，在军粮方面，规定"各军行粮面麨，该管官旗务须点闸，如数食用，使军士常饱。不许过用遗弃，有过用及遗弃者，是损自己气力以资敌人。违者并该管头目皆斩"。此后，经过行军，朱棣再次来到第一次北征经过的清水源、玄石坡，同时令随行的太医治疗伤兵，并派人将伤兵护送回万全休养。朱棣还在此会见了鞑靼使者。

五月初一，朱棣又让忻城伯赵彝、刑部尚书吴中等督运粮饷赴禽胡山。赵、吴二人于五月初四到达禽胡山，并在此筑城存储粮草，由官军驻守，并将运送的民夫悉数遣还。五月初七，朱棣让将士携带粮食，向北行军，来到饮马河畔。此后明军沿饮马河西行，保证了水源充足，再无缺水之虞。此时明军刘江、朱荣所率的前锋部队已经与前来侦查的瓦剌骑兵交锋。

六月初七，明军与瓦剌军在忽兰忽失温（今蒙古国首都乌兰

巴托东南)相遇,双方列阵大战。据《明实录》记载:

> 是日,虏寇答里巴、马哈木、太平、把秃孛罗等率众逆我师,见行阵整列,遂顿兵山颠不发。上驻高阜,望寇已分三路,令铁骑数人挑之,虏奋来战。上麾安远侯柳升等发神机铳炮毙贼数百人,亲率铁骑击之,虏败而却。武安侯郑亨等追击,亨中流矢退,宁阳侯陈懋、成山侯王通等率兵攻虏之右。虏不为动,都督朱崇、指挥吕兴等直前薄虏,连发神机铳炮,寇死者无算。丰城侯李彬,都督谭青、马聚攻其左,虏尽死斗,聚被创,都指挥满都力战死。上遥见之,率铁骑驰击。虏大败,杀其王子十余人,斩虏首数千级,余众败走。大军乘胜追之,度两高山,虏勒余众复战,又败之,追至土剌河,生擒数十人。马哈木、太平等脱身远遁。①

六月初八,朱棣改忽兰忽失温为杀胡镇,并于次日班师。朱棣此次出征,粮草筹措应是非常成功的一次,到班师时,还能顺道赏赐阿鲁台"米百石,驴百匹,羊百牵,别赐其部属米五千石"。到了七月又"命都督金玉、指挥张达等率将军、校尉、军士先还京师,行粮有余者就令赍回兴和,收贮备用"。可见此次北征粮草之充足。

----

① 《明太宗实录》卷152,永乐十二年六月戊申条,台湾"中央研究院"历史语言研究所1962年校印本,第1764至1765页。

　　朱棣的前两次北征，均取得了巨大的胜利，分别击败了鞑靼和瓦剌的主力，宣示了明军的军威，也起到了削弱瓦剌、鞑靼力量，让其互相制衡的目的。但自永乐十九年（1421年）至永乐二十二年（1424年）的三次北征，则所获有限。

　　永乐十九年（1421年）六月，恢复实力的阿鲁台又有了侵犯边界之意。朱棣再次命各地卫所挑选精锐奔赴北京，并挑选柳升、陈懋、朱荣、郑亨、吴克忠、薛禄、张辅、王通等大将为各军统领。同时加强了后勤补给，七月让襄城伯李隆督运粮料二十万石前往口外补给明军。八月命将粟豆三万五千石转运至开平。九月命工部造狐帽毛袄给备边军士。但此时明军储粮已经不足。一方面，因长期的战争，卫所军士被抽调参战，土地无人耕种，屯田收获越来越少；另一方面，此前的两次北征消耗了大量边境屯田存储的军粮。此消彼长之下，边境储粮已经大不如前。因此，夏原吉坦言边境储粮"仅给将士备御之用，不足以给大军"。朱棣又命"山西、山东、河南三布政司，直隶、应天、镇江、卢州、淮安、顺天、保定、顺德、广平、直（真）定、大名、永平、河间十三府，滁、和、徐三州，督有司造车发丁壮挽送。期明年二月至宣府馈运"①。等于是集全国之力筹措军粮了，前两次北征，并未有如此大范围的征粮。

　　到了永乐二十年（1422年），朱棣一方面命平江伯陈瑄充总兵官率领舟师运粮储赴北京，一方面命英国公张辅与六部官员商

---

　　① 《明太宗实录》卷243，永乐十九年十一月甲申条，台湾"中央研究院"历史语言研究所1962年校印本，第2297页。

议运粮事宜，"前后运共用驴三十四万头，车十一万七千五百七十三辆，挽车民丁二十三万五千一百四十六人，运粮凡三十七万石"[①]。规模可谓空前。但是此次北征，阿鲁台避而不战，明军缴获其辎重而还，顺路攻击屡次帮助阿鲁台的兀良哈三卫后班师。此次北征粮饷调动，规模空前，虽然保障了明军此次出征的后勤，但对于国家的损耗亦是不小。而朱棣虽然教训了兀良哈，却没有从其手中收回原本由明军驻守的大宁，使得明帝国的北部防线出现了重大缺口，北京将直面蒙古，而辽东则缺乏救援，这些都为将来埋下了巨大隐患。

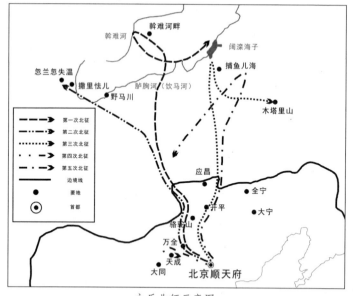

永乐北征示意图

① 《明太宗实录》卷246，永乐二十年二月乙巳条，台湾"中央研究院"历史语言研究所1962年校印本，第2308至2309页。

永乐二十一年（1423年），朱棣再次劳师远征，企图攻击阿鲁台，然而明军七月出征，九月却得知阿鲁台为瓦剌所败，可谓是劳而无功。永乐二十二年（1424年），阿鲁台又侵犯大同、开平，朱棣再次北征，此次出征粮草已经极为不足，而阿鲁台望风而逃，朱棣最终病死在班师途中。

永乐时期的五次北征，体现了明军极为强大的军事实力和后勤能力，鞑靼、瓦剌对明军都已构不成实质威胁，但朱棣后三次北征的穷兵黩武、劳而无功，耗损了明帝国的大量国力，使得后继者不得不改弦更张。

转攻为守

尽管朱棣在位期间发动了规模浩大的五次北征，但是其北部的实控边界，却在向南退缩。具体而言，永乐年间，明帝国的北部边境在大宁、河套、甘肃三个方向发生了"退却"。

首先是大宁。洪武后期，朱元璋分封诸子，镇守边疆。从辽东到甘肃，以韩王朱松镇开原，以辽王朱植镇广宁，以宁王朱权镇大宁，以燕王朱棣镇北平，以谷王朱橞镇宣府，以代王朱桂镇大同，以晋王朱棡镇太原，以安王朱楹镇平凉，以秦王朱樉镇西安，以庆王朱㮵镇宁夏[先在韦州，后于建文三年（1401年）往宁夏]，以肃王朱楧镇甘州，此外，齐王朱榑也曾短暂出镇开平。朱棣以藩王起兵，得国不正，对于自己这些镇守边境的兄弟同样十分防范。建文帝即位后，除了宁王朱权被裹挟参加靖难之役外，秦王、周王已经去世,代王、齐王被废,辽王、谷王前往应天府;朱棣即位后,只留下安王、庆王、肃王、韩王、代王留守边境,但也进一步削减了他们的实权,代之以各镇总兵官镇守边境。

诸王镇边局面的结束,使得朱元璋原本设计的守边策略出现了变化。大宁、开平、宣府等北方重镇出现了权力真空。在三镇之中,宣府距离京师最近,后勤补给最为便宜,因此成为朱棣历次北征的后勤基地,宣府的地位也不断提升。而大宁、开平则相继废弃。大宁都司在永乐元年(1403年)就被内迁保定,开平则是在宣宗时期内迁。朱棣此举意在巩固京师防线,毕竟大宁离京师远而离蒙古近,倘若有变,救援不及,且当时兀良哈三卫跟随靖难有功,表现得又颇为恭顺,因此大宁都司内迁的弊病一时也无法显现。

然而,大宁都司的创建,并非仅为了巩固京师,更重要的是控制东北。大宁都司内迁后,东北明军只剩辽东都司。永乐时期虽然设立了奴儿干都司来统领原本属于大宁都司的兀良哈三卫,但效果并不理想。朵颜、泰宁、福余三卫均是投降明朝的蒙古人。其虽然名义上臣服于明朝,暗中则屡次帮助蒙古侵略明朝。因此朱棣在第三次北征时顺道攻击了兀良哈部。但朱棣去世后,兀良哈部逐步侵占了大宁都司属地。使得辽东孤悬在外。

除了大宁都司,原本驻守河套的东胜卫在永乐年间也被内迁至北直隶永平、遵化。东胜卫在今内蒙古托克托县,原属山西行都司,其地理位置十分重要,既扼守河套,又是连接山西和宁夏的节点。洪武三年(1370年)汤和、李英等将率军攻取北元东胜州,洪武二十五年（1392年）分置左、右、中、前、后五卫,洪武二十六年（1393年）裁撤中、前、后三卫,只剩下左、右二卫。东胜卫亦在河套屯田戍守,军民且耕且守,守卫边疆。但是东胜卫因为卷入皇室内斗,成为政治斗争的牺牲品。东胜卫属于山西行都司,是晋王势力范围,晋王朱棡去世后,其子朱济熺嗣位。朱济熺对于朱棣发动靖难之役颇为不满,加上朱棣即位后本就大力削弱藩王实力,因此东胜卫由山西行都司改隶后军都督府。永乐时期敢于将东胜卫内迁,是因为此时在明军的军威之下,邻近蒙古部落也不敢占领河套地,明军也会对河套地巡视。但是随着明军力量的衰微,尤其是土木之变后,明军主力损失严重,没有东胜卫的守护,临近蒙古部落开始蚕食河套地,河套最终也非明廷所有。

除了大宁、河套外,在永乐年间,还有一处战略要地也被放弃,那就是陕西行都司下属的威虏卫。《读史方舆纪要》在描述陕西行都司的范围时,有如下记载:"陕西行都指挥使司,东至临洮府兰州黄河一千一百七十五里,南至西宁镇黄河一千五百七十五里,西至肃州卫嘉峪关五百七十里,北至亦集乃地一千五百里。"亦集乃地,即今内蒙古额济纳旗。亦集乃,是一个陌生的词汇,但是它的另一个名字,则是赫赫有名。亦集乃为西夏语,"亦集"为"水","乃"为黑。亦集乃即西夏时期的黑水城。20世纪初,俄国科兹洛和英国斯坦因分别在此盗掘大量西夏文、汉文和其他民族文字资料以及大批佛画、佛像等珍贵文物。元代,在此设立亦集乃路,是漠北通往内地的重要交通枢纽。洪武年间，镇守凉州的宋晟出兵攻击蒙古，占领了亦集乃城，使其成为陕西行都司的北界所在。此后，又在肃州与亦集乃城中间设立了威虏卫、白城子守御千户所、威远守御千户所，用以守卫。永乐三年（1405年），威虏卫被革除。废除的原因，据清代《重修肃州新志》记载，是因为永乐时期勘官御史赵春处置不当，引起了当地军民的逃亡，军民逃亡后，无人守卫，因此废除。白城子守御千户所也在永乐时期废除。亦集乃城孤悬在外，难以持久。而且朱棣认为在孤悬之地筑城，不仅耗费甚大，而且己方难以驻守，或许成为敌军的要塞，不如不筑。因此永乐七年（1409年），宋晟请求加强亦集乃城的城防，却被朱棣以耗费过大为由拒绝。此后，蒙古诸部陆续靠近亦集乃城。最终其地也非明廷所有。

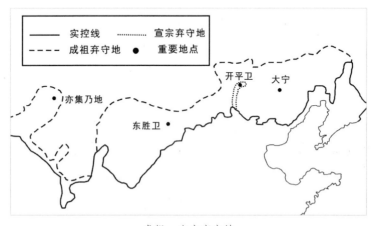

成祖、宣宗弃守地

朱棣在大宁、河套、亦集乃三地的退却，在当时是看不出弊端的。从朱棣的意图看，朱棣并未"放弃"疆土，只是这些区域不易防守或者后勤补给不易，因此明军重点巩固内侧防线，若有敌军来犯，则根据情况或守或攻。因此在永乐时期明军兵力正盛时，此三地虽然裁撤了卫所，但仍在明军势力范围内，蒙古若敢侵犯，随时都会遭遇明军的反击。因此在永乐一朝，虽然裁撤卫所，三地却还在明军的掌握之中。但是朱棣忽视了一个问题，明军的攻势防御不可能一直进行下去，随着政策的调整，失去卫所守卫的三地，最终不再归明廷所有。东北、河套、西北领土丧失的种子，在永乐朝就已经种下。

朱棣于永乐二十二年（1424 年）去世后，明仁宗朱高炽即位。大明王朝终于迎来了喘息的机会。从朱元璋洪武元年（1368年）在南京称帝，到永乐二十二年（1424 年）朱棣去世，大明王朝在建国的五十七年里，几乎从未停止征战。而永乐朝，除了北征蒙古、南定交趾外，还有营建北京城、疏浚大运河、下西洋等重大工程，国家和人民的负担极为沉重。改弦更张，势在必行。

明仁宗朱高炽即位后，便将国家的政策方向由向外转为向内，即将重点放在休养生息，恢复国家经济上来。朱高炽停止了郑和下西洋，减少了国内外的朝贡，甚至想把首都迁回南京。在对待蒙古问题上，一改朱棣的征伐之策，而是改用怀柔之策。永乐二十二年（1424 年）十一月，朱高炽"遣中官别里哥、指挥赵回来的①等赍敕谕和宁王阿鲁台，宥其前过，令通使往来如故，并赐王及王母彩币表里"。"若兀良哈官民敬顺天道，许令改过自新，仍前朝贡，听往来生理"。十二月，"瓦剌贤义王太平遣使者桑右台等随都指挥毛哈剌来朝贡马，命礼部宴赍之"。"瓦剌安乐王把秃字罗子亦剌恩及酋长乃剌忽昂克脱观哈剌八丁各贡马，赐彩币表里有差"。明廷对蒙古诸部的策略由剿改为抚，且永乐时期朱棣的战争威慑尚存，蒙古诸部也纷纷配合。

但朱高炽并非一味"优待"，而是"镇抚"结合。在允许蒙古诸部朝贡的同时，也命沿边各镇严加防备。《明仁宗实录》记载：永乐二十二年（1424年）十一月：

> 敕大同总兵官武安侯郑亨曰：近阿鲁台遣使来朝进马，今差指挥赵回来的等同来使，赍敕宥其前过，令通好如故。然此寇谲诈，或乘国有天丧，边境无备，复来侵扰，盖未可测。宜整搠军马，严加堤备。仍令各隘口及烟墩，昼夜用心瞭望，谨慎！谨慎！毋致疏虞。敕宁夏、甘肃、辽东、宣府、山海、永平、开平总兵官及备御官亦如之。②

洪熙元年（1425年）二月：

---

① 《明仁宗实录》卷2下，永乐二十二年九月己亥条有"内官别里哥、指挥赵敬、千户张春奉使北房还，贡马"句，疑文中"赵回来的"即为"赵敬"。

② 《明仁宗实录》卷4上，永乐二十二年十一月甲戌条，台湾"中央研究院"历史语言研究所1962年校印本，第133至134页。

> 辽东总兵官武进伯朱荣奏：兀良哈三卫、鞑靼欲来卖
> 马。遣敕谕荣曰：虏谲诈百出，未可深信。然亦不可固拒，
> 如实卖马，宜依永乐中例，于马市内交易，勿容入城，价直
> 须两平，勿亏交易。之后即造（遣）去，勿令迟留，宜严督
> 各卫所，十分用心，关防堤备，不可怠忽。[1]

可见，明仁宗虽然采用了怀柔政策，但是并未放松对蒙古的防御。明仁宗于洪熙元年（1425年）五月去世后，明宣宗朱瞻基即位。基本延续了其父的政策，对蒙古诸部采取在严加守边的基础上加以安抚的政策，将重点放在恢复国内经济上，史称"仁宣之治"。

明宣宗在位十年，明帝国的疆界也发生了重大调整。最重要的是南边交趾再次脱离中国。建文二年（1400年），当时安南黎季牦弑杀其主陈少帝，自立为帝，因其先祖本为胡姓，因此其改姓胡，国号"大虞"，年号"圣元"。永乐二年（1404年），安南向北侵扰明朝边境，向南侵略占城。同年，陈氏后裔陈天平流亡至南京，朱棣让陈天平与安南使臣相见，确认了黎季牦篡位之事，并传令黎季牦父子归位于陈氏，黎氏父子假意应允。永乐四年（1406年），朱棣派兵五千人护送陈天平回国即位，不想遭遇安南军队伏击，明军死伤惨重，陈天平被处死。朱棣震怒，派朱

---

① 《明仁宗实录》卷7上，洪熙元年二月辛丑条，台湾"中央研究院"历史语言研究所1962年校印本，第230页。

能、张辅、沐晟领大军从广西、云南出击安南，并命刑部尚书黄福、大理寺卿陈洽负责运送粮饷。经过七个月的艰苦战斗，张辅率领明军征服安南，俘获黎季牦父子。在安南地设置交趾承宣布政使司，安南在独立四百六十八年后，回归中国。然而，安南之地毕竟脱离中国已久，视明军为侵入者，在交趾承宣布政使司设立后，当地叛乱不断。张辅从永乐六年（1408年）至永乐十二年（1414年），两次征讨叛军，才稳住安南局势。但是南征交趾耗费了明帝国大量的人力物力，如永乐七年（1409年），从广西、广东、湖广、四川、浙江、福建等处征兵四万远赴交趾平叛；永乐九年（1411年），从广西、四川、江西、贵州等处征兵两万四千赴交趾平叛；永乐十年（1412年），明镇守交趾都督韩观运广东粮万石赴交趾，供应军粮；而在张辅平叛之后，交趾局势并未稳固，小规模的叛乱此起彼伏，最终在宣德二年（1427年），明廷放弃交趾，将明军和相关官员撤回国内。

北边，在永乐时期撤守三地的基础上，明廷将孤悬在外的开平卫与兴和所也内迁。开平卫，即元上都所在。洪武二年（1369年）常遇春率军攻占开平后，明军在此设立开平卫。洪武二十九年（1396年）明军在开平设立五屯卫，让守军屯田自守。洪武三十年（1397年）筑开平城。永乐时期朱棣北征，开平扮演了重要角色。第一次北征时，朱棣就让王友、刘才所部先行前往开平，在回程时亦在开平宴请将士。第二次北征时，镇守开平的成安侯郭亮向朱棣报告前线军情。第三次北征时，开平卫除了负责侦查军情，亦是后勤补给的重要枢纽：朱棣于永乐十九年（1421年）

八月命户部出粟豆三万五千石转运至开平，永乐二十年（1422年）六月命泰宁侯陈愉将军中剩余的军粮还贮开平，又命遂安伯陈英以所运粮储于开平，七月命郭亮以军队护送粮食前往行营，八月命新宁伯谭忠等往开平监督粮草运输。第五次北征时，朱棣亦途经开平。开平，既是明军北部防线的最前端，也是重要的后勤补给枢纽。

但是到了宣德年间，仁宗、宣宗二帝已经改弦更张，并不希望再发动永乐时期那样大规模的北征，宣宗仅在宣德三年（1428年）御驾巡边时，在喜峰口外击败兀良哈蒙古的军队。因此，开平的地位就不如永乐时期重要，而且开平孤悬在外，守卫、补给亦是不易。洪熙元年（1425年），在明仁宗去世二月后，就有裁撤开平卫的呼声：

> 阳武侯薛禄奏：雕鹗、赤城、云州、赤云、独石诸站，皆在边野，开平老幼余丁亦于此种田，猝有虏寇，无城可守。况开平与独石相距五站，城垣不坚，且使命往来，道路荒远，若移开平卫于独石，令镇守宣府都督谭所领官军筑城守备，实为便益。①

这一提议被朱瞻基以"开平极边，废置非易事，当徐议"为由推延。当年九月，又让人运送皮裘狐帽到开平。

---

① 《明宣宗实录》卷4，洪熙元年七月庚寅条，台湾"中央研究院"历史语言研究所1962年校印本，第110页。

但是，随着开平后勤补给困难的问题越来越突出，其内迁问题还是被反复提及。开平补给的难处在于其地极为偏远。在永乐时期将大宁都司内迁后，从长安岭（位于今河北省张家口市怀来县）到开平卫城（位于内蒙古自治区锡林郭勒盟正蓝旗及多伦县）之间再无城堡，路途遥远，且易遭到蒙古军队的袭击，因此护送粮食的基本是军队，护送的军队本身也要消耗粮食。户部在宣德年间计算过从内地运送粮食到开平的效率："今运粮赴开平，每军运米一石又当以骑士护送，计人马资费，率以二石七斗致一石。"大概只有百分之三十七的粮食能够运送到开平，其余都是在运输途中消耗的。而在开平驻守的，不仅有士兵，还有士兵的家属。因此在宣德元年（1426年）五月，户部主事王良提出把开平军士的家属内迁到赤城、云州，让精锐军士轮番守城。这个提议得到了朱瞻基的赞许，但是并未立刻实行。六月，阳武侯薛禄再次提出将开平卫内迁的方案。到了宣德二年（1427年）六月，朱瞻基终于同意了薛禄的方案：

> 太师英国公张辅及文武大臣议，皆以为欲添官军，愈难馈给，宜准阳武侯薛禄初奏，于独石筑城，立开平卫。以开平备御家属移于新城，且耕且守。而以开平卫及所调他卫备御官军，选其精壮分作二班，每班一千余人，更代于开平旧城哨备。新城守御官军不足者，暂于宣府及附近卫分酌量添拨。候发罪囚充军代还原伍。仍敕阳武侯薛禄防护粮饷之余，就彼相宜区画，筑城安恤，毕事而归。奏上，命俟秋成

后为。①

至此，开平卫内迁至独石，但是开平卫城仍旧留有精锐驻守。此举减少了粮草消耗。若能维持，开平仍然可以发挥作用。但是随着整个大明北境的后勤补给日益困难，开平的处境就越发艰难。首先，要运输粮食至开平卫城，本就十分困难，而这些粮食，是从大同、宣府等地运输而来，又造成了大同、宣府的粮食不足：

> 命行在后军都督府都督佥事沈清，总兵民运粮往宣府。初命阳武侯薛禄等率兵护运宣府仓粮二万石以给开平军，禄至宣府而粮不足，事闻乃命清率京卫军士及顺天等府民丁共二万余人运京仓粮赴宣府，以足开平之运。②

> 行在户部尚书郭敦奏守开平都指挥使唐铭言：所储粮少，仅足两月之用。请命大同、宣府总兵官今整饬军士，郎中王良发仓储，令运赴开平。以二月初启行，仍请命北京军民运京仓粮赴宣府。③

---

① 《明宣宗实录》卷28，宣德二年六月丁卯条，台湾"中央研究院"历史语言研究所1962年校印本，第744页。

② 《明宣宗实录》卷43，宣德三年五月甲寅条，台湾"中央研究院"历史语言研究所1962年校印本，第1043至1044页。

③ 《明宣宗实录》卷50，宣德四年正月癸亥条，台湾"中央研究院"历史语言研究所1962年校印本，第1201至1202页。

宣府总兵官左都督谭广奏:宣府等卫,军士众多,仓粮分给开平,当广储积。①

大同总兵官武安侯郑亨奏:大同极边之地,近岁朝廷常调马步官军万余护送粮饷赴开平。所存官军又多分往诸处守瞭巡逻,一旦有急,见操军马,实不足用。自今粮饷,请发民夫馈运,内地卫所,发军防护。庶使大同军马得专操备。②

由此可见,为了维持开平卫城守军,宣府、大同等地不仅要贡献军粮,还要派出军队护送,对于已经成为前线重镇的宣府、大同而言,开平卫城的存在,实在是一项重大的负担。宣德五年(1430年)四月,薛禄上奏,开平岁运粮四万石,人力难以凑齐,请求将人数固定下来。此后,朱瞻基决定将粮食运送到独石开平卫粮仓,轮番驻守开平卫城的士兵自带粮食前往,若有军情,仍旧酌情派遣他处军士护送粮草。如在宣德八年十二月③,朱瞻基命大同总兵官武安侯郑亨发军士五千人,宣府总兵官都督谭广发军士七千七百人,从独石仓运送粮草一万两千七百二十石前往开

---

① 《明宣宗实录》卷51,宣德四年二月丁酉条,台湾"中央研究院"历史语言研究所1962年校印本,第1228页。

② 《明宣宗实录》卷51,宣德四年二月乙巳条,台湾"中央研究院"历史语言研究所1962年校印本,第1235至1236页。

③ 宣德八年十二月已经是公元1434年。

平。但是到了宣德九年（1434年），因为云州、赤城等处缺少守军，明军将留守开平卫城等处的三千余人也予以内迁，使得开平彻底失去了守卫力量。宣府成为大明北境的前线，明军的防线再次收缩，并逐渐稳定下来。然而，就在仁宗、宣宗集中力量恢复经济时，蒙古诸部的形势却发生了急剧的变化，一场随之而来的大战，将彻底改写明蒙双方的攻防位置。

土木之变

在仁、宣二帝收缩防线，休养生息时，蒙古诸部却悄然发生着变化。永乐时期五次北征，四次征伐的是鞑靼，瓦剌部在第二次北征被击破后，就选择蛰伏。其首领马哈木在永乐十二年（1414年）被明军击败后，次年就向明廷贡马通好。永乐十四年（1416年），马哈木被阿鲁台击败，旋即去世，其子脱欢继承顺宁王称号，与贤义王太平、安乐王把秃孛罗分统瓦剌部众。脱欢在位期间，采取远交近攻的策略，一方面与明朝交好，另一方面不断打击鞑靼。永乐二十一年（1423年），朱棣第四次北征，明军尚未找到阿鲁台主力，鞑靼军就被瓦剌军击败。洪熙、宣德年间，瓦剌继续奉行这一策略。在遣使通好明朝的同时，继续进攻鞑靼。而鞑靼部在明军和瓦剌的夹击下，早已疲弱不堪。在宣德年间，鞑靼部被迫西迁，阿鲁台在宣德九年（1434年）被脱欢所杀，其所立的阿台汗逃到了亦集乃一带，不久因为寇边，被明军痛击。阿台汗最终也为瓦剌所杀。脱欢在攻灭鞑靼的同时，也对瓦剌内部进行了统一。宣德八年（1433年），脱欢拥立脱脱不花为大汗。到了明英宗正统年间，脱欢已经将瓦剌贤义王、安乐王的势力全部吞并，并对西边的哈密和东边的兀良哈三卫都进行了笼络。正统四年（1439年），脱欢去世，其子也先即位。也先比其父更加雄心勃勃，将明廷西北的哈密、罕东和东北的兀良哈三卫全部收入囊中，统一蒙古。也先虽然因为血统并非来自成吉思汗家族而难以称汗，但已经是蒙古的掌权人。

而在明廷这边，正统帝朱祁镇年幼即位，一时"主少国疑"，国事由其祖母张太后和"三杨"内阁同理，因此对于瓦剌统一蒙古的行动，明军并未如永乐时期一般积极干涉，而是听之任之。在南方，从正统四年（1439年）开始的麓川之役，明军劳而无功，空耗人力物力，致使国库空虚，对于北方的瓦剌，采取守势。而北部边界的军力也是大不如前。因为战事减少，边镇武将多疏于练兵，更有甚者，横征暴敛，侵占军屯，克扣军饷，甚至将武器贩卖给瓦剌获利。此消彼长之下，攻守之势已经易形。正统十三年（1448年），也先以明廷减少对朝贡使团的赏赐为借口，发动战争。正统十四年（1449年），也先兵分四路，大举入侵明朝。

在与瓦剌翻脸后，明军并非全无准备，尤其是加强了宣府、大同两处的守卫。宣府驻军先后获得战马两千四百余匹，角弓五千张，箭镞十五万支以及火炮三千门。又由户部于四月运输五万两白银，五月运输十一万两白银，"于宣府官库收贮，籴买粮料，给军应用"。六月又让成国公朱勇挑选精锐马步官军四万五千人前往宣府、大同驻守，其中三万人驻守大同，一万五千人驻守宣府。即使是在山西都司和河南都司轮班驻守宣府、大同的班军，也被令结束休息，务必在八月赶回宣府、大同。但是这些措施并未全部到位，到瓦剌出击前的半月，宣府仍在上奏缺少粮草，朱祁镇还没来得及治相关官员尸位素餐之罪，也先已经兵发大同，拉开了战争的帷幕。

正统十四年（1449年）七月十一日，瓦剌兵分四路进攻，也先亲率人马进攻大同，在猫儿庄杀死了大同右参将吴浩。其余三路，脱脱不花率军进攻辽东，阿剌知院进攻宣府，最后一路进攻甘州。一时之间，大明北境烽火四起，各镇守将一方面凭城据守，同时派人进京报信。

得到军情的朱祁镇，作出了一个让所有人震惊的决定：御驾亲征。朱祁镇时年二十二岁，正是年轻气盛之时。朱祁镇幼年即位，政务由太皇太后张氏主导，直到正统八年（1443年），太皇太后去世，英宗方才亲政。朱祁镇虽然长在深宫之中，却有一颗好武之心，希望效仿朱棣御驾亲征。在此之前，明军对蒙古发动的亦集乃之战、丰城之战，都以明军获胜告终，朱棣"弃守"的亦集乃地和河套地区，都在此时被明军"夺回"，麓川之役虽然劳师远征，耗损甚大，但是"名义"上获得了胜利。因此明英宗对于明军的战力十分自信。但明英宗显然自信过了头，竟然让在京官军经过两日的准备就出发。而且所做的准备不过是：

> 命在京五军、神机、三千等营官军操练者，人赐银一两，胖袄、裤各一件，鞵鞋二双，行粮一月，作炒麦三斗。兵器共八十余万，又每三人给驴一头，为负辎重。把总、都

指挥人加赐钞五百贯。①

　　没有沿途的保障计划，甚至没有挑选精兵，朱祁镇就敢发起数十万人的远征。朱棣北征蒙古，其粮草征集往往就要花费数月，虽然朱棣是外线作战，朱祁镇是内线作战，但是如此儿戏的布置，已经为失败埋下了伏笔。吏部尚书王直等人力劝朱祁镇放弃亲征，让沿边将士严加防守，坚壁清野，以逸待劳。并且直言此时塞下"秋暑尚盛，旱气未回，青草不丰，水泉犹涩，人畜之用，实有未充"。但朱祁镇执意亲征。如此坚定的亲征之意，恐怕并非如《明英宗实录》所言是太监王振的劝说造成的。

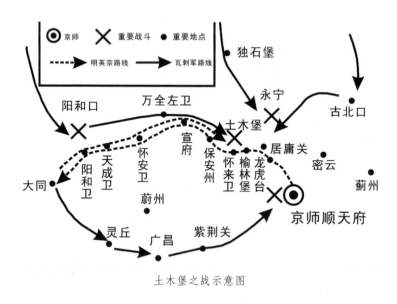

土木堡之战示意图

①《明英宗实录》卷180，正统十四年七月庚寅条，台湾"中央研究院"历史语言研究所1962年校印本，第3486页。

七月十五，朱祁镇留下弟弟朱祁钰看守北京，准备带着英国公张辅、成国公朱勇、镇远侯顾兴祖、泰宁侯陈瀛、恭顺侯吴克忠、驸马都尉石璟、广宁伯刘安、襄城伯李珍、修武伯沈荣、建平伯高远、永顺伯薛绶、忠勇伯蒋信、户部尚书王佐、兵部尚书邝野等一干文臣武将出发。此时，瓦剌军已经围困宣府马营三日之久，大同总督军务西宁侯宋瑛、总兵官武进伯朱冕、左参将都督石亨与瓦剌军大战，因监军太监郭敬的胡乱指挥，明军大败。名将宋晟之子宋瑛战死，石亨只身逃往大同。

明军七月十六出发，沿着唐家岭、龙虎台、居庸关、榆林站、怀来、雷家站，于七月二十三到达宣府。沿途之中，状况频发，在龙虎台夜宿时，军中惊营。到居庸关时，群臣建议在此驻跸，也被否决。到了宣府后，明英宗并未停留，而是继续西进，企图寻找瓦剌主力决战。但当七月二十九，明军来到阳和城南时，面对漫山遍野的明军尸体，军心更加动摇。八月初二，大同镇守太监郭敬，也是王振的心腹，密告王振瓦剌军已经设下陷阱，不能再往大同方向进军，朱祁镇终于动了班师的心思。

但是此时，瓦剌军早就已经布置好了战术，明军无论往哪里走，都将被瓦剌军围歼，也先等待的只是一个时机而已。《明英宗实录》等史籍意图"为尊者讳"，将贻误战机的罪责全部都加诸王振身上。但王振只是朱祁镇的替罪羊，行军路线自然是由皇帝决定的，如果真如《明实录》所言："初议从紫荆关入，王振蔚州人也，始欲邀驾幸其第，既而又恐损其乡土禾稼，复转从宣府行。"生死存亡之时，王振哪里有心情请皇帝去家里坐坐，"乡土禾稼"比起性命又算得了什么。蔚州路远,才是朱祁镇放弃从蔚州、紫荆关返程的最重要原因。

八月初十,朱祁镇返回宣府。八月十二,朱祁镇到达雷家站。八月十三,也就是朱祁镇出发的将近一个月后,也先部队出现在了明军身后。也先等待的时机终于到了,那就是明军的粮草马上要消耗完了。

从明英宗战前的一系列准备来看,其并非要效仿朱棣远征大漠,而是要在边镇附近消灭来犯的瓦剌军队。首先,明军只携带了一个月的粮草。如第一章所言,明军所用的主食,包括米、烘炒(米、麦)、豆。其中烘炒重量轻,也较为充饥。因此明英宗下令每人携带炒麦三斗作为军粮,很明显是为了减轻负担。同时,明英宗自从出征后,一路前行,不听群臣之谏,不肯在居庸关与宣府停留,显然是要趁瓦剌军还没"逃走",便予以歼灭。但明英宗明显低估了瓦剌军的实力,原本想宣扬军威的明英宗,在见识到战场的惨烈后,慌忙后撤。而从粮食补给的角度看,仅仅两日的准备,是否能如数准备好定额的粮食,应当打一个问号。因此,到了八月十六,明军的军粮已经见底了。这一情况必定被瓦剌侦知。明军军粮不济之时,也先亮出了自己的弯刀。

明英宗得知瓦剌军出现在身后,先后派了两支部队前去阻击。第一支是恭顺侯吴克忠的部队。吴克忠是归顺明廷的蒙古人,其麾下也是效忠于明廷的蒙古骑兵。其父吴允诚,原名把都帖木儿,是居住在河西的蒙古人。永乐年间,吴克忠骁勇善战,多次跟随朱棣北征。明仁宗即位后,将其由伯爵升为侯爵。在正统年间，吴克忠亦是战功显赫，加封太子太保。吴克忠麾下的骑兵部队，忠诚勇敢，是明军的精锐。即使如此，也不敌瓦剌骑兵。吴克忠与其弟吴克勤，其子吴瑾，前去抵挡，不想瓦剌军占据高地，以弓箭和滚石伏击明军，明军伤亡殆尽，吴克忠以枪杀数十人后牺牲。

吴克忠部战殁后，朱祁镇又让成国公朱勇领兵四万前去阻敌。也中伏全灭。明英宗终于见到了他"日思夜想"的瓦剌军队，只是其已经放弃了痛歼敌军的梦想，改为仓皇而逃。八月十四，明军仓皇之下，进入土木堡。原本，明军驻扎之地，都要由"司设监太监吴亮相度地势"，但是慌乱之下，明军尚未探明土木堡的水源情况，就匆忙驻扎。另据成化年间陆容《菽园杂记》所记："尝询问己巳车驾蒙尘事，有老百户云：初，大军出关，以此地有水草之利，因以安营建牙……且此山旧有泉一道，流入浑河，未尝干涸，至此适涸。"①无论如何，明军竟然在地高无水的土木堡安营扎寨，终于进入死局。如果说粮食不足，尚可以克服，此时就算携带的干粮消耗殆尽，明军还有数万头运输辎重的驴可作应急之用，《武备志》言一驴可抵三十人一日之用，明军一时也不会绝粮而死。但缺乏水源则是致命的。朱棣北征时，对于沿途的水源格外留意，而朱祁镇却带领明军进入了死地。

相反，瓦剌军却是有备而来，不仅时机选择得极为恰当，而且预先断绝了附近的水源。明军掘井二丈都未能挖到地下水，绝

①陆容：《菽园杂记》卷4，中华书局1985年版，第45页。

水终日,人马饥渴。但明军仍然保留了战力,瓦剌军连夜围攻明军,都被明军击退。第二天,瓦剌军假意退却,明英宗赶紧下令拔营寻找水源。明军阵营松动,瓦剌军趁机冲击,明军溃败,死伤无算,朱祁镇被俘,明军死伤数十万,张辅、王佐、邝野以及一大批文臣武将都葬送在土木堡。而随军的八十万兵器以及无数盔甲、军资,除了十万件火器外,大都被瓦剌军所得。此消彼长之下,瓦剌军力大盛。也先甚至动了夺回元大都的念头,幸亏于谦挽救大明社稷于危难之中,赢得了北京保卫战的胜利,否则明朝很有可能步北宋的后尘。

但是如果复盘整个土木之变,就会发现明军的失败,并不仅仅是明英宗的胡乱指挥与后勤补给的失当,更深层的原因在于明军原本的边防体系已经不足以应对蒙古军队了。土木堡在何处?土木堡不在蒙古,而是在大明境内。瓦剌军队在明朝境内设伏、切断水源、合围明军,最终击破了几十万的明军,活捉了明朝皇帝。这意味着明军的北境防线已经处于失效的状态,边境卫所根本无法防御瓦剌骑兵。洪武、永乐时期的积极性防御政策至此破产,明军将根据形势调整边境守卫的策略。

第五章 再造"长城"

明代版图的北界，极盛于洪武年间。自捕鱼儿海之战后，明政府对于北部边境的策略就转到了防守上，严防蒙古部落的侵略。永乐年间虽然发动了大规模的远征，但其北部实控线却在往南退缩。仁、宣时期相对平稳，而自英宗土木之败后，明军就再未发起大规模的北征。随着明军战力的不断衰弱，河套地区逐渐为蒙古诸部所占据。在无力夺回河套等地的现实下，明政府将版图固定在新造边墙一侧，也就是今天西起嘉峪关，东至山海关的明长城。在边境之上，分布着辽东镇、蓟州镇、宣府镇、大同镇、山西镇、延绥镇、陕西镇、甘肃镇、宁夏镇九处最为紧要的军镇，号称九边。为了维护九边的后勤供应，明政府付出了巨大的代价。

失河套

不知何时起，在网络上开始盛传大明王朝"不和亲、不赔款、不割地、不纳贡，天子守国门，君王死社稷"。这句话听起来荡气回肠，尽显大明王朝的"硬气"。这句话从史实而言，确实总结得不错，尤其是其中的"不赔款、不割地"，相比晚清对列强割地赔款的行为，让人精神一振。但是如果就此以为大明的疆域一直保持全盛，就属于理解偏差了。大明虽然没有割地，但却屡屡失地。明成祖弃守大宁都司、东胜卫、威虏卫，明宣宗又弃守开平卫。这些领土，都不是明军战败所失，或如大宁、东胜一般是出于政治因素，又如威虏卫与开平卫一般，是因为补给困难，无法驻守。而在这些据点丧失后，大明的版图也呈现内缩的态势。而到了明中期，最为重要的失地莫过于河套地区的失守。

河套的失守是一个长期的过程。这要从明政府与蒙古诸部两方面来看。首先，明政府在创立之初，对于河套地区就缺少重视。今天的河套地区，一般指的是内蒙古自治区和宁夏回族自治区境内，贺兰山以东，狼山和大青山以南的黄河沿岸地区。河套地区自古以来就是历代封建王朝与北方少数民族政权争夺之地。汉武帝元朔二年（公元前127年），为了解除匈奴军队对长安的威胁，卫青率军从云中出发，迂回西进，击败匈奴楼烦王和白羊王，收复河南地，也就是后来的河套地区。之后汉武帝采纳主父偃的建议，不仅在其地设置朔方、五原二郡，更让苏建发十余万人修筑朔方城，又募民十万徙朔方，并修复秦蒙恬所筑边塞，因河固守，解除了匈奴军队对首都长安的威胁。

河套之名，起自明代，明人对于河套之地的叙述，不可谓不详。如明代章潢《图书编》之《河套叙》言：

河套周回三面，阻黄河，土肥饶可耕、桑，切近陕西榆林堡。东至山西偏头关，西至宁夏镇，东西几二千里。南至边墙，北至边河，远者八九百里，近者二三百里，即周之朔方，秦之所取匈奴河南地，汉之定襄郡，赫连勃勃、赵元昊之所据以为国者也。唐三受降城在河套北、黄河之外，元东胜州在受降城之东。

国初敌遁河外，居漠北，延绥无事。正统以后，浸失其险，虏始渡河犯边。镇守都督王祯始筑榆林城，创缘边一带营、堡、墩、台，累增至二十四所，岁调延绥、延德、庆阳三卫官军分戍，而河南、陕西客兵助之。列营积粮以遏寇路。景泰初，敌犯延庆，不敢深入。天顺初，敕拉出（阿罗出）掠我边人，以为向导，因知河套所在，不时出没，遂为边境剥肤之害矣。①

《河套叙》所述，是洪武至天顺时期河套地区的情况。从中可以得到几个有效信息：一是河套地区土壤肥沃，地域极广；二是正统以后，成为明代边患的策源地。这其中还有一条隐藏的消息，那就是明代在河套缺乏类似汉代朔方城、唐代受降城这样的重要据点。

究其原因，汉代的河套，是拱卫首都的堡垒，因此得到了汉王朝的重视。但在明初朱元璋问鼎天下时，这里却成为北部防线被忽视的一环。洪武时期，残元与蒙古诸部不是明军的对手，因

---

① 章潢：《图书编》卷46《河套叙》，明万历刻本。

此河套地区的蒙古部落远遁大漠，河套地区为之一空。在此背景下，朱元璋对于河套地区也未重视，仅仅设立了东胜卫，而在东胜卫之后，竟然没有建立纵深防御，其与宁夏卫之间，千里之地，竟然再无守卫。等到朱棣以军事手段夺位成功，又因为前文所述的政治原因，将东胜卫内迁。而蒙古部落此时主要分裂为鞑靼、瓦剌、兀良哈三大集团，在明军的数次打击下，纳贡称臣。更不敢南下河套，这使得河套地区成为明军与蒙古军队之间的真空地带，双方都没有在此投入足够的军事力量。仁、宣二帝在位期间，明军余威犹在，且宣德年间，明宣宗朱瞻基亲自巡边，因此蒙古势力也没有南下河套。但宣德时期的和平，仅仅是假象。到了正统年间，情况发生了变化。蒙古内部正进行着新一轮的权力斗争，鞑靼部在永乐时期已经惨遭打击，正统初年，其继续遭到了瓦剌部的进攻，不断败退。而明军此时还抱着"痛打落水狗"的心态，在亦集乃城附近击败过逃窜至此的鞑靼军队。却不知，鞑靼部即将进入河套地区，并对大明边境进行百余年的骚扰。

尽管明初的河套地区属于双方权力的"真空"地带，但河套地区自古以来就是黄河流域的黄金地带，所谓"黄河九曲，唯富一套"，河套地区，地势开阔，水草丰美，本来就是游牧民族放牧的理想区域。鞑靼部首领阿鲁台为瓦剌部击败后，其部属四散，其中一部分就进入了河套地区。只不过宣德年间，其并不成规模，只是零星进入。到了正统年间，鞑靼部就开始成建制进入河套地区，谋求土地。如正统元年（1436年）十一月，鞑靼部两千人入寇神木县，被明军逐出。此时明军的策略仍旧是"逐"，而非"守"。对于鞑靼部占据河套的企图，并没有足够警惕。自此之后，鞑靼部加大了迁入河套地区的步伐。正统九年（1444年）二月，鞑靼部千余人再次越过边境，杀人越货。此时，鞑靼部已经在河套地区暗自定居。此时明朝君臣的对策，是命将领巡边讨伐。天顺元年（1457年）三月，复辟成功的朱祁镇就让其心腹大将石亨调集大同、偏头关和宁夏官军搜索剿灭进入河套的鞑靼部。但是，明军并没有及时恢复洪武年间东胜卫的防御态势。所谓的搜剿，往往停留于筹划阶段，对于鞑靼部的威慑极为有限。蒙古入套终于成为定局。成化年间，达延汗，即著名的"小王子"，成为蒙古大汗，此时蒙古部落已经正式定居在河套地区，到了正德年间，达延汗统一蒙古部落，甚至将成吉思汗的灵堂也搬迁到了河套地区，河套地区也有了另一个为人熟知的名字——鄂尔多斯。

那么，面对蒙古部落的侵占，明代君臣也并非无所作为，从朱祁镇到朱祐樘，明代君臣确实为了驱逐河套的蒙古部落作出了无数的对策，并将其中的几项付诸行动，即明代历史上的"搜套"。成化二年（1466年）五月，面对毛里孩部聚众占据河套的情况，内阁大学士李贤上奏请求"搜套"：

> 辛卯，召大同总兵官彰武伯杨信还京。少保吏部尚书兼华盖殿大学士李贤等奏：胡虏之众，不过中国一大郡。而连年被其侵扰，往往得利而去者，以我兵威之未振也。且河套与延绥接境，原非胡虏巢穴，往年虽有残贼数千，然不为大

害。今虏酋毛里孩大势人马俱处其中，伺间乘隙，出没不常。固尝出兵剿之，然我兵方集，而被（彼）已退去；兵散未久，而彼又复来。如此不惟劳师费财，而边民亦不得按堵矣。古人有云：不一劳者不永逸。故今欲安边，必须大举而后可也。乞令兵部会官博议，预积粮草于陕西塞下，及令陕西、延绥、宁夏、甘、凉、大同、宣府等处守臣，选练骑、步精兵，整搠器械、什物及预造战车、拒马之类。期以明春或今秋进兵搜剿，务在尽绝。其总制将官，与凡出兵事宜，俱预请处画。又秋禾方熟，虏骑必复入抄，而延绥、鄜、庆、环县一带，须用兵驻扎，以保居民。亦宜推选武将一人，统步、骑精兵万人，往守诸处，庶几有备无患。

上以为然。

于是兵部尚书王复及会昌侯孙继宗等集议，以为大举搜套，固计之善，然必主将得人。今镇守大同总兵官彰武伯杨信，旧镇延绥，稔知地利，宜召还京，面受成算，然后令统大兵往行搜剿之计。兵马粮草及置造战车之类，须信至会议以闻。其陕西、延绥、宁夏、甘、凉、大同、宣府镇巡诸官，亦宜敕令整饬兵备，候至期调发。又信既召还，可以修武伯沈煜代之。

上皆允所拟，遂召信还。①

---

① 《明宪宗实录》卷30，成化二年五月辛卯条，台湾"中央研究院"历史语言研究所1962年校印本，第602至604页。

到了当年六月，杨信回京后总管三千营，操练军马。可见，朱见深确实准备将"搜套"之议，付诸实践。那么，这次筹议的"搜套"行动，最终结果如何呢？很遗憾，就在大明君臣还在进行"搜套"的各项准备时，毛里孩又攻过来了。成化二年（1466年）七月，毛里孩进攻固原，到了八月，毛里孩又进犯宁夏。但此时明军的准备工作仍然没有完成。成化三年（1467年），面对毛里孩的不断进攻，朱见深同意了其通贡的要求，并让各镇原本准备搜套的明军待命。此后随着其他事务的出现，成化二年（1466年）的"搜套"并未成行。实际上，不仅这次煞有介事的"大举搜套"未取得任何战果，整个成化年间，明军也未能将蒙古部落从河套地区驱逐。其中的原因是多方面的。

首先就是"搜套"的客观难度。搜套对于成化年间的明军来说，无疑是一场大的军事行动。其涉及的地区包括了今山西、陕西、宁夏、甘肃四省之地，不仅要选练精兵，还要准备粮饷，打造器械。这是一项巨大的工程。因为明代留存下来大量的关于收服河套的实录、奏议，我们可以一窥"搜套"以及后来的"复套"，需要耗费多少粮饷。首先是成化二年（1466年）三月，延绥纪功兵部郎中杨琚，就曾向明宪宗提出"搜套"耗费巨大："朝廷命将征讨，调兵四万一千有奇，计人马刍粟，日费银四百余两，若一月则一万三千余两，一岁则十有五万六千余两矣。重以赏劳转运之资，通计所费，又不知其几千万也。"[1]杨琚列出的

---

[1] 《明宪宗实录》卷27，成化二年三月己未条，台湾"中央研究院"历史语言研究所1962年校印本，第539页。

数据，是为了劝说宪宗改出征为修建营堡，但面对毛里孩部以河套为据点不断对边境进行袭扰，宪宗还是希望能以一场大胜解决问题，因此当时对于杨琚的建议并未采纳。但杨琚所言，却是客观事实。而杨琚在奏报中没有说的是，征讨的粮饷从哪里来？从李贤给出的方案来看，是要以陕西为主攻点，粮草也预积于陕西塞下。而李贤所说的陕西，并非陕西都司，而是陕西镇。在李贤提到的"陕西、延绥、宁夏、甘、凉、大同、宣府等处"中，除了大同、宣府两处外，其余军镇皆属于陕西都司与陕西行都司的范围内。这些地区在明中叶，均算不上富庶。陕西一省的军粮，本身也要依靠河南等地的补给。其中延绥镇地处毛乌素沙漠边缘，条件更是恶劣。成化二年（1466年），延绥镇下有延安卫、绥德卫和庆阳卫，根据《明宪宗实录》的记载，成化年间，三卫原本一年共纳子粒五万六千余石，因为弊政，还要大打折扣。陕西、宁夏等镇，虽然自然条件好于延绥，但其粮食产量并不高多少。而根据第一章的算法，一万明军，出战一个月，就要消耗一万石粮食。倘若大军人数为五万，那么这一次出征，就要消耗掉延绥镇一年的屯田收入。而如果向民间征集粮食，又容易引起民变，成化八年（1472年），宪宗再次起了"搜套"的念头，下令发兵十万驻扎延绥，让陕西、河南、山西的民众转运粮食，甚至"预征明年赋"，引起"内地骚然"。因此，"搜套"从客观上，对于明政府是一个不小的负担。

而这仅仅是"搜套"，而非"复套"。到了嘉靖年间，"复套"的成本还要高。从嘉靖年间名将曾铣的方案即可见一斑。曾铣是明嘉靖八年（1529年）年进士，富于谋略，长于用兵，屡次击败俺答汗，治边有功。嘉靖二十五年（1546年）以兵部侍郎衔总督陕西三边军务，以兵数千抵挡俺答汗数万之众，并命参将李珍袭击俺答部马梁山大营，迫使俺答退兵。曾铣忠心为国，一心想要夺回战略要地河套地区，因此两次上疏请求朝廷收复河套，却不想被奸人借机诬陷，出师未捷身先死。其复套战略虽未成行，却被茅元仪在《武备志》中单列一卷，得以流传。其中，除了粮饷开支外，还增加了一项开支，那就是火器："各项通共药一万三千九百四十斤三两，霹雳砲共三千六百杆，大连珠共二百杆，二连珠共三百二十八杆，手把铳共六百二十四杆，盏口将军共一百六十位，小飞砲共三千二百个，铅子不等通共一百五万一千六百个，共重五万八千八百七十二斤。"[1]因此，尽管此时明军具备了火器的优势，依旧没有能将其运用在收复河套的行动中。

除了客观因素外，主观上，自朱祁镇以后，明代君臣大多数时候缺乏收复河套的决心与能力。英宗时期，河套内只有零星蒙古部族在此生活，其并未在意。宪宗时期，虽然有"锐意"收复河套之思，但在根本上并未能解决这一问题。成化二年（1466年）冬，毛里孩请求通贡，宪宗此时还计划着"搜套"，因此并未同意。毛里孩因此大举进犯，明军伤亡惨重，因此到了成化三（1467年）春，宪宗就同意了毛里孩的通贡请求。此后河套地区蒙古部族相互争斗，无暇入侵。到了成化五年（1469年），阿罗

---

[1] 茅元仪：《武备志》卷66《阵练志》，明天启刻本。

出部占据河套，危机又起。成化八年（1472年），兵部尚书白圭再次请求大举搜套，此次宪宗筹兵十万，以武靖侯赵辅佩平虏将军印，总制诸路兵马，与总督军务右都御史王越共同出击。结果，在蒙古军队四处杀烧时，赵辅率大军畏缩不前，甚至上书请求将居民内徙。白圭称其"统兵七八万众，未闻有一天之捷"。宪宗对此也不置可否。此后，宪宗又以宁晋伯刘聚取代赵辅，而刘聚则虚报战绩，杀良冒功。到了弘治年间，孝宗朱祐樘是明代"名声"较好的帝王，其在即位之初，再次动了收复河套的念头。但当时的文官集团，对此纷纷阻挠，认为收复河套劳民伤财，耗费巨大，且一旦失败，明军"声威大损"。阁臣在成化年间尚有"不一劳者不永逸"这样"打得一拳开，免得百拳来"的决战思维，到了弘治年间，却出奇一致地认为，这一拳是无论如何打不开的。

弘治十七年（1504年），蒙古军队再次以河套为基地入侵大同，明军经过死斗，损失惨重。孝宗一怒之下，意图御驾亲征，结果，遭到了当时的大学士李东阳、刘健、谢迁以及兵部尚书刘大夏的一致反对。倒是以"荒唐"闻名的正德皇帝朱厚照，尚有一丝血性。在正德十二年（1517年），明武宗朱厚照自命为"威武大将军"，前往应州，调集边军，成功击退了达延汗的进犯。可见，若是统筹得当，君臣一心，击败蒙古军队并非难事。只是宪宗、孝宗时期，君臣并未能在搜套的问题上达成一致，虽然有红盐池之战这样的"剿巢"战果，但其不过是避实击虚的奔袭之战，并不能彻底将蒙古部落驱逐出河套地区。最终，大明失去了河套这个战略要地，其边境战略，也只剩下被动防御一条路。

再造边墙

在明英宗遭遇土木堡之败后，明军在很长时间内都丧失了大规模远征蒙古的能力。这种能力，并非仅仅指军队的作战能力，而是指明廷上下已经很难有组织大规模征战的意愿。明代的北方边境，除了东北与西北的羁縻统治区域外，边境线逐渐与军事控制线一致，大明的版图，依托在边境诸多的军事据点之上。

明朝初年，朱元璋和朱棣对于明政府与蒙古的关系有着清醒的认识。对于明政府来说，最为理想的状态就是结束与蒙古战争状态。结束战争的方法有两种，一是将蒙古彻底击败，像当年汉代对匈奴，唐代对突厥一样，将其驱逐出原本的领地。二是与蒙古签订和约。将蒙古诸部彻底击败，明初并没有这样的条件，相比之下，与蒙古签订和约是最为理想的方式。

因此朱元璋在将元顺帝驱逐出大都后，多次与其通书，希望其能"归顺"大明。尔后更是善待元顺帝之孙以及其他贵族，希望借此来表达自己与北元政府"和解"的意愿。但是元顺帝及其子元昭宗爱猷识理答腊最终并未选择与明廷和解，而是选择了继续与明廷的战争。在经历了上都、应昌、和林、捕鱼儿海等一系列战役后，北元朝廷的军事力量被消耗殆尽，随后蒙古诸部陷入了分裂之中。这对于明政府来说，其实是一把双刃剑。好处是蒙古诸部失去了一个能够号令各部的政权，也就难以发动对明政府的大规模战争；坏处则是这意味着明政府失去了有效的谈判对象。永乐时期五次北征,目标时而是鞑靼,时而是瓦剌,最终通过穷兵黩武也不过是换来了二十年的和平。因此,有明一代,北部边境的压力极大,而在漫长的边境中,九个战略要地成了明军的防御重点,也就是后世所谓的九边。

在谈论九边的形成之前,还有必要梳理一番明政府的军事策略。纵观明代与蒙古的战史,除洪武、永乐两朝外,明军奉行的都是被动防守、有限反击的策略。

洪武年间,在卫所制度下,大部分的人力用于耕种,少部分用于守城,却没有言及用于进攻的部队。边境卫所的军力,只能够用于防守以及示警,真正用于进攻作战的是由大将配印为总兵官所率的机动部队,徐达、冯胜等人出征,皆是如此。等到朱元璋诸子成年,就改为藩王统兵,定期出塞巡边。朱棣在靖难之役后,又改为总兵制。

洪武时期,在北部以北平镇、大同镇、太原镇(山西镇)、西安镇(陕西镇)、辽东镇、甘肃镇、大宁镇为重,各镇设置有镇守总兵官。在将元顺帝赶出北京后,朱元璋即在北部边境建立都司卫所防御体系,都司卫所是军镇的基础,是明军防御作战的基石。以北平镇为例。洪武元年(1368年)八月,徐达攻下元大都后,奉诏将大都改为北平府,同时设置燕山左卫、燕山右卫、大兴左卫、大兴右卫、永清左卫和永清右卫,共计六卫三万人守御北平。九月,朱元璋在北平设置大都督府分府,由孙兴祖、华云龙负责大都督府分府事宜。当时的环境下,明军既要组织兵力与王保保等部元军决战,又要防止残元势力趁虚而入,因此一方面由徐达等大将率领大军四处征讨，机动作战，另一方面则需要军队守卫城池，巩固战果。六卫兵马马上就发挥了作用。洪武二年（1369年）二月，元军趁徐达率大军在山西征战，遣大军偷袭通州，好在明军有所准备，元军无功而返。

之后的洪武四年（1371年），朱元璋又设立镇守总兵官。北平镇的首任镇守总兵官就是堪称明初第一名将的徐达。徐达不仅是北平镇的镇守总兵官，同时也是山西镇的镇守总兵官。洪武时期，镇守总兵官虽然名为镇守，但实际上奉行的是征战职责。根据《明史·兵志》的记载，"征伐则命将充总兵官，调卫所军领之；既旋则将上所佩印，官军各回卫所"[1]。等到了朱棣等藩王成年后，朱元璋又将统兵出征的权力从总兵官处转移到了藩王。那么，为什么朱元璋会采用都司卫所与镇守总兵官并行这一方式来守卫边境呢？

首先，尽管明代并没有向北宋那样极端重文轻武，但对于武将亦是十分防范。为了防止武将专兵，朱元璋将军队的统兵权与调兵权相分离，都督府以及下属的都司卫所有统兵之权而无调兵之权。都司卫所将领的流动、任命，都由朝廷掌握，即使统兵出征，在战事结束后也要归还印信，防止其专兵。

其次，是因为军镇本身就有攻守两个层次的职责。边境安宁时，明军的职责是驻防，边境有警时，明军的职责是征伐。驻防时，各个卫所的明军要在辖地之内巡逻、驻守，同时还要负责屯

---

① 张廷玉：《明史》卷89《兵志一》，中华书局1974年版，第2175页。

种，解决粮食问题，所谓"八分耕种，二分守城"，或者"七分耕种，三分守城"。这些负责守御的都司卫所的明军，其能够守卫军堡，能提供军粮，也能在敌军来时示警，但是并不能驱逐敌军。蒙古骑兵机动作战，来去如风，边境之上的卫所士兵在野战方面，并不是对手。要想击败蒙古军队，必须依靠机动部队。大将挂印充任总兵官后，征调而来的卫所军队都要听其号令，辖区内所有都司卫所也要归其节制。这就保证了总兵官在辖区内拥有较大的临时权力，可以调动军队进行大规模的野战，与蒙古军队抗衡，最终起到守卫国土的目的。

北平镇之后，随着战果的扩大，山西、陕西、甘肃、大宁、辽东相继设立军镇，并形成了两道防线。第一道防线，是与北元势力直接接触的辽东都司、北平行都司、山西行都司与陕西行都司；第二道防线，是在第一道防线后的北平都司、山西都司和陕西都司。在第一道防线内，有辽东、大宁、大同、甘肃四镇，以及东胜卫这样遮蔽河套的重要据点，第二道防线内则有北平、太原、西安等重镇。两道防线既有纵深，又有相对充足的后勤补给能力，具备较为优秀的防御能力。在蒙古军队进入第一道防线后，明军组织兵力抵抗，并向第二道防线示警；第二道防线组织机动兵团，北上抗击蒙古军队。

在徐达、李文忠、冯胜等名将去世后，朱元璋将九名成年诸子分封在边境之上，被称作"塞王"。其中，次子秦王朱樉驻西安、三子晋王朱棡驻太原、四子燕王朱棣驻北平，均安排在第二道防线之上，此三王亦是明军北上巡逻扫边的统帅，可见在守卫体系中，第二道防线是负责"攻"的部分。而负责"防"的第一道防线上，从东到西则有辽王朱植驻广宁、宁王朱权驻大宁，谷王朱橞驻宣府，代王朱桂驻大同，庆王朱栴驻宁夏，肃王朱楧驻甘州。其中，又以宁王朱权的实力最为雄厚。根据《明史》记载："大宁，在喜峰口外，古会州地，东连辽左，西接宣府，为巨镇。"大宁故址在今天内蒙古自治区赤峰市宁城县，在北京的东北方向，是明朝防卫蒙古的重镇。同时，在朱权麾下，还有"朵颜""泰宁"和"福余"三个羁縻卫所，又被称为"朵颜三卫"或者"兀良哈三卫"。《国朝献征录》评价宁王："带甲八万，革车六千，诸胡骑又骁勇善战。"宁王朱权及其下属军队，是一支不容忽视的军事力量。

但是朱元璋精心设计的这条防线，在其去世后不久，就发生了变故。朱元璋以九大塞王守边的策略，本意是要加强朱家王朝的统治。但随着太子朱标英年早逝，即位的建文帝匆匆削藩，靖难之役爆发。原本应该守卫北平的朱棣率军南下，并用计谋带走了宁王朱权所部兵马，而代王朱桂早被建文帝废为庶人，辽王朱植、谷王朱橞被召至京师应天府。待到朱棣即位，边镇又发生了一系列变化。

永乐年间明代北境的最大变化就是大宁一带的内缩，以及随之而来的边境调整，最终形成了后世所谓的九边。永乐年间，在原本七大重镇的基础上，撤除了大宁镇，北平成为首都，新增了宣府镇、蓟镇与宁夏镇，共计八镇。并对军镇制度进行了调整。

洪武时期，区域防守的任务主要有都司、行都司负责。总兵官只有在出征时才任命，军事行动完成后，总兵官就要交出印信，回归原处。朱棣即位以后，即派大将配印充任总兵官，并以总兵官统领驻守事宜，长期驻守在边疆，都司与行都司均要受总兵官节制。不过此时九边尚不是各处都有总兵官。如备受朱棣信任的何福，一度佩征房前将军印，镇守陕西、宁夏等处，"节制陕西都司、行都司，山西都司、行都司，河南都司官军"。后来以山西距离其太过遥远，又以江阴侯吴高为大同镇与太原镇总兵官，总管山西都司与山西行都司官军。而辽东镇此时则尚无镇守总兵官。到了永乐十年（1412年），明军已经基本理顺了军镇的职官体系，以侯爵配印充任总兵官，如大同镇与太原镇镇守总兵官由江阴侯吴高充任，甘肃镇镇守总兵官由西宁侯宋琥佩征房前将军印充任，宁夏镇镇守总兵官由安远侯柳升充任，宣府镇镇守总兵官由武安侯郑亨充任。其中辽东镇镇守总兵官刘荣是一个特例，刘荣虽然在靖难时期就跟随朱棣南征北战，但是也屡次触怒朱棣，因此当同时期的将领大多封侯时，唯刘荣只有官职，没有爵位。直到永乐十七年（1419年）刘荣在望海埚大败倭寇，才在死后追封为广宁伯，子孙可以世袭。这些驻守北境的总兵官大多是朱棣通过靖难之役与第一次北征精心挑选的将才。

永乐时期的五次北征，为明政府换来了二十余年的和平。在这二十余年里，明仁宗、明宣宗以及明英宗又对北方边境进行了调整，最终形成了九边。

明仁宗尽管在位不到一年，但对于边境诸镇的守卫问题非常关注。在其即位的第三天，就对边境诸镇的镇守人员进行了调整。在北方，其复以武安侯郑亨镇守大同，以襄城伯李隆镇山海①，以武进伯朱荣镇辽东，南边则以保定侯孟瑛镇守交趾。到了洪熙元年（1425年）二月，又重新颁发印信给大同、辽东、宣府、甘肃等处总兵，并对大同、宣府的防务格外关注，可见其已经认识到了永乐年间大宁、东胜内迁所带来的危害。此外，明仁宗还初步确立了武将、文官、宦官共同执掌军队的体系，奠定了后世军镇的基本模式。

明仁宗的英年早逝使其并未在边防体系上继续有所作为，其后即位的宣宗则奉行承平之策，不仅没有填补大宁、东胜内迁所造成的防线问题，进一步将开平卫内迁，为将来的土木堡之败埋下伏笔。而正统年间，随着蒙古部族进入河套地区，九边之中最晚的延绥镇也在正统年间设置完成。而随着蒙古部族正式占据河套，明代终于迈出了修建边墙的步伐。

河套的弃守，对于明代北部边境的守卫造成了极大的压力，大同、宣府的西侧，也暴露在蒙古骑兵的威胁之下。自从蒙古部落占据河套以后，其以河套为基地，四处掳掠。明代文人在其著作中，也收录了大量文臣武将对于搜套、复套的奏议。如明代理学家章潢在万历五年（1577年）编成的《图书编》。其中就有十篇关于河套的奏议，并在开篇指出，"河套特边防之一，然为国家要害所系，故复详之"。在十篇奏议之中，防守的比重已经超过了收复。实际上，在河套问题出现之初，就有进攻型的"搜

---

① 此山海为山海卫，山海卫、永平卫同属蓟镇。

套"和防守型的"建堡筑墙"两种声音。前文提到的杨琚，就是防守的代表。在《图书编》中，亦有《防河套议论》一篇，历数正统、成化年间的修建营堡之策，是对杨琚奏议的简化。

> 成化二年三月，延绥纪功兵部郎中杨琚奏：延绥、庆阳二境，东接偏头关，西至宁夏花马池，相去二千余里。营堡迂疏，兵备稀少，以致河套谙达屡为边患。近有百户朱长，年七十余，自幼熟游河套，亲与臣言：套内地广田腴，亦有盐池，海葭州等民多出墩外种食。正统间，有宁夏副总兵黄鉴奏，欲于偏头关、东胜关、黄河西岸地名一棵树起，至榆沟、速迷都六镇、沙河、海子山、大石脑儿、碱石海子、回回墓、红盐池、百眼井、甜水井、黄沙沟至宁夏黑山觜、马营等处共立十三城堡、七十墩台，东西七百余里，实与偏头关宁夏相接，惟隔一黄河耳。当时议者以为地土平漫难据，已之。后总兵官石亨又奏，欲将延绥一路营堡移徙直道，是欲不免暂劳一时军民之力，实为万世边防之长策也。按薛应旂曰：尝历延绥、庆阳二境，往复于偏头关、花马池二千里间，凡诸营堡咸为稽考，询之将官，故老犹皆记忆杨琚之策，且曰：曾铣几于复套，其计盖不出此。惜乎！垂成而杀身也。①

---

① 章潢：《图书编》卷46《防河套议论》，明万历刻本。

如果我们比较成化三年（1467年）李贤和杨琚几乎同时期的两篇奏议，就可以发现，无论是攻还是守，其为了说动皇帝，都列出了其计划毕其功于一役的重要意义。杨琚的守，是"欲不免暂劳一时军民之力，实为万世边防之长策也"，李贤的攻，是"不一劳者不永逸"。在成化三年，二者并无优劣之分，如果宪宗真能下定决心，选练精兵，保证后勤，选任将领，将潜入河套居住的蒙古部落尽数驱逐，展示明军守卫领土的决心，蒙古部落未必敢觊觎河套。若是及时修筑营堡，加强河套周边的防卫，也可提早减少蒙古部落侵入的损失。杨琚的建议在当时不被采纳，却在嘉靖之后为故老所怀念，正是因为到了嘉靖年间，明代边防已经全面走向守势，其代表就是边墙的修筑。

明代的边墙，即我们今天所说的明长城。明长城的修筑时间，从洪武跨越到万历，这么一看，仿佛明长城修筑了几百年。实际上，明代大规模修筑边墙，是明中期之后的事情。洪武、永乐时期，只在少数地区修筑边墙，用于防卫。大多数的边境上，只有边防重镇而无边墙。在明初具备攻击能力的情况下，没有必要修建耗时耗力的边墙，明初将军事力量集中在几个重要的军镇上，防守反击，双方互有往来。土木之战后，明军除了少量"搜套""犁庭"外，已经无法实施有效攻击，因此从英宗以后，到神宗年间，逐渐加大了修筑边墙的步伐，最终修筑了今天所见的东起山海关、西至嘉峪关的"明长城"。

明代边墙的修筑阶段，与蒙古作战的阶段基本是一致的。从洪武到正统年间，明军对蒙古军队属于优势阶段，因此耗时耗力修筑边墙并非优选，明军也只是修缮了前代遗存的城墙，以及在要地修筑作为加强防卫的手段，如洪武元年（1368年），徐达修筑了居庸关边墙。永乐年间，因为弃守大宁，明军在辽东、大同、宣府一线加强了防卫，尤其是在大同，早在永乐十一年（1413年）就修筑了内外两道边墙。

英宗之后，明军加大了修筑边墙的进度，先是在正统二年（1437年），开始修筑辽东边墙。在土木事变之后，明军由攻转守，因此也加大了修筑边墙的脚步。天顺时期，原本处在内线的偏头关、雁门关和宁武关，也开始修筑边墙，此举是为了防止蒙古突破太行山区，进犯北京。到了成化二年（1466年），王玺主持修筑完成偏头关北到石梯隘口的边墙二百四十里。这一阶段，边墙的修筑重点是辽东到山西一带，以此加强对北京的保卫。

成化之后，收复河套无望，因此为了应对河套地区蒙古部落对东起偏头关、西至花马池地区的烧杀掳掠，明军加紧修筑此段边墙。在成化、弘治两朝，明军修筑了延绥镇附近的城墙，名臣余子俊在其中发挥了重要作用。除了延绥镇，宁夏镇的城墙也修筑于成化年间。弘治年间，甘肃镇亦开始修筑边墙，正德年间失去对哈密卫的控制后，甘肃边墙也加快了步伐。到了嘉靖时期，更是对九边全域的城墙进行了修筑和加固，隆庆、万历年间，又在蓟镇、辽东等处修筑了城墙。自此，明长城修筑成型，成为明军守卫版图的重要依托。因为明长城分时分段修筑的特点，其对国力的消耗并不如秦长城一样剧烈。而且，明长城是在原本明军营堡的基础上修筑的，是连点为线之举，因此驻军的后勤保障也有一定基础。

在边墙修筑的同时，为今人所熟知的明代九边也正式定型。自东向西，分别是辽东镇、蓟州镇、宣府镇、大同镇、山西镇（三关镇）、延绥镇（榆林镇）、宁夏镇、固原镇和甘肃镇。每镇都有自己的防守区域。嘉靖年间曾任兵部职方司主事的魏焕编有《皇明九边考》十卷并附图，详细记录了九边的地理范围、兵力部署与军饷来源等情况：

辽东镇：东至鸭绿江，西至山海关，一千四百六十里；南至旅顺海口，北至开元城，一千七十里，相当于辽东都司的辖境。其镇守总兵官驻广宁（今北宁），但自隆庆元年（1567）后，冬季移驻于辽阳（今属辽宁）。嘉靖年间有官军共有八万七千四百零二人，分防于广宁、宁远、锦州、义州、沈阳、辽阳、抚顺、金州、复州、盖州等处。辽东镇一岁收入折银为五十四万余两。其军饷来源包括山东布政司的夏税秋粮，还有钞麦、花绒、盐引等项折银，以及年例银和屯粮折银。

蓟州镇：东至山海关三百五十里，西至黄花镇四百五十里。其镇守总兵官驻三屯营（今属唐山）。嘉靖年间有官军共有五万三百七十一人，分防于蓟州、遵化、永宁、密云等处。蓟州镇一年要消耗粮食四十六万八百余石，料豆六万七千五百余石，草四十万三千余束，此外还有冬衣棉布十二万余匹，棉花绒六万六千余斤，官员布绢银二万余两。蓟州镇岁入折银二十一万六千余两。蓟州镇与其他八镇不同，其收入多为本色，仅军屯民屯折银。其本色收入包括：山东、河南、北直隶提供的夏税秋粮麦、豆、布、海运兑军米、夏税秋粮本色绢。[1]

宣府镇:东据黑山,南据紫荆关,西据枳儿岭,北据西高山,东南距居庸关,西南尽顺圣川,西北跨德胜口,据野狐岭,东北据独石,广四百七十里,袤八百六十五里。镇守地区相当于今河北西北部内外长城一带。总兵官驻宣府(今宣化)。嘉靖年间有官军五万四千九百零九人,分守宣府、永宁、独石、怀来、广昌等处。宣府镇岁入折银九十三万余两。其军饷来源为山东、山西、河南、北直隶夏税秋粮,以及花绒、盐引折银,嘉靖年间有屯粮六万三千余石。

大同镇:东至枳儿岭,西自平虏城,防区相当于今山西外长城以南,东自山西、河北省界,西至大同市西北地区。镇守总兵官驻大同城(今大同)。嘉靖年间有官军五万一千六百零九人,分守大同、阳和、浑源等处。嘉靖年间,大同镇一年收入共折银七十七万五千余两,分别来自山西的夏税秋粮以及棉花绒、马草,以及河南所运小麦,嘉靖年间有屯粮十二万七千余石,盐七万斤。

山西镇(三关镇):偏头、宁武、雁门自西迤东,三关并列,西尽黄河东岸,东抵大同西路,虽太原北境要害之地,与真定相为唇齿。防区相当于今山西内长城以南,西尽黄河东岸,东抵太行山。镇守总兵官治偏头关(今偏关东北),后移宁武关(今属宁武)。嘉靖年间有官军二万二千九十三人,分守:偏头、宁武、

---

① 明代夏税秋粮,一般夏税以麦为主,秋粮以稻米为主,但秋粮也可以用绢来折纳,因此,此处为夏税秋粮本色绢。

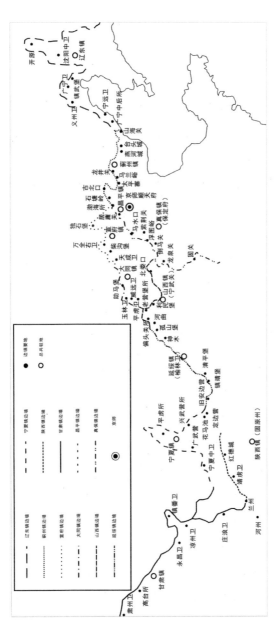

明九边十一镇示意图

雁门三关以及老营堡等处。一年收入共折银二十四万九千余两。

延绥镇（榆林镇）：东起山西边老牛湾，西至宁夏花马池。镇守总兵官驻榆林城（今属榆林）。嘉靖年间有额定官军五万八千六十七人，分守榆林、延安、绥德等处。一年收入共折银三十五万余两，其军饷收入分别来自陕西夏税秋粮和河南所运布、豆，嘉靖年间有屯粮六万六千余石。

宁夏镇：防区相当于今宁夏贺兰山及甘肃景泰县以东，宁夏盐池县以西，石嘴山市以南，同心县及甘肃靖远县以北地区。镇守总兵官驻宁夏城（今银川）。嘉靖年间有官军三万五千一百四十四人，分守宁夏、灵州、韦州、平房等处。一年收入共折银二十九万余两，其军饷源于陕西夏税秋粮，嘉靖年间有屯粮十七万五千余石。

固原镇：防区相当于今宁夏南部及甘肃东南部一带。镇守总兵官驻固原城（今宁夏固原）。嘉靖年间有官军二万三千七百四十九人，分守固原、靖房、环庆、甘州等处。一年收入共折银二十四万余两。其军饷源于陕西夏税秋粮。

甘肃镇：镇守地区相当于今甘肃嘉峪关以东、黄河以西和青海西宁市附近一带。镇守总兵官驻甘州城（今甘肃张掖）。嘉靖年间有官军三万六千一百六十四人，分守甘州、凉州、庄浪、肃州等处。一年收入共折银四十万五千余两，其军饷源于陕西夏税秋粮，嘉靖年间有屯粮十九万四千余石。

面对九边漫长的边界，庞大的兵员，如何维持北部边境的后勤粮草，成为考验明政府的难题。

边军何所依

边墙的修筑，就结果而言，是对蒙古骑兵最为"经济"的应对措施。当然，即使如此，整个九边的后勤补给依旧是明军的重大负担。而从明兴，到明亡，整个九边的后勤补给也经历了巨大的变化，这个变化，简而言之，就是由本色补给变为折色补给，由粮草充足变为缺衣少粮。

先来看看由本色变为折色的过程。我们不妨先看看结果，《明史》卷五十八《食货六》中有九边以及北京附近永平镇、密云镇、昌平镇、易州镇、井陉镇五处要地的粮饷情况，反映的是明军在万历年间[①]的粮饷构成。

宣府：主兵，屯粮十三万二千余石，折色银二万二千余两，民运折色银七十八万七千余两，两淮、长芦、河东盐引银十三万五千余两，京运年例银十二万五千两；客兵，淮、芦盐引银二万六千余两，京运年例银十七万一千两。

大同：主兵，屯粮本色七万余石，折色银一万六千余两，牛具银八千余两，盐钞银一千余两，民运本色米七千余石，折色银四十五万六千余两，屯田及民运本色草二百六十八万余束，折草银二万八千余两，淮、芦盐四万三千余引，京运年例银二十六万九千余两；客兵，京运银十八万一千

---

① 永平、昌平、密云、蓟州、井陉与九边并称，根据《明神宗实录》的记载，至少在万历五年（1577年）已经出现。

两，淮、芦盐七万引。

山西：主兵，屯粮二万八千余石，折色银一千余两，草九万五千余束，民运本色米豆二万一千余石，折色银三十二万二千余两，淮、浙、山东盐引银五万七千余两，河东盐课银六万四千余两，京运银十三万三千余两；客兵，京运银七万三千两。

延绥：主兵，屯粮五万六千余石，地亩银一千余两，民运粮料九万七千余石，折色银十九万七千余两，屯田及民运草六万九千余束，淮、浙盐引银六万七千余两，京运年例银三十五万七千余两；客兵，淮、浙盐引银二万九千余两，京运年例银二万余两。

宁夏：主兵，屯粮料十四万八千余石，折色银一千余两，地亩银一千余两，民运本色粮千余石，折色银十万八千余两，屯田及民运草一百八十三万余束，淮、浙盐引银八万一千余两，京运年例银二万五千两；客兵，京运年例银万两。

甘肃：屯粮料二十三万二千余石，草四百三十余万束，折草银二千余两，民运粮布折银二十九万四千余两，京运银五万一千余两，淮、浙盐引银十万二千余两。

固原：屯粮料三十一万九千余石，折色粮料草银四万一千余两，地亩牛具银七千一百余两，民运本色粮料四万五千余石，折色粮料草布花银二十七万九千余两，屯田及民运草二十万八千余束，淮、浙盐引银二万五千余两，京运银六万三千余两，犒赏银一百九十余两。

辽东：主兵，屯粮二十七万九千余石，荒田粮四百余两，民运银十五万九千余两，两淮、山东盐引银三万九千余两，京运年例银三十万七千余两；客兵，京运年例银十万二千余两。

蓟州：主兵，民运银九千余两，漕粮五万石，京运年例银二十万六千余两；客兵，屯粮料五万三千余石，地亩马草折色银万六千余两，民运银万八千余两，山东民兵工食银五万六千两，遵化营民壮工食银四千余两，盐引银万三千余两，京运年例银二十万八千余两，抚赏银一万五千两，犒军银一万三千余两。

永平：主兵，屯粮料三万三千余石，民运粮料二万七千余石，折色银二万八千余两，民壮工食银万二千余两，京运年例银十二万二千余两；客兵，屯草折银三千余两，民运草三十一万一千余束，京运银十一万九千余两。

密云：主兵，屯粮六千余石，地亩银二百九十两，民运银万两有奇，漕粮十万四千余石，京运银十六万两有奇；客兵，民运银万六千余两，民壮工食银九百余两，漕粮五万石，京运银二十三万三千余两。

昌平：主兵，屯粮折色银二千四百余两，地亩银五百余两，折草银一百余两，民运银二万两有奇，漕粮十八万九千余石，京运年例银九万六千余两；客兵，京运年例银四万七千余两。

易州:主兵,屯粮二万三千余石,地亩银六百余两,民运银三十万六千余两;客兵,京运银五万九千两。

井陉:主兵,屯粮万四千余石,地亩银八千余两,民运本色米麦一万七千余石,折色银四万八千余两;客兵,京运年例银三千余两。[①]

根据《明史·食货志》,可以发现,在各镇粮饷中,银钱的比重已经大于粮食。就种类而言,本色有屯粮、漕粮、民运三类,而折色则有折色银、盐引银、盐课银、年例银、京运银、地亩银、工事银、犒赏银;除了粮食和银钱,还有草料,同样也分本色和折色。就数量而言,也是银钱为重,如下表所示:

军镇	本色(不含草料)	折色(不含单折草银)
宣府	十三万二千余石	一百二十六万六千余两
大同	七万七千余石	九十七万四千余两
山西	四万九千余石	六十五万余两
延绥	十五万三千余石	六十七万一千余两
宁夏	十四万九千余石	二十二万六千余两
甘肃	二十三万二千余石	四十四万九千余两
固原	三十六万四千余石	四十一万五千二百九十余两

---

① 张廷玉等:《明史》卷82《志第五十八·食货六》,中华书局1974年版,第2007至2010页。

续表

军镇	本色(不含草料)	折色(不含单折草银)
辽东	二十七万九千余石	六十万七千四百余两
蓟州	十万三千余石	五十五万八千余两
永平	六万余石	二十七万一千余两
密云	十六万余石	四十二万一百零九余两
昌平	十八万九千余石	十六万五千九百余两
易州	二万三千余石	三十六万五千余两
井陉	三万一千余石	五万九千余两

从表中，我们不难发现，在九边军镇中，折色银的比重已经超过了本色，在所有军镇中，只有昌平镇，因为距离北京较近，有漕粮十八万九千余石，本色高于折色。尽管《明史》《明实录》中均有万历年间九边以及永平、密云、昌平、易州、井陉五镇的粮食数量与银钱比数，但实际上因为各镇之间实际情况的差异，银钱的购买力也有巨大差别。九边之中，宣府、大同粮价居高不下，嘉靖年间，"宣、大两镇，连岁凶荒，军粮久缺，米价腾贵"。嘉靖三十四年（1555年），徐阶的《请处宣大兵饷》就指出，宣府、大同的粮价，每石在三两银子以上。而同时期的延绥镇，一石粮食需要约七钱银子，两者相差四倍有余。《明史·食货志》亦言"本折则例，各镇多寡不同"。相比于洪武初年统一发放粮食，为何到了万历年间，就改成粮食、银钱并行呢？其中的原因是非常复杂曲折的，容我们在下一章细细说来，但就其动机而言，则是为了省事。相比粮食，银子的运输要方便得多。

《明史·食货志》关于这个转变，有一个精简的描述：

> 凡各镇兵饷，有屯粮，有民运，有盐引，有京运，有主兵年例，有客兵年例。屯粮者，明初，各镇皆有屯田，一军之田，足赡一军之用，卫所官吏俸粮皆取给焉。民运者，屯粮不足，加以民粮。麦、米、豆、草、布、钞、花绒运给戍卒，故谓之民运，后多议折银。盐引者，召商入粟开中，商屯出粮，与军屯相表里。其后纳银运司，名存而实亡。京运，始自正统中。后屯粮、盐粮多废，而京运日益矣。主兵有常数，客兵无常数。初，各镇主兵足守其地，后渐不足，增以募兵，募兵不足，增以客兵。兵愈多，坐食愈众，而年例亦日增云。①

从中，我们不难得出明军边镇粮饷的构成：屯田、民运、开中，且除了屯田外，民运、开中，最终都走向了以银代粮的道路。而其中运送银两的变化，也反映出了明代边军的后勤补给所带来的巨大消耗。

在正统年间，于谦提出的运送银两至宣府、大同用于籴买粮食，此时其提出的用银为太仓银。从英宗到孝宗，太仓银一直是用于购买军粮的主要来源之一。如弘治三年（1490年）五月，发太仓银十万至辽东，用于购买军储，弘治三年（1490年）六月，

---

① 张廷玉等：《明史》卷82《志第五十八·食货六》，中华书局1974年版，第2005页。

又发太仓银五万两给陕西边军用于购买冬衣和粮食。可是到了正德年间,太仓银已经有吃紧的现象。正德九年(1514年)七月,户部上奏"太仓银数见少"。到了万历初年,太仓银经过改革,数量再次增加,用于发放军饷。太仓银外,最重要的就是京运年例银。京运年例银,是指明代由京师银库每年支给边防诸镇边军之饷银。正统之后,边事日紧,到了宪宗成化二年(1466年),朝廷按年支给银两用于军饷。京运年例银的数目逐年骤增,自数十万两乃至数百万两不等。除了太仓银、京运年例银外,自正统以下,历代君臣,动用各种名目,征集银两,用于边军。如正德年间的冠带银。也就是捐银纳官。类似举措早在弘治年间就已实行。弘治六年(1493年)正月,朝廷于贵州募粮,当地纳粮四十石用于军饷者,授官正九品;五十石者,正八品;六十石者,正七品。到了武宗正德年间,这一做法在军中被推广了。根据《明武宗实录》正德三年四月乙亥条记载,当时因经略边关墩堡,共计用银五十万,提督宣大等处兵部左侍郎兼左副都御史文贵提出,在北京以及北直隶、山东、山西、河南、陕西、辽东、宣府、大同、延绥之人,只要愿意缴纳银钱,就可以授予军职。每一军职都明码标价:百户一百五十两,副千户二百两,正千户二百五十两,指挥金事四百两,指挥同知四百五十两,指挥使五百两,都指挥金事六百两。不仅无官之人可以买官,想升官的也可以交钱升职。缴纳五十两可以百户升副千户,副千户升正千户,指挥金事升指挥同知,指挥同知升指挥使;缴纳一百两则可以正千户升指挥金事,指挥使升都指挥金事。交钱不仅可以升官,还可以免罪。除了武官外，生员入监，僧道文牒，都可以花钱取得。如此一来，虽然可以筹措到大量的银子，但是军政败坏，可见一斑。历朝历代，到了卖官鬻爵筹钱的阶段，政治崩坏都是不可避免的。《明史·兵制》对正德年间卖官鬻爵的行为如此评价："正德以来，军职冒滥，为世所轻。内之部科，外之监军、督抚，叠相弹压，五军府如赘疣，弁帅如走卒。"等到了光宗时期，随着辽东局势严峻，朝廷还专门设立了新饷司，专门负责辽饷。

那么，在如此大的"投入"之下，明代边军的后勤保障，生活水平又如何呢？先来看看洪武年间的军士待遇：

> 天下卫所军士月粮，洪武中，令京外卫马军月支米二石，步军总旗一石五斗，小旗一石二斗，军一石。城守者如数给，屯田者半之。民匠充军者八斗，牧马千户所一石，民丁编军操练者一石，江阴横海水军稍班、碇手一石五斗。阵亡病故军给丧费一石，在营病故者半之。籍没免死充军者谓之恩军。家四口以上一石，三口以下六斗，无家口者四斗。又给军士月盐，有家口者二斤，无者一斤，在外卫所军士以钞准。①

这一标准在明初也算不上多好。洪武二十年（1387年）五月，朱元璋曾言："军士月给米一石，仅可充食。"洪武年间，就

---

① 张廷玉等：《明史》卷82《志第五十八·食货六》，中华书局1974年版，第2004页。

算一石米全数发放，也不过是"仅可充食"而已。到了永乐年间，改用大明宝钞替代粮食，随着宝钞的快速贬值，军士能够买到的粮食就更少了。对于驻扎在边境上的明军来说，生存是第一位的，最基本的就是温饱问题。大明朝廷自然也知道这个问题，但是到了明晚期，大明边军的真实生存情况又如何呢？到了万历年间，在经历了三大征后，月给米一石也成了奢望。万历二十八年（1600年）之后，《明神宗实录》中，已经充斥着"缺粮"和"无粮"。万历三十二年（1604年）九月，"大学士沈一贯等言：日下至急，惟在边饷缺乏，下半年尚欠发一百八十七万，十一月以后又该发明年三饷矣。要在此两三月内尽补前数，各处灾荒之地征解不来，户部真束手无策。"万历三十五年（1607年）三月，"蓟镇、密云军士缺十二月、正、二月粮。"万历三十八年（1610年）三月，"蓟、辽三月无粮"。

造成明军缺粮的主要原因，就是军制的变化带来的军费开支剧增，使得明政府虽然加大了银钱的投入，但是实际上，明军的后勤条件更差了。在《明史·食货志》中，十四个军镇的军饷，均分为主兵与客兵两类。既然明代实行的是卫所制，为何又有主兵、客兵之分呢？所谓的主兵，就是军籍在原本卫所的"土著"，而从其他卫所调来的军士，就是所谓的客兵。此处又涉及到明代的班军制度。班军制度是指各地卫所军队轮班赴京师，编入京军各营进行操练。此举始于永乐十三年（1415年），宣德间成为定制。每年春秋番上，共十六万人，此为京操班军。在京操班军外，又有边操班军，是指内地卫所军士轮班到边防戍守，客兵多为此类。客兵从外地卫所而来，则途中必然产生消耗，无论是京操还是边操，每年数十万人的轮番调动，其必然需要粮食补给，也就加剧了后勤补给的负担。

而明军后勤补给的困难，并不只是因为班军增加了补给负担而已。其最大的问题在于卫所军队战斗力的下降，也就是《明史·兵志》所评价的："至于末季，卫所军士，虽一诸生可役使之。积轻积弱，重以隐占、虚冒诸弊，至举天下之兵，不足以任战守，而明遂亡矣。"因为被用于工程徭役，以及卖官鬻爵等种种弊政，卫所军队的战斗力大大下降。嘉靖年间俺答之乱时，蒙古军队再次兵临北京城下，京军萎缩不战，已然毫无战力。黄宗羲在《留书》中专有《卫所》一篇，历数卫所制在明晚期的危害。黄宗羲开篇称明卫所制有唐府兵遗制，兵农合一，"称为甚善"。然卫所失田之后，卫所军队的口粮，都仰赖民田。民田不仅要供给卫所军士，还要供给招募之兵。因为卫所军队战斗力的下降，明政府允许将领招募士兵，如戚继光的戚家军，就是招募的义乌矿工，这是完全独立于卫所系统外的，但是其后勤补给，仍然需要明政府的支持，也就是黄宗羲所说的"以一天下养二天下之兵也。兵分于农，天下之势尚且困绌，乃又使军分于兵，为农者一，为兵者二，所谓国非其国也"[1]。在黄宗羲眼中，民粮有限，难以供给卫所之军与招募之兵。卫所之军，并不能战，又因朱元璋遗训不能裁撤，徒增消耗，成为天下之患。

---

[1] 黄宗羲：《留书》，《黄宗羲全集》，浙江古籍出版社2012年版，第8页。

除了粮食不足，在其他方面，边军也面临着困难。例如饮水，这一点在西北尤其严重，明代陆容《菽园杂记》卷一记载："环县之北皆碱地，其水味苦，饮之或至泄利。"[①]此条所记为边地驿递之情况，居庸关外到宣府，以及陕西环县以北到宁夏，因为并无府县之故，驿递官员皆由百户充任。在陕西、宁夏，驿站百户为了迎接上级官员，要在冬天收集冰雪，将其藏在地窖之中，以备接待。陆容本意描述陕西之风土，而普通兵士饮水的困难也可见一斑。环县城外有赵大夫沟，水质较好，然而只能用于祭祀时酿酒，不能供给日用。粮食则需要从二百五十里外的庆阳供给，柴薪则要从八十里外的开城供给，生活之难，可见一斑。

那么，洪武年间行之有效的卫所之制，屯田之政，为何到了明末，就失去了作用呢？

---

① 陆容：《菽园杂记》卷1，中华书局1985年版，第5页。

第六章　美好的愿望

面对漫长的边境线和沉重的防务负担，从朱元璋开始的明代帝王，对如何保障边境守军的后勤供应，都给予了充分的重视。朱元璋根据平定天下的经验，选择了屯田作为军粮补给的主要手段。在洪武、永乐二朝，明军屯田实现了既定目标，但旋即进入了崩溃状态，以屯田解决军粮问题，最终成为一场美梦。

屯田宏愿

如上文所言，军屯之制，并非始于明代。但有明一代，屯田的规模在中国历史中，是前无古人的。军屯之制，至迟始于汉代。汉代军屯主要设置于边境。汉武帝时代，在北方的朔方、居延、轮台都设置了屯田。武帝以后，昭帝在张掖、楼兰，宣帝在车师，安帝在柳中的屯田，都属于边镇军屯。三国时期，魏、季汉、吴的军屯，也都主要部署在边境。这一特点，一直延续到南宋，直到金、元两代，才发生了变化。金、元两代都是以外族身份进入中原，为了镇压反抗者，在统治区域的内部部署了大量军队，这些军队中有一部分就是屯田军。根据《续文献通考》之

《田赋考》的记载，金熙宗天眷三年（1140年），"凡女真、奚、契丹之人，皆自本部徙居中州，与百姓杂处，计其户口，授以官田，使自播种，春秋量给衣马。若遇出军，使给其钱米。凡屯田之所，自燕之南，淮、陇之北，俱有之，皆筑垒于村落"①。可见，金代的军屯已经不仅仅是布置于边境地带了，而是全国范围内的屯田。元代在忽必烈时期也开展过军屯，同样是部署在边境与腹地。

古代历史中，并非每个新朝的政治制度都是另起炉灶，更多的是对前代制度的继承与变革。明代的军屯也是如此。明代的军屯，充分借鉴了元代经验。元代的军屯，北起辽阳，南至云南，西达甘肃，东抵江浙，其间河南、河北、江西、湖广等处均有军屯分布。其中元世祖的侍卫亲军也兼有屯田的功能。元代屯田有三个特点为明代继承：

一、元代在边境和腹地都设有屯田；二、元代实行正军和屯田军分离的制度，屯田军专事屯种；三、军屯所开垦的大多为荒地，且官方派给耕牛、种子。这三个特点基本被朱元璋所吸收，明代的军屯吸收了前代的优点并将其发扬光大。明代学者邱濬曾如此描述明代屯田：

> 自古屯营之田或用兵或用民，皆是于军伍之外各分兵置司，惟我朝之制就于卫所所在，有闲旷之土，分军以立屯

---

① 毕沅：《续资治通鉴》卷123《宋纪一百二十三》，清嘉庆六年递刻本。

堡,俾其且耕且守,盖以十分为率,七分守城、三分屯耕,遇有徼急,朝发夕至,是于守御之中而收耕获之利,其法视古为良。近世又于各道专设风宪官一员以提督之,其牛具、农器则总于屯曹,细粮、子粒则司于户部,有卫所之处则有屯营之田,非若唐人专设农寺以领之也。每军受田二十亩、纳租六石,而余丁所受所纳比之正军则又降杀焉。臣窃以为,民田则例最轻者须收三石,其田率多膏腴,军所屯种者多其所弃不耕之田,而所收之租乃十倍焉,请如唐人,较其水陆腴瘠、播植地宜与其功庸烦省、收率多少,各因其地利土宜定为征收则例,使凡屯种之军乐于趋赴,既得以足军国之储而无欠负,又得以遂室家之乐而有盖藏,公私两便,上下俱足矣。①

邱濬,明中期著名文臣,历事景泰、天顺、成化、弘治四朝,官至户部尚书兼武英殿大学士,这段文字,出自其代表作《大学衍义补》。邱濬生活的年代,明代军屯已经实行了近百年,因此邱濬对于明代军屯特点的把握,是较为精准的。从邱濬的话中,我们可以归纳明代军屯的几个特点:

第一,军屯与卫所制度紧密结合,明代在全国范围内均实行卫所制,因此其军屯也跟随卫所,遍布全国,且屯田之地与卫所距离相近,"朝发夕至"。

---

① 邱濬:《大学衍义补》卷35《制国用》,明成化刻本。

第二，军屯由多个部门共同执行，正如前文所述，明代的军屯需要五军都督府、兵部、户部、工部协力，方可开展。

第三，军屯征收粮食的比率远远高出民田，且不分高下，税率统一。

首先，我们来看第一个特点，也是明代军屯的最大特点，与卫所制相伴的全国范围内的大屯田。明代军事屯田以"屯"为基本单位，其基层组织为"屯田百户所"，简称"屯所"。若干个屯所合为一个屯堡。屯堡一般建在边境地带，而腹地则一般只建有屯所。屯田百户所之上还有屯田千户所，屯田千户所上还有指挥所。根据《大明会典》的记载：

> 每百户所管旗军一百一十二名，洪武三十五年，令各处卫所：每卫委指挥一员，每所委千户一员，提督屯种。年终，以上仓并给军子粒数目造册赴京比较。各该都司每岁仍委指挥一员督察。年终，同赴京复奏。
>
> ……
>
> 永乐二年，令各处卫所：凡屯军一百名以上，委百户一员；三百名以上，委千户一员；五百名以上，委指挥一员提督。不及一百者，亦委百户一员提督。若官员、军余家人，自愿耕种者，不拘顷亩、任其开垦，子粒自收。官府不许比较。
>
> 三年，更定屯田则例。令各屯置红牌一面，写刊于上。每百户所管旗军一百一十二名，或一百名、七八十名。千户

> 所管十百户，或七百户、五百户、三四百户。指挥所管五千
> 户或三千户、二千户，总以提调屯田都指挥。①

明代一卫的兵力为五千六百人，这五千六百人自然不可能全部用于屯田，而是有一定的比例。《大明会典》记载："军士三分守城，七分屯种。又有二八、四六、一九、中半等例。皆以田土肥瘠、地方冲缓为差。"可见，在明代卫所当中，至少一半的兵员是用于屯种。那么，明代为何要用如此大的人力物力来在全国范围内进行军事屯田呢？

如前文所述，明代重视军屯的首要原因是为了供应军粮，满足朱元璋征战天下的后勤需求。然而，值得注意的是，如果明代军屯只是为了供应军粮，那么，在平定天下后，只要像汉唐时期在边境重地进行屯田即可，为什么要在全国范围内进行军屯呢？元代全国范围内的军屯，有当时元世祖刚刚灭亡南宋，反元斗争不断的背景因素，而明初内地腹里较为平定，军屯显然不是为此。要回答这一问题，则不能局限于粮食问题，一如历代兴亡，并不完全取决于战事。从秦到清，历代中央专制主义集权国家的核心问题就是如何维持一家之统治，明代亦不能除外。专制主义集权国家维护统治的物质基础是田赋和徭役，而军队是最重要的统治工具之一。要维持统治，必须要把田地、劳动力和军队掌握在皇帝手中。但这恰恰是最难做到的，因为除了皇帝，还有人对

---

① 申时行等：《大明会典》卷18《户部五·屯田》，《续修四库全书》版，第318页。

这些虎视眈眈。在汉代，豪强大族占据了原本属于国家的土地、农民，最终军队也不在国家掌握之中。唐初均田制本身就是为了保证国家对土地的控制，以此为依托的府兵制保证了军队的来源是拥有土地的农民，这样才能保持军队对国家的忠诚。但是随着均田制被破坏，府兵制瓦解，待到藩镇四起，唐王朝也无力回天。宋代虽然解决了军事问题，但是土地问题却没有解决，建国不过百年，土地兼并已经极为严重。

　　要维持明王朝的统治，那么必须保证土地尽量不被豪族侵占，军队更要忠于皇帝。那么有什么办法可以一举两得呢？朱元璋开出的药方就是结合军户制度的军事屯田。一方面，军事屯田保证了军粮供应，同时也意味着军粮不需要依靠农民来供给，减轻了农民的负担，有助于国家恢复经济；另一方面，世袭的军户制度，保证了拥有一定基数的人口被绑定在军屯上，永远从事军屯。两者的结合，意味着国家通过军事屯田，使得大量土地以军用之名直接掌握在朝廷手中，既减少了土地兼并的风险，也增强了农业收入，而世袭的军户制度，保障了这些土地有人耕种，从而保障土地、劳动力和军队都掌握在皇帝手中。

　　了解了明代军屯的深层含义，我们还要再解决几个问题，那就是全国范围内的屯田，这些田地从哪里来，究竟又有多少数量呢？

　　元末明初的一系列战争，使得大量土地的所有权得以重新分配。这使得明代军屯田地的来源较为复杂，既有官田，也有闲田、荒田以及被征服的"夷田"。所谓官田，指的是直接属于官府的田地。得益于红巾军起义,拥有大量土地的蒙古贵族和汉族地主或死或逃,他们的土地一部分为贫苦农民占据,一部分成为义军的公产。朱元璋通过兼并各路义军和割据势力,继承了这些土地。同时,在明王朝平定天下之后,也没收了大量地主的土地,如原本在张士诚治下的大量地主,胡蓝之狱牵连的大量地主,他们的土地都被罚没,收为官田,其中一部分就划给了军屯。除了官田外,大量卫所设置在荒僻之地,加上战争之故,卫所附近存在荒田、闲田,都被划拨给卫所耕种。而征战西南少数民族的明军,也没收了部分土司的田地,作为新建卫所的屯田。为了方便耕种,官府还通过易地等方式,将卫所附近的田地置换过来,方便军士耕种。

而关于明代屯田之地的数量,历来是历史学者们争相讨论的问题,因为洪武年间没有直接记录军屯的数量,因此引来了一系列争论。在各种观点之中,顾诚先生在《明前期耕地数新探》中的观点,颇具说服力。顾诚先生根据洪武二十六年(1393年)《诸司职掌》所载的全国近八百五十万顷耕地,与《明太祖实录》中洪武二十四年(1391年)户部所奏的三百八十七万顷土地相差巨大,结合明初耕地制度,指出《诸司职掌》所载的数额,实际上包括了明初军事耕地与民用耕地的总额。那么,简单换算一下,明初军屯的数量就是《诸司职掌》所载总数,减去《明太祖实录》中户部所奏数量,其数量也是相当的庞大。只不过,其项目明细,因为军事行动的保密性质,并未保存下来,才引起了种种猜测,但大体而言,洪武二十六年(1393年)之前,明代军屯的数量应在四百万顷以上，甚至还要略多于户部所统计的民田。这一点在《明太宗实录》中永乐元年（1403年）民田赋税与屯田子粒①的比较中也可见一斑。永乐元年（1403年），民田赋税粮数为31299704石，而屯田子粒数则是23450799石。考虑到军屯所耕之地，大多在荒僻之地，其出产远不如民田，而屯田子粒数仍然到达两千万石以上，也可以看出军屯规模之大。但这样大规模的军屯并没有持续很久，永乐以后，因为各种原因，军屯的规模急剧下降。

这些拨给军队的耕地，由各卫所分军屯种，即所谓"军屯分地"。根据《大明会典》的记载："每军种田五十亩为一分，又或百亩，或三十亩、二十亩不等。"②即一般情况下，每军一分地为五十亩。这是在土壤肥力一般的地区，如北京各卫、南京各卫、北直隶各卫、南直隶江北各卫，山东都司、河南都司、辽东都司等处，终明一代都是五十亩分地。而在陕西、甘肃等地，土壤贫瘠，因此一分地在百亩以上，而南方地区，气候湿润、土壤肥沃，分地数就要小一些。如南直隶江南各卫、浙江、福建、江西、广东、广西、四川等处，大多在三十亩以下，其中浙江最少，一分地只有十二亩。可见在军屯分地时是考虑到了自然条件。

以上，就是明初全国范围内卫所与军屯关系的基本情况。

---

① 子粒，即军屯所上缴的税粮。
② 申时行等：《大明会典》卷18《户部五·屯田》，《续修四库全书》版，第310页。

第二个特点，就是军屯受到户部与工部的制约。军屯的地位如此重要，能量如此之大，断不可将军屯一应事务全部由五军都督府和兵部负责。因此需要户部与工部的协力，或者说是掣肘。其中户部最重要的职责就是负责建设军储粮仓，保管军屯所收获的粮食。而工部，除了负责建造营房、兵器外，在军屯上，还有一个重要的任务，就是负责农具与耕牛的发放。洪武年间的工部屯司，后改称为屯田清吏司，掌管供给军屯农具与耕牛诸项事宜。整个军屯的运作，离不开五军都督府、兵部、户部、工部的通力协作，也防止了军方擅权的可能。

第三点，也是非常重要的一点，那就是军屯的征额。军事屯田，也需要向国家上缴收入。洪武年间，卫所所分田地的岁收粮额尚不固定，到了建文四年（1402年），明廷才制定科则，规定每军田一分，纳正粮，也就是上缴仓库存储的自用粮食，十二石；纳余粮，也就是上缴国家，用于本卫官军俸粮的粮食，十二石。这一田租比率非常之高，意味着军屯生产的一半粮食，都要上缴国家，与三国时期魏国的军屯租率是一致的，而历史上曹魏屯田的一大弊端就是田租过高。不知为何建文帝要将军屯田租设定得如此之高。朱棣夺位后，对这一政策也未作修改。但是如此之高的田租，并非卫所屯田所能承担的，尤其是北方边境地区，本来粮食产量就不足，还要缴纳如此之高的田租，对于军士来说无疑是沉重的负担。因此在永乐十二年（1414年），将余粮数改为六石，明仁宗洪熙元年（1425年），将余粮缴纳数额规定在六石，通行各都司卫所。但是纵使减少了余粮征额，军屯子粒的征收还有一个大问题，那就是邱濬提及的分等问题。尽管朝廷根据土壤肥沃程度划拨每分军屯的田亩数，但是每分军屯的田租是一样的。但是西北一百亩田地的产粮量，还是不能与江南五十亩土地的产粮量相比。直到弘治十六年（1503年），明廷才开始从山东对土地进行划分，按等级收粮，但并未推行全国，后续只是在陕西、宣府等地推行。军屯田租的不合理，最终为明代军事屯田的崩溃，埋下了伏笔。

朱元璋在全国范围内开展与卫所相结合的屯田，课以重税，在当下确实起到了非常大的作用。明代文献对太祖时期的屯田无不充满了溢美之词。如"一军之田足以赡一军之用""边有储积之饶，国无运饷之费""国初军饷止仰给屯田""各卫仓廪充实，红腐相因，而军士无乏粮之虞"。朱元璋自己也夸口，"吾京师养百万兵，要令不费百姓一粒米"。这些当然是美化之词，光凭军屯，无法满足明军全部的补给需求，否则在大行屯田的辽东，也不用费劲从南方海运粮食进行补给。但军屯至少如明中期名将谭纶所言"足以充军食之半"，为明军提供了大量的军粮，这些粮食是洪武、永乐年间明军在边境战争中取胜的后勤保障，有力支持了明帝国版图的扩张与守卫。如在永乐年间，辽东二十五卫屯地数达到二万五千三百余亩，屯地岁入粮食七十一万六千石。[①]按照一石粮食可以供一个士兵一月之用的比例，这些粮食可以供近六万士兵一年之用。

---

① 《明宪宗实录》卷244，成化十九年九月戊申条，台湾"中央研究院"历史语言研究所1962年校印本，第4139页。

美梦破碎

朱元璋的屯田梦想在他在世的时候发挥了巨大的作用，成熟的后勤体系，配合明初的精兵强将，大明的版图得到了极大的扩张，远远超过北宋。然而，纵观中国古代史，有宏图壮志的帝王，往往希望能够"毕其功于一役"，汉武帝战匈奴，唐太宗灭突厥，无不如此。但现实是解决了一个问题，往往会产生新的问题。汉唐无法跳出这个规律，明代同样如此。朱元璋消灭了北元朝廷，但随后崛起的鞑靼和瓦剌对明王朝的威胁并不弱于北元。放在屯田上，朱元璋设计的这套屯田制度，有两个必要的前提，一是足量的土地，二是固定在这些土地上的人口。要满足这两个前提，就既要防止土地兼并，又要防止人口流失，但显然，明政府无法防止土地兼并与人口流失。

首先，是土地兼并的问题。尽管军屯所耕之田为军队所有，但并不意味着其不会被各方势力兼并。明代尽管加强了对土地的管理，通过"鱼鳞黄册"掌握了土地的基本情况。然而，制度是一回事，执行又是另一回事。如果光看古代留下来的政治制度，难免会产生古代政治非常清明的错觉，即使是以"暴政"闻名的秦代，在出土简牍中也有不少温和的条款。就算明代有"鱼鳞黄册"这样详细的土地数据，但是土地的归属是会变动的。如果要想保持土地归属的明晰，必须定期清丈，如果无法完成清丈，那么这些土地就会因为人为和自然的各种因素发生变化，继而产生一系列问题。例如甲、乙原本各有五十亩土地，纳税额度也是一样，后甲占有了乙的四十亩土地，在不清丈的情况下，甲、乙的粮税还是一样的。甲少缴纳了四十亩的粮税，从而越来越富有，而乙只有十亩地，却要缴纳五十亩的粮税，只能是越来越穷，最终破产。除了人为因素，还有自然原因。例如明代钱塘江北岸，因为潮汐作用，土地不断坍缩，农民的土地早已陷入海中，却还要按照登记的田亩缴税，农户不堪重负，只能选择逃亡。然而清丈土地是个非常麻烦的事情，必定遭到豪强的阻拦，这些侵占土地的豪强，并非只有本地的富户，而是包括了皇亲国戚，朝廷重臣，阻力之大，难以想象。张居正改革期间，重新丈量了全国土地，缓解了一些问题，但随着张居正改革的失败，明代土地兼并的问题并未解决。

民田在有"鱼鳞黄册"这样"严密"的制度下尚且兼并严重，军屯的土地管理不如民田那般严密，发生土地兼并也在意料之中。明代军屯的土地问题，在创制之初，就埋下了隐患。

首当其冲的，就是清丈问题。尽管朝廷规定了每分地的亩数，但是并非所有军屯的田地都经过丈量。顾炎武在《天下郡国利病书》中就举了泗州卫的情况为例。泗州卫在划定时，屯地为一分三十五亩，但是这"三十五亩"土地并未丈量。这种情况并非个例，而是极为普遍。在《皇明经世文编》中，有多条涉及屯田的奏疏，都提到了这一问题，如《清理固原屯田事》就坦言："有名已入册，而无尺寸之地，或虽有地，多不足顷亩。"换言之，拨给军屯的土地很多实际上只是名义上划拨了，具体有多少土地，并无准确数据。出现这样的原因，则如隆庆年间林希元在

《应诏陈言屯田疏》中所言："拨田之初，不问腴瘠、洼仚、虚实、隔涉，但欲足数，牵纽补搭，配抑军人而使之耕。"明初在给各卫所划拨耕地时，为了"完成任务"，工作并不认真。这样就给之后的土地兼并提供了便利。

明代军屯耕地的兼并者，首当其冲的就是军官，包括都督同知、都督金事、总兵官、副总兵官、都指挥使、指挥使等高级军官，也有千户、百户等中级军官，稍有权力的军官，纷纷侵占军屯耕地。毕竟倒卖军用物资，本身就是古代军队的痼疾之一，明代也不能除外。各卫所军官就时时侵占耕地，或有军官将军屯耕地直接占用为私人耕地，如《明宣宗实录》记载宣德四年（1429年）浙江、江西、山东、山西等地的都司卫所，就"多占田地耕种，栽种蔬果，动千百亩，俱无粮税"。又如正统九年（1444年），大宁都司都指挥金事田礼等人，"占屯地四千一百二十七顷"。或有军官将军屯耕地典卖，在四川、福建、江西、贵州都有屯军偷偷典卖。在明律下，典卖军屯耕地是重罪，但仍然难以阻止军屯耕地被买卖。这也反映出这些耕地的买家，拥有相当大的政治能量。除了军官侵占、倒卖田地，各卫所之间也存在侵占土地的情况，出现了所谓"豪军"，也就是占有远超应有土地的卫所。有"豪军"，相对的也就有"贫军"。

除了军队，勋贵、官员、豪强也对军屯耕地虎视眈眈。上至王、公、侯、伯，下至地方豪强，都以各种手段侵占军屯耕地。朱元璋在世时，诸王就有侵占屯田的情况，《明太祖实录》中就有洪武三十年（1397年）诸王"侵占官民屯田"的记录。弘治四年（1491年），徐恪《核屯田以禄宗室疏》中就言及各王府侵占屯田之事。除了王府，勋贵大臣同样热衷于侵占屯田。万历五年（1577年），清理直隶被占土地时，就发现成国公朱应祯侵占屯田土地达九千六百余顷。朱应祯是第九代成国公，其父朱时泰万历二年（1574年）袭爵，当年九月去世，而朱应祯在万历八年（1580年）才正式袭爵，短短三年难以侵占如此多的土地，这九千多亩的土地应是历代成国公侵占的"成果"。如商辂在《边务疏》中说："在京功臣等官之家，将口外附近各城堡膏腴田地，占作田庄。以次空闲田地，又被彼处镇守总兵、参将并都指挥等官占为己业。每岁使军夫耕种，收利肥己。"这种情况持续到明代灭亡，崇祯年间，湖南"军屯旧额，或勋臣贵戚之家占作田庄，或镇守统制之官侵为己业，军士无田可屯矣"。当然，最大的侵占者，还是各地豪强。宣德六年（1431年），大同豪强侵占大同屯田二千余顷；正统元年（1436年），宣府屯田为豪强所占；正统十三年（1448年），蓟州卫、山海卫等要地"屯田亦被豪势侵占欺隐，有名无实"；成化十二年（1476年），"大同、宣府等处，膏腴土地无虑数十万顷，悉为豪强占种，租税不供"。上述大同、宣府、蓟州、山海关等处，都是明代北方边镇要地，关系着京师安危，边镇要地尚且如此，其余诸地可想而知。正如弘治年间兵部尚书马文升《清屯田以复旧制疏》中所言："卫所官旗，势豪军民侵占盗卖者十去其五六。"这还是明中期的情况，到了明后期，情况还要严重，已经到了《皇明世法录》卷30《屯政》所言的"贫弱之军，苦无寸土"。这些王公大臣、地方豪强所占的土地，不仅数量多，而且质量高。或是膏腴肥沃之地，或是临近城池之地，或是水利条件优良之地。留给军屯不多的土地之中，多是贫苦之地，种出的粮食可想而知。

而清理土地兼并，则是难之又难。从万历三十五年（1607年）的杭州府海宁县西路场灶户申请清丈一事即可知一二。这个故事被记录在一本名为《剂和悃诚》的明末刻本中。全书之所以题名为《剂和悃诚》，就是因为诸人的共同努力下，去除了两浙都转运盐使司下辖的西路场的灶户贫苦问题。"剂和"为"调剂缓解"之意，"悃诚"为"诚恳"之意。本书详细记述了明代万历年间两浙西路场灶户困苦问题的发现、提出和解决之过程。

与军户一样，明代的食盐制造者，也有自己的称谓，就是灶户。明初灶户主要来源于居住在盐场附近的田粮力丁，但其一旦成为灶户，则世代都为灶户。明代通过编造盐册①和五年一次的清审丁、荡②，对灶户丁口消长、荡地有无进行统计，以作为灶

---

① 盐册，又名灶册，与民户黄册性质同。

② 荡地指作为盐业生产资料的草荡、沙荡、滩场、灰场、晒盐地（池）、灶房和盐仓基地等，其中草荡和滩地的数量最多。朝廷分拨给灶丁的在籍荡地需缴纳地租，地租量就是每亩荡地的办盐量。而荡地在被开垦为田地后还要向国家缴纳田粮税赋。官拨荡地亦是灶丁办纳盐课的依据。

丁办纳盐课的依据①。政府按丁发送荡地和制盐工具，计丁办盐，灶户不能贩卖私盐，若有田地，则需承担赋税徭役。在明中后期，因新的制盐工具和方法②的普及，灶户产生了分化，部分富户成为豪强，侵占荡地，并通过诡名寄产逃避税赋。而贫户则不仅丧失了荡地，还要缴纳繁重税赋，故大量贫户选择了逃亡。西路场灶户困苦问题关键即在其荡地问题。荡地问题起因于明末浙江沿海之风暴潮灾害。书中言："以荡通场绝无寸地"③，"夫各场……有赡荡租利……至西路场……赡荡则无寸土"④；"浙江都转运司计场三十有四，率多有土亭，有山，有荡。惟西路每丁派土亭七尺，坍涨莫测而且绝无卷石之山，寻丈之荡"⑤。海潮侵蚀使得西路场原先的官拨荡地日趋减少。明代荡地是灶丁办纳盐课的依据，荡地减少应当相应减少其盐课。然而从全书来看，西路场显然并未及时对灶户、荡地进行清点，使得西路场灶丁的赋税相比其他各场格外沉重。

也就是说，西路场的灶户们根本就无处造盐，却要按照在册

① 万历《明会典》卷34《盐法三》记载："各县编金之时，先行各场备查原额大丁盐银若干，见在实征小丁若干，某户见有几丁，每丁实办银若干，本户有田若干，应免若干，仍吊黄、灶二册，查对明白，照数优免。此外，多余田地照例与民一体科差，仍止出银津贴，不许力差烦扰。"见申时行等：《大明会典》卷4《吏部三》，《续修四库全书》版，第417页。

② 由煮盐改为晒盐。

③ 徐元旸辑：《剂和悃诚》，上册《上张三府掌科咨》。

④ 徐元旸辑：《剂和悃诚》，上册《上张三府揭帖》。

⑤ 徐元旸辑：《剂和悃诚》，上册《上陆都运灶议》。

的荡地缴纳赋税。能逃的灶户都逃了，剩下的灶户生活就会更加困苦。因此在两浙都转运使司所属的三十四个盐场中，西路场灶户受苦最深。主要有三大问题：无地，难于办课；人口搜刮殆尽，难于报补；灶丁逃亡，难于编审。而核心原因在于西路场的人均荡地只有"七尺"①，加上是以丁计课，人地两失的西路场极为艰难。

在此背景下，一些关心地方疾苦的官员纷纷向浙江都转运盐使司等处陈情。万历十一年（1583年），朝廷根据西路场的情况，减免了大量额银，但是二十二年后西路场贫苦的情况仍然没有改变。究其原因，明初规定计丁课盐，计丁给地，有定数课，有定额。但是荡地受到海水潮汐侵蚀影响，有的盐场荡地增加，有的盐场荡地坍塌，因为没有及时清丈，使得贫富分化加剧，豪强侵占荡地。因此仅仅减额银数不减额丁数，是不能解决问题的。实际上，在万历十一年（1583年），朝廷就已经知道西路场症结所在。浙江承宣布政使司对策是先对土地进行清丈，其次根据土地的肥力来征税。这一办法实为解救西路场之良方，但是从布政司札付都转运盐使司的批文看，万历十一年（1583年）的改革仅仅限于减银而已，其阻力正是本地豪族。

浙江承宣布政使司和两浙都转运盐使司在万历十三年（1585年）还曾进行过与一条鞭法类似的"以银抵课"的办法，即免去

---

① 而根据万历《杭州府志》卷31《征役一》记载，杭州分司每个灶丁拥有六至九亩草荡，还有官给卤地。由此可以看出，西路场灶户荡地问题的严重性。

灶户二十五亩课税。但是这个方法的缺陷很明显:有田之人免田税,则其田之产收归己有,确实有利;但是无田之人实际上的好处非常少,如此会加剧贫富分化。因而此举并没有达到预期的效果,反而加剧了富户诡名寄产的行为,使得这次优免措施实际上是名存实亡。之后西路场又减额银八百余两,一定程度上缓解了西路场灶户的困顿。但是这些改革措施并未根除问题症结。最终在万历三十五年(1607年)左右,在巡按浙江的方御史指示下,两浙都转运盐使司终于开始清丈荡地,并佐以借用许村场的方法开始对西路场灶户进行分地。从文中可知,至少在万历二十三年(1595年),两浙都转运盐使司已经认识到西路场最根本的问题在于缺地。其迟迟没有行动的原因,虽然没有言明,但从《剂和悃诚》下册多篇文章记述之许村等场豪强阻拦两浙都转运盐使司清丈之举的案例,可见其最大阻力是本地豪强。所以,这次改革之重点就在于打击豪强,清丈土地。经过对豪强的严厉打击之后,两浙都转运盐使司最终在万历三十五年(1607年)完成了这一改革,西路场之困顿情况最终得到了合理解决。

两浙都转运盐使司下属的西路场,因为明代浙江沿海风暴潮之影响而成为困苦之地,在当地士子与原籍海宁之官员的努力反馈下,这一问题才得到官司注意。而官司在着手解决西路场灶户困苦问题时,尽管一开始便发现了问题之症结所在,但是因为当地豪强势力之大,使得清丈难以实行,真正解决问题花了二十余年。从本书之案例可以看出,在明代地方社会中,豪族侵占土地对国家以及百姓侵害之深,撼动之难。海宁是江南富庶之地,乡里不乏正直的士绅，尚且如此艰难，军户们土地被占，生活困苦，又有何人可以解决？

除了土地兼并，还有人口流失。两者本身也是一体两面的关系。屯军失去土地后，往往会选择逃亡。而屯军因为各种原因离开屯地后，屯地荒废，往往也被他人兼并、典卖。在军屯荒废的问题上，人口流失的因素，其影响甚至要超过土地流失。

如上节所言，明代军屯本身就有将人口绑定在耕地上的意图。屯军本身就是军队，这些士兵属于军户。明代的军户并不是一个值得夸耀的身份。在明代，军户实际上是一种强制性的差役。朱元璋建立明朝后，将人民分为不同的户，承担不同的差役。所谓"军、民、驿、灶、医、卜、工、乐诸色人户"。军户就是承担军差的特定人户，而且是世袭的，非特定情况，不得改变军籍。而在诸色人户中，最苦的就是军户。一个军户之中，要出一个男丁担任正军，也就是明代所谓的旗军。旗军或者备战，或者屯田，根据卫所需要而安排。旗军之外，还要出一名余丁。余丁协助正军处理生活问题。除了以上两个丁口外，还要再备两个丁口，以作预备。在章潢《图书编》卷117《军籍抽余丁》中则出现了一人兵，二三人屯田（余丁之责），其余供兵的记载。同时，兵丁服役之地，并不是其籍贯附近，而是往往在千里之外，有广东之人前往山西的，也有陕西前往云南的，而路费都要由兵丁所在军户负责，有"一军出则一家敝，一伍出则一里敝"①之谓。即使花费了巨额钱物，这些兵丁的生死也难以保障，因此路途上逃亡的人很多，而这些人逃亡后，根据制度，军户中就要由预备的兵丁补上，真是苦不堪言。因此有的军户不堪重负举家逃亡。在不涉及屯田的问题上，明代军户就已经有巨大的流失风险。为了防止军户逃亡，明廷可谓是"多管齐下"。首先是以严苛的军法来防止逃亡。无论是备战的兵丁还是屯田的兵丁，一旦被发现逃亡，若是初犯，杖八十，本卫充军；再犯，杖一百，边远充军；三犯，绞死。兵丁逃亡，他们的长官也要承担责任。其次，就是利用兵丁的家属来控制逃亡。明代军制，允许妻子孩子随军居住。这绝非明政府大发慈悲，出于人道主义的照顾，而是为了以家属为要挟，防止兵丁逃亡。第三，就是所谓的连坐。如果一个屯兵逃亡了，那么原本应该由他缴纳的税粮，就要由其他屯兵负责，而且知道屯兵逃亡而不告发的，也要重责。这些手段看起来严厉，实际上反而起到了反作用，导致兵丁有时不是单个逃亡，而是大批逃亡，甚至整个军屯的兵丁都逃窜一空。

其次是上文提及的征额问题。明代军屯田租过高，对于屯种的军户来说是一项沉重的负担。尤其是西北边境之地的屯田，因自然条件差，收成并不理想，甘肃、宁夏等地莫不如此。但是向其征收的税粮是不会减少的，那么交不上规定的数额怎么办呢？无论是什么原因，都得足额赔偿。没有银钱的，只能变卖家产，

---

① 汪道昆:《太函集》卷89《辽东善后事宜疏》，明万历刻本。

甚至卖儿鬻女，才能凑足赔偿的钱粮。有时甚至将所有家财散尽，也无法赔偿，那么此时，这些活生生的人，不逃又该怎么办呢？这些逃亡的军户，若是投入地主家，为奴为仆，或者隐入深山，为僧为道，也就罢了。更多的是干脆聚啸山林，成为盗匪。明代中后期，兵变愈演愈烈，最终成为无法收拾的局面，错误的屯田之策，自然难辞其咎。

除了政策上的失败，明代屯田的失败，还有自然条件的因素。以北方九边为例，山西、陕西、甘肃、宁夏长城沿线，处在黄土高原与荒漠戈壁的过渡地带，植被稀疏，主要是灌木和草地。加之降水稀少，本身生态就极为脆弱，根本经不起大规模的开发。明军不顾自然条件，强行开发，初期自然是可以取得不错的效果，但长此以往，水土流失日益加剧，就算地不被侵占、典卖，人不逃亡，这些地也无法耕种。

而人地双失最直接的结果就是军粮供应不上。王毓铨先生在《明代的军屯》一书中，整理明代实录做了《明代屯地屯田子粒表》，现仅选取永乐至隆庆各朝元年子粒数，作为直观比较。

明代屯田屯地子粒表（部分）

年代	屯田子粒(石)	出处
永乐元年	二千三百四十五万七百九十九	《太宗实录》卷31
洪熙元年	六百一十三万六百九十九	《宣宗实录》卷12
宣德元年	七百二十二万一千八百五十八	《宣宗实录》卷23

续表

年代	屯田子粒(石)	出处
正统二年(正统元年数据缺失)	二百七十九万一千零七	《英宗实录》卷37
景泰元年	二百六十六万零六百七十三	《英宗实录》卷199
天顺元年	二百八十五万(具体数据缺失)	《英宗实录》卷285
成化元年	三百八十一万两千一百八十	《宪宗实录》卷24
弘治元年	二百八十九万四千八百一十	《孝宗实录》卷21
正德元年	一百零四万零一百五十八	《武宗实录》卷20
嘉靖元年	三百七十四万两千五百五十	《世宗实录》卷21
隆庆元年	一百八十六万四千三百六十九	《穆宗实录》卷15

　　从表中不难发现，其实自永乐以后，明代的军屯的数量已经呈断崖式下跌。数量最多的是永乐元年（1403年）的二千三百四十五万多石，数量最少的是正德元年（1506年）的一百零四万多石。数据减少有征额变化的调整，永乐元年（1403年）一分地要征收二十四石，而洪熙以后征额已经减少，尤其是正统年间将征额定在六石后，在此以后的屯田子粒数理论上是永乐元年（1403年）的四分之一，也就是不到六百万石。但是从表中我们可以看到，正统以后，军屯征收的子粒，再未到达这个数额。宣德以后，军屯已经无法提供足够多的粮食了。明廷上下对于这一问题，并非没有认识，在《皇明经世文编》中，关于屯田问题的奏疏也极为繁多，除了上文提及的诸篇外，还有如《贵州军粮疏》

《弥灾疏》《西北边备事宜状》等等不一而足。忧国忧民之臣，虽然看出问题所在，却难以解决问题，所提建议往往也是沦为空谈。毕竟，造成屯田困境的，就是朝堂之上的衮衮诸公与视人民如豚犬的朱家帝王，他们又怎么舍得在自己身上割肉呢？厉行改革的张居正，以首辅之尊，尚不能改变局面，又有谁能再来挽救千疮百孔的大明王朝呢？而有心革除弊政的帝王，也只能在原有制度上打些补丁，为破灭的梦想延缓一口气罢了。

开中之法

宣德以后，军屯之梦已经破碎，但是北方边境的军事压力并未减少，尤其是土木之变后，明军基本丧失了主动出击的能力，只能依托九边进行防守，极为被动，而军屯失败所造成的粮食缺口也必须补上。明代君臣所想出来的办法，就是著名的"开中法"。开中法我们在上文论述朱元璋平定天下时已经提及。然而洪武年间的开中，与永乐以降的开中，并不相同。

洪武年间的开中，更多是一种临时的措施。洪武年间，军队的补给体系较为完善，只有在个别战事中，需要通过开中法以盐引吸引商人运输粮食到边疆。洪武三年（1370年）六月，为了山西军粮问题，明太祖正式颁行开中法。洪武三年（1370年）二月李文忠师出野狐岭，五月应昌之战大获全胜。但是大明的北境并不太平，仅大同一地，在洪武三年（1370年）六月就分别遭到元将速哥帖木儿和四大王（元宗室，在明军攻克大都时逃亡太原山中）两次袭击。

在四大王袭击大同的次日，山西即向朱元璋申报开中之法。明军虽然此时已经在边境实行屯田，但是时日未久，像大同这样的边镇要地，其军粮补给还是依靠运输，而且要从远在山东的陵县（今德州市陵城区）经过驿路，跨过太行山，经过井陉，到达太原府平定州，再北上跨过大和岭，才能抵达大同。

> 丙辰，大同卫都指挥使耿忠言：大同地边沙漠，元季孛罗帖木儿、扩廓帖木儿等乱兵杀掠，城郭空虚，土地荒残，累年租税不入。军士粮饷欲于山东转运，则道里险远，民力艰难。请以太原、北平、保安等处税粮拨赴大同，输纳为便。廷议于山东所积粮储量拨一十万石运至平定州，山西行省转致大和岭，大同接运至本府。及以附近太原、保定诸州县税粮拨付大同以为储偫之备。忠又请以蔚、忻、崞三处民丁与军士协力，修浚大同城堑。从之。①

在军运、民运都较为艰难的情况下，吸引商人运送粮食，的确是一举多得之举。对于国家而言，不用组织兵力、民力耗费巨大运送粮食。毕竟仅大同一地的粮食，就要跨越今山东、河北、山西三地才能送达，中间还要跨越太行山脉，艰难险阻，并非虚言。路途遥远不说，沿途需要征用大量的运夫，人力物力都是极大负担。对于朝廷而言，有时甚至直接划拨银钱，也比运送来得

---

① 《明太祖实录》卷61，洪武四年二月丙辰条，台湾"中央研究院"历史语言研究所1962年校印本，第1183页。

便宜。如洪武五年（1372年）八月，因为山西运粮艰难，干脆划拨"易米白金"二十万两，用于购买粮食。宣德四年（1429年），曾在朱棣北征时督运粮草的兵部尚书张本，提出将布匹运至边地，用来换取边地农民所种的粮食，这样每处可以收取十万石到三十万石粮食，"岁以为常，则民力可省，边储可充"。

但相对布匹，盐引则更为方便。对于商人而言，获得盐引，则可牟利。对于百姓而言，也是减少了国家层面下派的负担。因此，洪武年间对开中法的评价已然不错，"自中盐之法兴，虽边陲远在万里，商人图利，运粮时至，于军储不为无补"。除了山西大同，开中法也在陕西、贵州、海南、云南等地发挥作用。洪武四年（1371年）二月，朝廷还专门制定了两淮、两浙、山东等三运司的中盐则例，规定了运输军粮的目的地，即各粮仓所在地，并规定了各自粮、盐的比例。

> 户部定淮、浙、山东中盐之例，皆以一引为率。商人输米，临濠府仓淮盐五石，浙盐四石；开封府及陈桥仓，淮盐二石五斗，浙盐二石；襄阳府仓淮盐一石五斗，浙盐一石五斗；安陆府仓淮盐四石，浙盐三石五斗；辰州府、永州府及峡州仓淮盐三石五斗，浙盐二石五斗；荆州府仓淮盐四石五斗，浙盐四石；归州仓淮盐二石，浙盐一石二斗；大同府仓淮盐一石，浙盐八斗；太原府仓淮盐一石三斗，浙盐一石；孟津县仓淮盐一石五斗，浙盐一石二斗；北平府仓淮盐一石八斗，浙盐一石五斗，山东盐二石三斗；河南府仓淮盐一石

五斗，浙盐一石二斗；西安府仓淮盐一石三斗，浙盐一石；陈州仓淮盐三石，浙盐二石；北通州仓淮盐二石，浙盐一石八斗，山东盐二石五斗。①

但是洪武年间的开中法并非定则，只是临时采取的措施，随着战事的结束，各地纳粮换盐之事也相继结束。

如果没有靖难之变，按照从"洪武"到"建文"的年号转变，明代或采取休养生息的经济方略，但随着朱棣迁都北京，北方战事不减反增，原本属于临时措施的开中法，在永乐年间反而被"发扬光大"，使得商运粮食与屯田、民运一样成为明代边境后勤补给的重要措施。

朱棣五次北征蒙古，外加用兵安南。对于军事后勤来说，是巨大的消耗。永乐帝每次用兵都要征调大量的民夫用于运输军粮。永乐二十年（1422年）二月，朱棣命张信、李庆筹措北征军饷，一共要使役来自北直隶、山西、河南、山东，南直隶应天等五府以及滁州、和州、徐州的民夫共计二十三万五千多名，运粮三十七万石。这些粮食够十万大军三月之用。但此次北征，朱棣三月发兵，八月方才班师，仅用三十七万石粮食恐难以满足所有的用粮需求。大规模的用兵，必须有足够的军粮保障，因此开中法从洪武时期的临时措施，演变为永乐时期的常制。同时，朱棣大大放松了开中的门槛。

① 《明太祖实录》卷61，洪武四年二月癸酉条，台湾"中央研究院"历史语言研究所1962年校印本，第1190至1191页。

　　朱元璋时期，对于开中的门槛非常严格。开中法是以专营食盐作为砝码，促使商人运粮输边，其中自然是有利可图，因此朱元璋严禁官员参与中纳盐粮，与民争利。《大明会典》记载："洪武二十七年令公、侯、伯及文武四品以上官，不得令家人、奴仆行商中盐，侵夺民利。"所以朱元璋时期的开中法，总体是清明的，只要商人是真心实意为边境运送粮食，就能获得盐引，贩盐获利。但朱棣为了扩大粮食收入，废除了朱元璋时期的规定，无论是商人还是官员，乃至士兵都可以参与其中。同时，中纳之物的范围也不限于粮食，相对于洪武时期的粮食、马匹等实物，永乐时期金银、铜钱均可用于中纳。因此，永乐时期明廷依靠开中法在边境积累了大量粮食。史称"商旅辐辏，储偫充溢"。

　　开中法的盛行，也促使明代边境在军屯之外，还产生了商屯。开中法得以实行的逻辑就是商人们有利可图。明代历史上著名的晋商，就是以开中法为契机兴起的。商人要牟利，也有一个基本条件，那就是通过贩卖官盐所获得的收入，要高于运送粮食到卫所的成本。洪武年间，粮食价格尚且平稳，购买粮食，运送粮食，换取盐引可以牟利。但是永乐以降，粮价日益升高。为了节约成本，商人干脆在边境招募农民屯田，将收获的粮食运到卫所，可以大大降低成本，提高利润。这种由商人开垦的屯田，就是商屯。商屯的发展进一步充实了边境明军的后勤储备。史载"商人争出财力募民垦荒……边储大裕""不烦转输，如坐得色粮以佐军兴"。在永乐之后军屯大规模萎缩的情况下，商屯的兴起缓解了边境明军的后勤问题。而且，商屯的粮食，除了用于中纳之外，也可用于贩卖。甚至用于贩卖的粮食，其成色要好于中纳之粮。明军可以依靠银钱，直接在边境上购买粮食，对于军需补给，无疑大有益处。除此以外，因为边境战事纷扰，蒙古军队时时南下掠夺，连军屯的耕牛、粮食都常常被洗劫一空。军屯尚且需要屯堡护卫，商屯也不例外。为了保护耕牛、粮食，商人在屯地上，也建立城堡，护卫土地。如明末倪元璐就曾描述辽东商屯："辽东千里，晋人商屯其间，各为城堡，耕者数千万，人皆兵。商马数千，匹匹堪战。不惟富，而且强。"[①]从制度设计上看，开中法是明代军事后勤的重要补充手段。随着军屯不断破坏，永乐以后，军屯的粮食已经无法实现边境卫所"自给自足"的目的了。在成化年间，辽东军屯相比洪武年间已经十不及一。明代边军的粮食补给除了依靠屯田上缴的子粒外，还有户部拨银购买的粮食，再有不足，就要依靠民运和中纳之粮。永乐至成化间，"商人争出财力募民垦荒，天顺中斗粟值银二分，边储大裕"。然而，开中法、商屯带来的便利，明中期就在各种因素的作用下逐渐消散。成化二十二年（1486年），"辽东岁用粮料九十六万五千三百余石，计各卫所纳屯粮并户部发银所籴止五十二万，尚欠四十五万余石。况其地不通舟楫，既无转运民粮，开中盐粮又无应者"。可见，此时开中法对于商人来说已经降低了吸引力。究其原因，症结就在于开中法为商人带来的利益下降了。

商人愿意开中纳粮，是因为有利可图。这个"利"就是粮价

---

① 倪元璐：《倪文贞奏疏》卷11《屯盐合一疏》，清乾隆刻本。

与盐价的差额。明代施行的是盐业专营,官盐买卖乃是暴利。但是有官盐,就有民间未经允许煮制贩卖的"私盐"。私盐虽是历代所打击的对象,但是民间使用私盐者不在少数,私盐泛滥,对于官盐的销售,自然是有一定的影响,但这并不是开中法崩坏的主因。最主要的是粮价升高,使得盐价相对降低,商人的盈利空间下降。如此一来,则愿意纳粮的商人越来越少。宣德年间,曾跟随朱棣北征,负责后勤的郑亨就已经发现了这个问题,要求降低商人缴纳粮食的数量,这样才能吸引商人。除了成本上升,永乐以后开中的数量和频率大大增加,食盐质量也大幅下降,弘治十一年(1499年)十二月,巡抚山东都御史何鉴言:"山东运司盐课存积岁久,走卤消折。而涛洛等三场盐皆苦黑,商人不愿中纳。"甚至出现了商人空有盐引而无法取得食盐的情况。再加上勋贵大臣得以加入开中之列,公平之势已经被打破,商人无法获利,对于纳粮输边的意愿自然不高。愿意纳粮的,则想办法降低质量,以次充好。

除了商人利益减少,明政府的转变,成为压垮商屯的最后一根稻草。洪武年间,开中法的目的就是为了充实边境守军的粮食储备,让明军有足够的后勤保障来守卫疆土。到了永乐年间,开中法的规模和范围都扩大了,而其目的也不再局限于充实边境粮储,营建北京,也要开中法的支援,到了成化年间,宫中开销,也要动用开中法。在这一背景下,到了弘治五年(1492年),开中法发生了根本性的变化。弘治五年,时任户部尚书叶淇针对开中法提出了两项变更:一是以纳银代替纳粮,二是银钱直接上缴至产盐地运司，而非边储仓库。叶淇改革的初衷也是为了节约民力，缓解商人的"困境"。对于商人来说，运粮至边境才能换取盐引，成本太高，购买粮食需要成本，将粮食运到边境要花费大量的人力物力，开垦商屯也要花费金钱，这些成本越来越高，商人自然是不乐意的。而叶淇一方面是一个"节约"的人，在户部尚书任上，多次减免课税。但另一方面，叶淇对于边境运粮一直是持反对态度，认为其耗费太大，数次以此理由反对边境用兵。《明实录》称其"历官皆有能声，其在户部尤能惜财用。每廷议用兵，辄持不可，盖患转输之费也"。而且，叶淇是淮安府人士，正是淮盐生产之地。对于盐商的困境，也是十分熟悉。因此，叶淇针对当时开中法的缺点，提出了自己的改革意见，并得到了内阁和皇帝的首肯。

然而，叶淇，或者说弘治朝的君臣，都忽视了开中法的初衷。正是因为往边境运送粮食要耗费高额的代价，朱元璋才将这个压力部分转接到商人身上。叶淇的改革，受益者是盐商与明中央政府，盐商不用缴纳粮食，省去了很多麻烦，银钱不仅方便，还更容易从他处获取；明廷则获得了大量的收入。但远在边境的守军，却将面临粮食短缺的困扰。

尽管在成化年间，边军已经大量使用银钱来购买粮食。成化二十三年（1487年），叶淇就奏请"命户部运银六万两于大同，内一万两准给代府今年禄米，五万两以给军饷"。运送粮食似乎不是一个经济的选择。但是，叶淇忽视了改粮为钱将引发的一系列问题：如果商人不用运送粮食就能获得盐引，那么，谁还会辛辛苦苦在边境苦寒之地种粮食呢？没人种粮食，又去哪里买粮食呢？开中法改革之后，边境的商屯纷纷被废弃，边境粮价大涨，这些是弘治帝所没有想到的。但也是明代君臣忽视边境，重于敛财的必然后果。开中法改革之后，边境马上陷入了困境。"近边米豆无人买运，价遂腾踊。边储自此资于内帑，而国匮民贫，日益苦难。"① "旧例盐一引，输边粟二斗五升。故富商大贾悉于三边自出财力，招游民，垦边地，艺菽粟，岁时懋丰，粟石值银二钱。时有计利者曰：输粟二斗五升，支盐一引，是以银五分得盐一引……遂变其法，凡商人引盐，悉输于户部，由是商贾耕稼积粟无用，遂辍业而归。边地荒芜，米粟一石值银五两，皆盐法更弊之故也。"② 盐商既然不必在边境屯田就能换取盐引，自然也就没有动力继续耕种粮食，使得商屯一空，边饷立绌。

在各种屯田政策纷纷破产的情况下，边境卫所所能依靠的，只有银钱购买与朝廷输送了。朱元璋的苦心最终成为泡影。

---

① 傅维麟：《明书》卷81《食货志一》，清刻本。
② 徐学聚：《国朝典汇》卷96《户部十》，明天启四年徐与参刻本。

第七章　江南与塞北

在以屯田解决边境守军的粮食问题宣告失败后，摆在明军面前只剩下两条路，那就是运粮和买粮，在两条路中，运粮是成本最高，也是最为艰难，却也最不能放弃的一条路。因此，明政府也花费了大量精力在建设、维护粮道上。其中，疏浚大运河，使之成为南北运输大动脉，将塞北与江南相联结，从侧面大大减轻了往北方边境运粮的压力。

大运河

明军在征战天下的过程中，极为重视水运。洪武元年（1368年）北伐时，就依托水路，运送苏州、浙江、江西等处粮食三百万石至开封。在东边，依托海运，对辽东和北平进行运输；在西北，则疏浚开封至陕西的运河，由开封运粮至陕西，再由陕西将粮食运往宁夏、甘肃。水运，本身就是支撑大明边境的生命线。但在洪武时期，因为京师应天府本身就在南方，经济中心与政治中心的重合，使得京师本身的粮食供应非常充足，无缺粮之虞。但随着靖难之役的爆发，朱棣迁都北京，格局就发生了改变。

朱棣在取得政权后，立刻就开始了新都城——北京的建设，原本的京师应天府改为南京应天府，朱棣的封地北平则改为北京顺天府。之所以要迁都北京，除了北京是其根基所在外，守卫北方边界（尤其是新入版图的辽东）也是重要因素。为了守卫北方，朱元璋就将成年诸子分封至边地。面对蒙古势力的威胁，朱棣本人更是深有体会。迁都北京后，洪武时期以山东粮食走海路，由直沽补给北平的方法已经行不通了。营造都城需要耗费大量的人力物力，且都城营造完后，随之而来的文武百官与京师驻军的俸禄、粮饷，都是极为巨大的数字，这都需要江南这一经济中心的物资支持。因此疏浚运河，尤其疏通元代堰塞的北段运河，成为朱棣迁都的头等大事。

永乐四年（1406年），明成祖朱棣开始营造北京，五年以后，朱棣命工部尚书宋礼疏浚会通河。会通河，是京杭大运河的一部分，元代至元二十六年（1289）始凿，由忙速儿、张孔孙、李处巽等董其役，六个月而成，全长二百五十余里，元世祖赐名为会通河。此时的会通河仅仅是须成县至临清的河段，全程都在山东境内。元代开凿会通河的目的就是希望南来漕船再不用远涉渤海，可直达大都。但当时因河道浅，不能重载，终元之世，漕粮仍以海运为主。洪武年间，又碰上黄河在河南决口，大量泥沙进入会通河河道，造成了会通河的淤废。明初运往辽东的军粮物资也要通过海运才能实现。

永乐九年（1411年），工部尚书宋礼开始主持疏通会通河。宋礼虽然名字听起来不像个好官，实际上是一个德才兼备的能臣。宋礼吸取了元代在修筑会通河时分水枢纽选择失败的教训，听取了汶上老人白英的意见，筑埕城坝及戴村坝，保证会通河的水量。元代会通河的问题在于水量不足，济宁以北的河段因为只依靠水量不稳定的汶水作为水源，只能通行小船，无法承担漕运的功能。宋礼则先建戴村坝，截住汶河之水，再从戴村坝至南旺分水口开挖一道八十余里长的小汶河，以汶济运。同时广引泉源，沿运河设置水柜，分段置闸，堰水通航，保证了运河可以发挥漕运作用。

但会通河的疏浚并未完成大运河的全段通航工作，直到永乐十三年（1415年），为了解决最后的阻碍，朱棣让平江伯陈瑄开清江浦河道，使得大运河南北全线贯通，再无阻碍，大运河也真正取代海运成为漕运的绝对主力。清江浦，是今江苏淮安县城北一段里运河的前身。在清江浦开凿之前，水运只能到达淮河，然后要转经陆运，再重新进入水道，转输甚劳。因此朝廷让当时负责督运漕粮的平江伯陈瑄负责开凿清江浦。陈瑄用五个月的时间开凿清江浦河道，由城西管家湖导水，至鸭陈口入淮。从此，江南漕船可以直接到清江浦，既免除陆运过坝之苦，又减少许多风险。至此，大运河航线全面贯通，北京城有了新的生命线，而这条生命线，保障的不仅是北京城。

当然，将南方的粮食通过大运河悉数运往北京，并不是经济的办法，毕竟北京城的仓库数量有限，无法容纳所有漕粮。因此明政府在大运河沿线设置了多处粮仓，以安置不同地区运输的粮食。根据《明宣宗实录》记载：

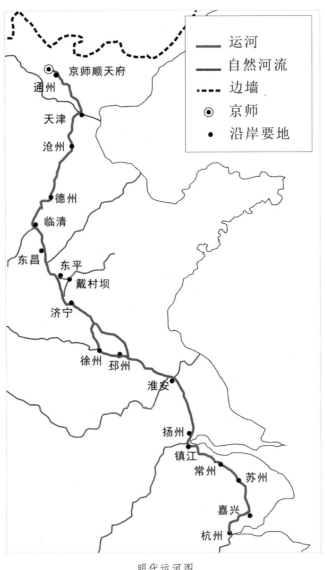

明代运河图

　　行在户部掌部事太子太师郭资等奏所议漕运便宜事。先是，敕工部尚书黄福同平江伯陈瑄议催运粮储。瑄等言：江南民粮，昔于淮安、徐州、临清置仓收贮，令军转运赴北京，后因官军多有调遣，江南之粮令民自运。北京路远，违期有误供给。今淮、徐、临清仓廒犹存，宜令江西、湖广、浙江之民运粮一百五十万石，贮淮安仓；苏、松、宁国、池、庐、安庆、广德民运粮二百五十万石，贮徐州仓；应天、镇江、常州、太平、淮安、扬州、凤阳及滁、和、徐三州民运粮一百五十万石，贮临清仓；山东、河南、北直隶府、州、县粮俱令运赴北京仓为便。

　　……

　　上命行在户部同尚书蹇义、夏原吉、杨士奇、杨荣及六部都察院堂上官、六科给事中议可否。至是，义等议除淮安仓收贮及河南、山东、北京郡县粮如瑄所言外，会计徐州仓可增粮二十四万石，临清仓可增七十余万石，其官军差遣者，令各卫拨补并预定空闲仓廒增置斗斛，江南民船量地远近，抽摘及浚河、修闸俱请依瑄所奏。从之。[①]

　　从此段记载可以得知，在宣德年间，运河上由南向北分置了淮安、徐州、临清、北京四仓，分别接受浙江、江西、湖广等

---

　　① 《明宣宗实录》卷55，宣德四年六月庚子条，台湾"中央研究院"历史语言研究所1962年校印本，第1320至1322页。

处,南直隶南部,南直隶北部和山东、河南等处的民粮。到了弘
治年间,漕运的名目进一步细化。根据《大明会典》记载:

> 凡漕粮。先年俱民运淮、徐、临、德四仓,军船接运入
> 京、通二仓,名为支运。永乐末,始令民运赴淮安瓜洲,补
> 给脚价、兑与军船领运,名为兑运。其四仓,仍十之三四。
> 后兑运渐增,又令军船各回附近水次领兑,民加与过江脚
> 价,视远近为差。成化十一等年,改四仓米七十万石,令各
> 军径赴水次领兑,名为改兑。其兑运中,又分支运米,与天
> 津、蓟州、密云、昌平。其正额外,又有预备米,贮于临、
> 德二仓。岁运米四百万石。北粮七十五万五千六百石,南粮
> 三百二十四万四千四百石。内兑运三百三十万石,改兑七十
> 万石。除例折外,每年实通运正、耗粮五百一十八万九千七
> 百石。
>
> ……
>
> 以上凡有灾伤府分停免,就于邻近府分照数辏补,候成
> 熟征还。如遇各府俱有灾伤,就将二仓贮备米内支运,务不
> 失四百万石额数。[1]

此时,漕运的模式由原先民运至淮安、徐州、临清、德州四
仓,再由军队接收,运往北京、通州二仓的"支运"模式,变为

---

① 申时行等:《大明会典》卷27《户部十四·漕运》,《续修四库全
书》版,第482至484页。

"兑运"(又含"支运米""预备米")、"改兑"两种模式。"支运"不难理解,就是军队只负责将百姓运到淮安等处粮仓的粮食运往北京。乍一看,这样的运输方式并无不妥,民运负责产地至仓库,军运负责仓库至京师,相互配合,分工明确。但其中却隐含了民运付出的巨大成本。支运的好处在于朝廷不用负担粮食产地到粮仓的运输费用,节约朝廷的开支。然而,朝廷的收入本身就是来自百姓耕种。而江南粮户为了运输粮食,要付出巨大的成本,不仅是途中的消耗,更重要的是时间。在明代的交通条件下,粮户往返一趟往往就要一年时间,耽误农时,对于经济的发展是弊大于利。因此宣德年间,负责漕运的陈瑄就奏请改变运输方式。根据《明史·食货志》记载:

> (宣德)六年,瑄言:"江南民运粮诸仓,往返几一年,误农业。令民运至淮安、瓜洲,兑与卫所。官军运载至北,给与路费耗米,则军民两便。"是为兑运。命群臣会议。吏部蹇义等上官军兑运民粮加耗则例,以地远近为差。每石,湖广八斗,江西、浙江七斗,南直隶六斗,北直隶五斗。民有运至淮安兑与军运者,止加四斗,如有兑运不尽,仍令民自运赴诸仓,不愿兑者,亦听其自运。军既加耗,又给轻赍银为洪闸盘拨之费,且得附载他物,皆乐从事,而民亦多以远运为艰。于是兑运者多,而支运者少矣。军与民兑米,往往恃强勒索。帝知其弊,敕户部委正官监临,不许私兑。已而颇减加耗米,远者不过六斗,近者至二斗五升。以三分为

率，二分与米，一分以他物准。正粮斛面锐，耗粮俱平概。运粮四百万石，京仓贮十四，通仓贮十六。临、徐、淮三仓各遣御史监收。[①]

简而言之，其做法就是改令粮户到较近的河港交付粮食，缩短民运的里程，而增加军运的里程。增加军运里程所的耗费，按路程远近，以不同比例由粮户付贴给官军，也就是所谓的民粮加耗。如南直隶每石加耗六斗，浙江、江西加耗七斗，湖广加耗八斗，由民支付与军，通称路费耗米。如有不愿兑交者，仍可自运。兑运法实行后，支运的比例大大减少。如正统初年所运四百五十石粮食中，兑运者二百八十万余石，已经成为当时漕运的主要方式。

但兑运法的弊端也很明显，那就是其作为一种折中的办法，并没有改变粮户需要自行运输粮食的局面，而且官军勒索粮户的现象比比皆是，因此，在成化七年（1471年），明政府又一次对漕运制度进行了改革。也就是后世所谓的长运法。

长运法，亦名改兑。相对十兑运法，其让官军直接前往江南各水次（即小港口）交兑粮食，粮户除了原本的加耗外，每石粮食再增缴渡江费一斗。这是当时应天巡抚滕昭所行之办法。此后，到了成化十年（1474年），朱见深让淮安、徐州、临清、德州四座仓库原本以支运运送的七十万石粮食，全部改为长运法。

---

① 张廷玉等：《明史》卷79《志第五十五·食货三》，中华书局1974年版，第1917页。

从此，漕运由官军长运遂为定制。

同样是在成化年间，漕粮的数额固定在每年四百万石。虽然各处数额有所调整，但是总数仍然维持在四百万[①]，如《大明会典》所载：

兑运米

地点	兑运数量
浙江	六十万石
江西	四十万石
湖广	二十五万石（内折色三万七千七百三十四石七斗）
应天府	十万石
苏州府	六十五万五千石
松江府	二十万三千石
常州府	一十七万五千石
镇江府	八万石
宁国府	三万石
池州府	二万五千石
庐州府	一万石
淮安府	二万五千石

---

① 值得注意的是，这四百万的运量都是进入仓库的数量，在沿途的损耗是不算在其中的。换言之，各地运输的粮食，无论在途中消耗多少，到达仓库的数量，必须满足四百万石。

续表

地点	兑运数量
太平府	一万七千石
安庆府	六万石
凤阳府	三万石
扬州府	六万石
徐州	三万石
山东	二十八万石（内折色七万石）
河南	二十七万石（内折色七万石）

改兑米

地点	兑运数量	所属粮仓
江西	十七万石	淮安府常盈仓
应天府	二万八千石	淮安府常盈仓
苏州府	四万二千石	淮安府常盈仓
松江府	二万九千九百五十石	淮安府常盈仓
广德州	八千石	淮安府常盈仓
镇江府	一万石	淮安府常盈仓
淮安府	一万一百五十石	淮安府常盈仓
浙江	三万石	徐州广运仓
扬州府	三万七千石	徐州广运仓
凤阳府	三万三百石	徐州广运仓

续表

地点	兑运数量	所属粮仓
徐州	一万八千石	徐州广运仓
镇江府	一万二千石	徐州广运仓
淮安府	六万九千石	徐州广运仓
山东	二万六百石	临清广积仓
河南	五万石	临清广积仓
山东	七万五千石	德州德州仓
河南	六万石	德州德州仓

支运米

天津仓	米六万石
蓟州仓	本色米十万石,折色米十四万石
密云镇	米十五万四千八百一十石八斗
昌平镇	米十八万九千二百七十二石五斗

预备米

地点	兑运数量	所属粮仓
山东	五万四百石	临清广积仓
河南	六万石	临清广积仓
山东	六万石	德州德州仓
河南	一万石	德州德州仓

大运河的疏浚和漕粮制度的确立，为明政府维持统治起到了极大的作用。

首先，大运河缓解了北方为京师供粮的经济压力。自五代以来，北京就为少数民族政权所占领。北宋因为一直未能夺回燕云十六州而在战争中处于被动局面。明军好不容易将元军赶回草原，把疆域拓展到辽东，又岂能轻言放弃？坐镇南京虽然靠近经济中心，但在国土防卫上则先天不足。毕竟当年南朝宋就是以南京为都城，纵使刘裕气吞万里如虎，攻下长安、洛阳，最终也是守不住北方。定都北京，虽是"天子守国门"，但对于大明王朝的稳定，有着重要作用。而明成祖既然决定迁都北京，那北京的补给问题是必须要解决的。为了解决这个问题，朱棣首先想到的是在北京周边屯田，保障京师的供给。朱棣为了推广屯田，制定了两个办法：一是令有罪之人在北京卫所屯田，二是从其他地方向北京移民。按照朱棣原本的设想，通过屯田，应该能够解决北京的粮食问题。在《明太宗实录》中记载了永乐元年（1403 年）朱棣对朱高炽谈论移民至北京屯田的目的："意数年之后可以助给边储，省馈运之劳。"朱棣甚至认为辽东的粮食也可以通过这种方式解决。但现实往往比理想骨感。为了兴建北京城，北京境内的人民承担着繁重的徭役，哪里有时间精力再去种地纳粮呢？因此，运河的贯通，使得粮食可以从江南富饶之地运来，北京以及华北、东北的农民暂时不必同时承担徭役与纳粮两个重担，对于恢复北方的农业经济起到了积极作用。而根据现代学者的考证，在疏浚会通河以及推动运河取代海路的过程中，山东等处的地方官员的态度非常积极，原因正是通过运河漕运可以大大缓解山东的民生压力。

其次，大运河给了北京城一条相对高效、安全的补给线，保证了北方边界的稳定，对恢复生产起到了重要作用。在明成祖全面疏浚大运河之前，为了营造北京城和供应北方地区的军粮，在屯田已经无法满足需求的情况下，明政府选择的是海陆联运的策略。明初海运因为其较高的经济性，在南北漕粮运输中有着重要地位。即使在洪武末年下诏取消海运后，在建文元年（1399年）至永乐十三年（1415年）的十七年间，海运仍然是维系江南与北方经济往来的重要方式。在靖难之役中，江阴侯吴高等人屯兵辽东，威胁朱棣后方，而此时陆运通道已被朱棣截断，辽东的补给就靠江南的海运补给。到了明成祖即位，也延续了这一做法，后来开凿清江浦的陈瑄，就是海运的主要负责人。与工部尚书宋礼不同，平江伯陈瑄是武将出身。陈瑄早年跟随蓝玉平定西南，在朱棣进攻应天时主动投降，被封为平江伯，深受朱棣信任。朱棣即位后，命其负责海上漕粮的运输。陈瑄在永乐元年（1403年）便从海上向北京、辽东输运粮食四十九万余石，以供应两地兵饷，后又在直沽建百万仓，修筑天津卫城。因此陈瑄对于海运的风险也十分了解，除了自然因素外，还会遭到海寇的袭扰。例如，在永乐七年（1409年），陈瑄就在青州海面遇到倭寇侵掠沙门岛。虽然陈瑄最终击败倭寇，并将倭寇船只全部焚毁，但也说明海路运输面临着巨大的风险，将国家命脉交在一条充满威胁的航路上，并非明智之举。

因此，有了大运河这样一条相对陆路高效、相对海路安全的运粮路线后，明廷在京师和部分边境的驻军有了粮草的保障，永乐年间朱棣能够率大军御驾亲征漠北，与运河漕粮的支持是分不开的，而永乐年间北方边境军事上的胜利为北方人民恢复生产提供了安定的环境，才能有后来的"仁宣之治"，这一点，大运河功不可没，对北方经济堪称再造之功。

漕军

明代漕运模式的变化，核心就在于减少民运的比例而增加军运的比例。这就催生了明代一支特殊的军队——漕军。历代漕运，多以民运为主，专设一军用于漕运实为明代首创。之所以明代专设漕军，也是不得已而为之。

朱元璋定都南京，除了南京是其大本营，经营多年外，还有一个重要原因就是可以将经济中心与政治中心结合起来。元代定都北京，江南每年要漕运粮食三百万石左右，朱元璋定都南京则无此烦恼。但首都定在江南，又减弱了对长江以北地区的控制。朱棣迁都北京后，一开始也并未着手疏浚运河，但北直隶地区的粮食供应并不能满足首都的庞大需求。同时随着营造皇城、皇宫而来的大批军民，本应该是从事农业生产的劳动力，这就意味着修建北京进一步削弱了北方的生产能力。这才使得朱棣下定决心疏浚运河。但是运河疏通以后，若按旧法，以粮长制仍旧需要百姓将粮食按时送到规定的地点，这就进一步耽误了农时。又要确保一支可靠的运粮队伍，又要尽可能地减少对农业生产的阻碍，从军队中抽调人员成立漕军是最为可行的方案。

漕军的成立也并非一蹴而就的。永乐初年，朱棣就设立了漕运总兵官，但此时的漕运，主要还是依托海运。首任总兵官平江伯陈瑄，其任务就是通过海运，将粮食运往辽东、天津，补给北方驻军。在永乐十二年（1414年），朱棣为了筹措北征军粮，调动军人，运输粮草。正月，"命北京、山东、山西、河南、中都、直隶、徐州等卫不分屯守，各选军士，以指挥、千百户率领，都指挥总卒，随军运粮"。但此时尚未形成专门的漕军，只是抽调军士参与运输军粮。此后，朱棣多次命平江伯陈瑄率领舟师运输粮储赴北京。但此时的这些参与运粮的军士，除了运粮，还要参与军事行动，因此任务繁重，也降低了运粮的效率。有鉴于此，宣德三年（1428年），朝廷下令"各都司卫所，选委指挥等官，专一运粮，不许别项差操"。宣德七年（1432年），"增拨南京豹韬左等卫及各都司、直隶卫所军余、并见运官军，共一十六万"。此时漕军的规模已经达到十六万人。此后漕军的编制屡有变动，到了景泰二年（1451年），明廷又设漕运总督兼提督军务巡抚凤阳等处兼管河道，下设十二把总，分辖十二万余漕军于淮安。这十二把总，分别是：

把总名	卫所数	领船数
北直隶总	九	一百七十七
南京锦衣总	十六	九百六十一

续表

把总名	卫所数	领船数
南京旗手总	十六	八百七十
江北直隶淮安总	八	一千八百三十
江北直隶扬州总	七	九百五十六
江南直隶总	十一	一千四百四十三
中都留守司	十二	八百八十八
浙江都司	十三	两千零四十六
山东都司	七	七百七十三
江西都司	十三	八百九十九
湖广都司	十三	七百五十九
遮洋总	十三	五百二十五

所谓把总,是明代军制下的武官之名,但职权各有不同。以明初三大营为例,五军营在大营坐营官之下设把总二人,为大营统兵官;三千营下属五司,共设教练把总三十四人,上直把总十六人,明甲把总四人,分掌教练和领兵;神机营则在各军下属的四司中每司置把总二人,地位较低。此后于谦置十二团营,在指挥以下有把总,则为统领千人之官。嘉靖以后添设千总,把总遂在千总之下,为营以下部队的指挥官或教练官。各地总兵之下亦分设把总领兵。但在漕军之中,把总可不是低阶武官或教练武官,而是职级颇高的高级武官。

在漕运总兵年代,漕军官职从大到小为总兵、把总、帮长、甲长，对应卫所之中的都指挥使、指挥使、指挥或千户、百户或总旗等官职。总兵官镇守淮安，总理漕运事宜，同时还要缉捕盗贼，这也是漕军常常被调至地方平乱的原因；把总则是负责监督数个卫所的运粮事务。总兵和把总都不直接负责运输之事，而是对其进行监督。直接负责漕粮运输的是帮长，多由卫指挥和千户负责，其下多者可以管船百余条，甲长则管运船五艘。甲长之下，就是旗甲，专管一船，每船军士十名。所以，经过成化定制，漕军已经形成了一套与卫所制有所区别的管理制度。

作为军队，最重要的是军纪，尤其是漕运这样事关国家命脉的大事，因此漕军之中，也称得上是军规森严。成化十年（1474年）定下长运法后，漕军也定下了诸多规章，其中除了交付的港口外，如样米的标准、运粮的期限、存储的制度、官军的优恤、违规的处罚等，都一一作了规定。其中，最重要的就是运粮期限，保证漕粮能够按时到达目的地，是漕运的重中之重。根据《大明会典》的记载，明代对运粮的路程时限都作了较为详细的规定，违反时限者重罚，提早送达则可获得擢升。

凡运粮程限。正德五年，令漕运衙门以漕运水程日数列为图格，给与各帮官员收掌。逐日将行止地方，填注一格，同原给帮票送部查考。事完，送漕运衙门查缴。无故违误、运官住俸问罪。

嘉靖八年议准，江北官军，兑本府州县粮者，限十二月里过淮。南京江南直隶官军，兑应天等府州县粮者，限正月以里过淮。湖广、浙江、江西三总官军,兑本省粮者,限三月以里过淮。山东、北直隶二总官军,兑本处粮者,限正月以里完报。遮洋官军,兑山东河南粮者,限三月以里。违者听偿运官参治。

……

凡完粮期限。成化八年,令运粮至京仓,北直隶并河南山东卫所,限五月初一日。南直隶并凤阳等卫所,限七月初一日。若过江支兑者,限八月初一日。浙江、江西、湖广都司卫所,限九月初一日。其把总都指挥及千百户等官违二十日以上,住俸待罪偿运。若连三年违限者,递降一级。二年不违限者,奖励。三年者,旌擢。俱奏请定夺。

正德十四年,令京通二仓坐粮员外,并蓟州管粮郎中,将各总卫所运官违限久近、查明送部。行各巡按,自把总以下,通提到官。查系限外三个月上完粮者,问罪,住俸半年。五个月上完粮者,问罪,住俸一年。各照旧领运,若至次年二月终不完,及一年以上不赴运者,俱问罪,降二级、回籍闲住。

嘉靖二年,令部仓查各官到部完纳月日。比先早一月者,指挥等官行原官司量加犒劳。以后三次俱早一月,准于实职上升一级。①

---

① 申时行等:《大明会典》卷27《户部十四·漕运》,《续修四库全书》版,第488至489页。

除了严格划定期限，制定各种文书外，漕军之中还有在各船实行军伍连坐，防止漕军违例。不过规章制度虽然制定得详细，但并不意味着漕粮就不会被拖欠，实际上，漕粮能够按时送到的是少数。《大明会典》中也记载了拖欠漕粮的处罚：

> 正德十四年题准，把总官挂欠粮一万石以上，或银二千两以上，于违限上，各递降一级。每粮一万石，或银二千两，各加一等。指挥以下，挂欠粮一千石以上，或银五百两以上，亦俱于违限上，各递降一级。每粮一千石，或银五百两，各加一等。把总指挥千户，降至总旗而止。百户，降至小旗而止。挂欠不及数者，照常论罪。候下次能补完，许复原职。以十分为率，完能五分以上者，准复原降一级。三年内全完者，亦准复原职。若延至三年外，全不完者，终身不准。后子孙亦止于降级上承袭。
>
> ……
>
> （万历）十二年议准，运粮官旗，挂欠数多，把总名下三千石，或银一千五百两以上。指挥名下及千户等官、全帮领运者，一千石，银五百两以上。千户五百石，银二百五十两以上。百户镇抚等官，二百五十石，银一百二十两以上。各递降一级。每一倍，加一等。有能当年补完者，通免降级。如下年补完，及三年内全完者，准奏复原职。其一应提问官旗，各省及直隶江南卫分，行各该巡按御史；南京并江

北卫分，行漕运衙门。各就近提问，以便完结。[1]

同时，因为漕运事关经济命脉，漕军的待遇要比一般卫所的军士好上不少。永乐十三年（1415年），运粮官军行粮月支三升，而洪武年间马军月支只有二升，步军总旗不过一升五斗，永乐年间数量还有减少，由此可见漕军待遇之高。尽管到了宣德元年（1426年），月支减少至二升，也远远高于普通军士了。到了景泰七年（1456年），又规定扬州以南卫所官军行粮数为三石，扬州以北行粮为二石。此后漕军的待遇虽然有所调整，但总体仍然强于一般卫所。而且，作为漕军，还有一项特别的福利，那就是可以携带土产，换易柴盐。所谓"置货满载而往，复满载而还，是以运粮兼贩也"。漕军的贩卖活动，客观上也促进了运河沿岸的经济交流。漕军的抚恤也较一般军士优厚。

但是漕军与屯田一样，是随着大明王朝的兴衰而兴衰的，随着明弘治以后政治黑暗，漕军的规章也日益破坏，漕军的福利往往也只是停留在纸面上。

然是时，司仓者多苛取，甚至有额外罚，运军展转称贷不支。弘治元年，都御史马文升疏论运军之苦，言："各直省运船，皆工部给价，令有司监造。近者，漕运总兵以价不时给，请领价自造。而部臣虑军士不加爱护，议令本部出料

---

① 申时行等：《大明会典》卷27《户部十四·漕运》，《续修四库全书》版，第494页。

四分，军卫任三分，旧船抵三分。军卫无从措办，皆军士卖资产、鬻男女以供之，以造船之苦也。正军逃亡数多，而额数不减，俱以余丁充之，一户有三、四人应役者。春兑秋归，艰辛万状。船至张家湾，又雇车盘拨，多称贷以济用，此往来之苦也。其所称贷，运官因以侵渔，责偿倍息。而军士或自载土产以易薪米，又格于禁例，多被掠夺。今宜加造船费每艘银二十两，而禁约运官及有司科害搜检之弊，庶军困少苏。"诏从其议。五年，户部尚书叶淇言："苏、松诸府，连岁荒歉，民买漕米，每石银二两。而北直隶、山东、河南岁供宣、大二边粮料，每石亦银一两。去岁，苏州兑运已折五十万石，每石银一两。今请推行于诸府，而稍差其直。灾重者，石七钱，稍轻者，石仍一两。俱解部转发各边，抵北直隶三处岁供之数，而收三处本色以输京仓，则费省而事易集。"从之。自后岁灾，辄权宜折银，以水次仓支运之粮充其数，而折价以六七钱为率，无复至一两者。[1]

究其原因，主要是漕军任务繁重而官府盘剥严重，因此到了明晚期，漕军也与卫所一样，发生了军士大量逃亡的现象，其效果也可想而知。

值得注意的是，一般而言，漕运的终点是京师，所有的粮食应该放入相应仓库，但是部分漕粮也直接交予官军，用作军粮。

---

[1] 张廷玉等：《明史》卷79《志第五十五·食货三》，中华书局1974年版，第1918至1919页。

如下表所示：

年代	数量	目的地
成化二十年	十四万石	蓟州仓
成化二十年	十万石	丰润仓,用于山海远卫官军
弘治九年	本色十万石	蓟州仓
弘治九年	折色十四万石	永平库,官军月粮
嘉靖二十九年	二十万六千余石	接济密云、昌平兵马
嘉靖三十年	十三万四千石	蓟州班军六万七千员名之行粮
嘉靖三十九年	七万	密云镇
嘉靖三十九年	一十七万四千三石三斗	昌平镇,行粮
嘉靖四十四年	本色十万石、折色八万四千石	蓟镇
嘉靖四十四年	折色五万六千石	永平镇
万历九年	二万石	居庸仓
万历十一年	二千五百石	顺义县小东庄

　　漕军的存在，在明中期之前，都发挥了较大的作用，有力保障了京师的粮食供给。尽管对于北方边境来说，很难得到漕粮的直接补给，但漕粮减少了北方各省对于北京的粮食供应，促进了经济的恢复与发展，对维系大明王朝的统治功不可没。但到了明中后期，漕军的腐败问题也极为严重，效能大大降低。

车轮下的大明

大运河的作用是将南方的粮食运到北方，但其水运的终点，是京师顺天府，而不是边镇。边镇所处的北方内陆地区，仍然需要通过陆运来维持补给，尤其是宣府、大同、蓟州等事关京师安全的重镇，在屯田难以支撑的情况下，都需要运输粮食、银钱进行补给，明代将差派平民为官府运输粮饷称作岕运。由前文可知，九边各镇，其补给的主要来源是其所在的布政使司，运输自然也是以陆运为主。

运送粮食，是最为基本的补给方式。例如土木之变后，宣府、大同以及北京顺天府都遭到了瓦剌军的严重打击，边境粮食或被掠夺，或被焚烧，损失惨重。因此景泰帝朱祁钰即位的第一年，就调动各处粮食，充实边境粮储。景泰元年（1450年）正月，派官军三百人运粮至昌平白羊口，又运通州粮三万石、京师草料八万束至居庸关。除了边境守军的粮食，练兵用粮也是一项消耗。景泰初年，因为原本的京师三大营主力在土木堡损失殆尽，明军急需一支新的精锐，在此背景下，于谦以原三大营军士为基础，挑选精锐分为十团营操练。景泰元年（1450年）五月甲辰，在结束北京保卫战不久，五军营二万军士在真定、保定、易州、涿州、通州五地操练，其中保定、易州、涿州的粮草难以支撑，因此户部请求从山东、凤阳等处运粮十五万石，由水路运送至丁字沽（今属天津），再运送至雄县，分发三处，保定、易州、涿州每处得粮五万石。次月，户部再次奏请将河南、直隶民运京粮三十万石运往保定、易州；将原本要运往京仓的河南小麦四万石运往真定，山东粮五万石运往定州。景泰时期，明政府出于京师安全的考虑，对边境粮食问题较为重视，多次向边境重地运送粮食。如景泰三年十二月①，以京师五军等营军士七万人运粮七万石至怀来城仓库，每人给银三钱作为报酬；又让保定、河间二府知府以及顺天府尹组织有车大户，往独石、马营运粮，每人每石粮食给六钱银子作为报酬。

陆运之中，又以车运最为重要。车运的效率不如水运，但高于人力和畜力运输。根据《武备志》卷141《军乘资·饷七》的记载：车运之中，两人牵推之车，一车可运四石；二牛之车，可运十二石；十骡之车，可运三十石。若是单纯使用畜力，则骡马可运一石五斗，驴可运一石，西北亦使用骆驼进行运输。人力则更为有限，一人运四斗米，一日可行二十八里，三千六百人可一日运粮二百石。

早在洪武时期，明政府就开始建设陆路运输体系，其中运输车辆，就由递运所负责保存。递运所内运输车，有大车与小车之分。大车一辆可载米十石，配有民夫三人，牛三头，布袋十条；小车一辆可载米三石，只需民夫一名，牛一头。定都南京后，朱元璋在京师应天府设龙江递运所，有大使一员，副使一员以及司吏、典吏。各府、州、县递运所的成员，亦由大使、司吏、典吏组成，只不过属于未入流的小官。朱棣迁都北京后，进一步完善

①景泰三年十二月处于公元1453年。

了递运所网络。根据《大明会典》卷一百四十七的相关内容，可知截至万历时期递运所的分布。其中北直隶递运所分布如下表所示：

万历年间北直隶递运所分布表

府	州县	名称
顺天府	大兴	大兴递运所
	良乡县	良乡递运所
	通州	通州递运所
	三河县	东关递运所
	涿州	涿州递运所
	蓟州	南关递运所
	玉田县	蓝田递运所
	丰润县	东关递运所
保定府	清苑县	清苑递运所
	安肃县	安肃递运所
	定兴县	定兴递运所
	庆都县	庆都递运所
真定府	真定县	真定递运所
	井陉县	井陉递运所
	获鹿县	鹿泉递运所
	乐城县	乐城递运所

续表

府	州县	名称
真定府	定州	定州递运所
	新乐县	新乐递运所
	赵州	赵州递运所
	柏乡县	柏乡递运所
顺德府	邢台县	邢台递运所
	内丘县	内丘递运所
广平府	永年县	临洺递运所
	邯郸县	邯郸递运所

在山西，包括山西都司和山西行都司在内，则有太原府阳曲县临汾递运所、祁县盘陀递运所，平阳府曲沃县侯马递运所，解州安邑县运司递运所，潞安府襄垣县襕亭递运所，沁州武乡县权店递运所和泽州星轺递运所。在陕西，包括陕西都司与陕西行都司在内，则有西安府西安递运所、灞桥递运所、咸阳县咸阳递运所、兴平县底张村递运所、临潼县新丰递运所、渭南县渭南递运所，华州罗汶桥递运所，华阴县华阴递运所、潼关递运所，乾州乾州递运所，永寿县蒿店递运所、底窖铺递运所，邠州邠州递运所、停口递运所、宜禄递运所，平凉府平凉县安国镇递运所、平凉递运所、花家庄递运所、上郿现递运所，华亭县瓦亭递运所，泾州泾州递运所、高家凹递运所，静宁州静宁递运所、高家堡递运所，隆德县神林堡递运所、隆德递运所，巩昌府陇西县甸子川

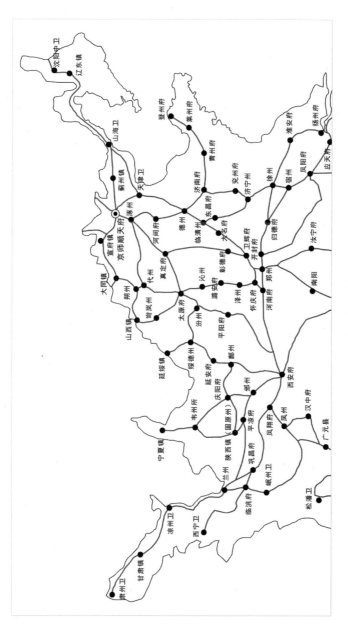

明中期北方驿路图

递运所、北关递运所、锦布峪递运所，安定县好地掌递运所，会宁县翟家觜递运所，渭源县柳林递运所、石井递运所，兰州兰州递运所、梅川递运所。

正是这些递运所，维系着运输网络，连接着边地与腹地的联络。但递运所的情况也并非一成不变，从《大明会典》的记载看，嘉靖、万历时期已经裁撤了不少递运所，尤其是张居正改革时期。其中原因，除了明代疆域的内缩外，一个重要的原因就是明政府难以维持递运所的费用，尤其是维持运输车以及用于驮运的牲畜的费用。

在永乐北征一节中，朱棣已经向明军众将说明了车运可以节约人力的优点。正因为此，朱棣在北征过程中使用了大量的运输车。在永乐十九年（1421 年）至永乐二十年（1422 年）的第四次北征中，为了保障运输，再次制造了大量运输车。

> 上将亲征阿鲁台。于是命侍郎张本、都御史王彰等，分往山西、山东、河南三布政司，直隶、应天、镇江、卢州、淮安、顺天、保定、顺德、广平、直（真）定、大名、永平、河间十三府，滁、和、徐三州，督有司造车，发丁壮挽送。期明年二月至宣府馈运。[1]

此次共造车十一万七千五百七十三辆，并派遣泰宁侯陈愉，

---

[1] 《明太宗实录》卷243，永乐十九年十一月甲申条，台湾"中央研究院"历史语言研究所1962年校印本，第2297页。

都督张远、吴颙，都御史王彰，侍郎张本等二十六人负责车运事宜，可见明军对辎重车的重视。不过，车运也只适用于道路通畅之地，而非山区。如永乐年间，陕西就上报"税粮岁用输宁夏、甘肃等卫，山冈险阻，车辆不通，致累年亏欠"。大同亦是如此，"山西布政司左布政使周璟言：大同地临边塞，民居鲜少，都司岁用马草，皆令太原、平阳、泽、潞运给，往复二三千里，地多险峻，车牛运载艰难"。永乐时期大规模的制造运输车，是因为战争的需要。仁宣时期，明军转攻为守，但车运并未废弃。例如宣府所在的万全都司，宣德年间每年要消耗粮食七十万石。宣德十年（1435年）时，独石、赤城、云州等五座城池就已经粮草不足，因此宣德帝调拨京仓米、豆三万石，由官军运送至万全都司。

但是，当仁宗、宣宗二帝，尤其是宣宗朱瞻基选择承平之策，放松了北部防线的建设后，递运所的命运也发生了改变。由于陆运的高昂成本，宣宗君臣出于节约开支的考虑，削减了陆运的规模，而开平，便是因为粮草补给难以维持，才被裁撤内迁。

的确，向宣府、大同一线运粮，甚至可以说整个大明北境的粮草补给，一直是较为困难的。能否维持住，取决于皇帝的决心与合适的措施。当大明君臣倾向于削减开支、休养生息后，持续的陆运确实是不合时宜的。

如宣德年间，西北的递运所已经出现了人逃亡、车辆废弛的情况：

巡按监察御史熊翼奏：陕西庄浪卫递运所至甘州甘泉递运所一十八处，每所旧设甲军一百一十名，车一百一十辆，迩来军士逃亡太半，车亦不备，多误递送。有将他处递运车，越过七八程者，中途牛死车坏，人苦不胜。乞自今凡逃亡死绝果无勾者，与之豁除，而以法司问完杂犯死罪囚人，补役递送。①

西北递运所的日子不好过，东北递运所也没好到哪里去：

辽东自洪武中设立马驿及递运所，各置旗军一百人，百户一员，领之屯田自给。备马驴车辆供具以待使臣往来，视地险易闲剧，制其多寡之数。今历年久，旗军逃亡者十率八九，供具之物，日渐减损，以至于无。边境有报，岂不误事？请令兵部取勘各处旗军，有不及八十人者，就令都司于附近卫所以多余军补之如旧，供办递送，则道路往来，无有稽滞……上命行在礼部集议，至是尚书胡濙等议开武科非旧制，增置卫所，难于遥度，当令都督巫凯等计议可否。驿夫有缺，请以为事发辽东充军者补役。从之。②

---

① 《明宣宗实录》卷72，宣德五年十一月庚申条，台湾"中央研究院"历史语言研究所1962年校印本，第1692至1693页。

② 《明宣宗实录》卷58，宣德四年九月壬戌条，台湾"中央研究院"历史语言研究所1962年校印本，第1387至1388页。

陆运粮食的艰难，除了递运所体系的崩坏外，还有就是民运体系的弊病。明代的民运，南方依靠粮长制，北方则依靠所谓的老人（乡官）、大户组织。民运粮，首先要组织人员将粮食运到指定的官仓，再由大户起解到边境卫所。但民运路途遥远，像西北延绥等地，路途艰难，车运难以进行，还要依靠骡、马、驴等畜力乃至人力运输。因此民运粮食有两大弊病，一是组织上的困难，大户组织，效率不高且大户有贪腐之弊；二是路途艰难，民运之人没有军队护卫，路上往往遇到强盗劫掠，人口牲畜都会遭受损失。因此到了明晚期，民运粮也难以为继。

而除了运粮，明政府还向边境运送银钱，在当地购买粮食。以正统年间为例。

正统年间边境输银籴粮数据表[①]

时间	目的地	数量	备注
正统七年正月	宁夏、甘肃	一万七千四百三十两	官银
正统八年六月	辽东	一万余两	内帑银
正统八年十月	万全都司	三万六千四百余两	折粮银
正统九年三月	万全都司	一万四百余两	折粮银
正统十二年四月	密云、遵化	一万余两	户部银
正统十四年四月	宣府	五万两	户部银

---

① 数据来源：《明英宗实录》。

　　到了明中晚期，运输车还以另一种方式开始在史籍中出现，那就是辎重营。在《武备志》以及《纪效新书》中，记载了戚继光的辎重营法，车辆再次起到了举足轻重的作用。永乐时期，明军作战的主力仍是骑兵，车辆只是起到后勤运输等辅助作用。但是随着西方火炮的传入，大大改善了明军炮兵的作战效率，使得车兵再次成为战场的主角。不少名将都编制了战车部队，其中最著名的就是戚继光的车营。车营，针对的是游牧民族的骑兵。当时蒙古骑兵常常万骑而来，趁明军阵形未定而发起冲击，骑兵来去如风，其来时明军不得不应战，去时明军则"惟目视而已"。戚继光面临的就是蒙古骑兵"势每在彼，故常变客为主"，而明军"心夺气靡，势不能御"的情况，为了扭转劣势，戚继光创立了车营。同时，也将战车用到了后勤之中，也就是辎重营。粮草辎重是军队的生命，尤其是在远征之时，没有办法就地补给，携带的粮草就尤为珍贵。戚继光创立的辎重营，正是借助火器的威力，来保证粮草辎重的安全，同时也增加了明军的行军距离，能够远程追击蒙古军队。其辎重营虽然火力不比车营，但也足以应对蒙古军队的袭扰。有效保障了明军的运输安全。从洪武到崇祯，边境明军无一不企盼着跟随滚滚车轮而来的后勤物资。

第八章　长城之外

明代北部边疆巨大的后勤压力，其直接来源就是蒙古诸部以及后起的女真政权的军事袭击，尤其是蒙古诸部变幻莫测的政治局势，使得明政府难以通过外交途径解决边境问题，更使得蒙古诸部在九边大肆劫掠，对边境之上军民的生命和财产都造成了极大的损失，进一步破坏了边境的生产力，使得大明北境从洪武年间具备"造血能力"的卫所，逐渐成为大明无法愈合的伤口。直到隆庆年间，双方均已筋疲力尽，才得以签订和约。

塞外风云

自从捕鱼儿海之战后，元顺帝的直系子孙势力衰微，最终湮灭，蒙古部落失去了一个具有权威性的政权，代之而起的蒙古诸汗，虽然除了也先外均为孛儿只斤氏，但大多只是权臣的傀儡，对蒙古诸部的统治能力有限。这自然也是一把双刃剑，当明军处于强势时，未统一的蒙古部落易于各个击破，朱棣的五次亲征漠北，都充分利用了这一优势，攻鞑靼，则与瓦剌交好；攻瓦剌，则封赏鞑靼。但当明军处于守势以后，缺少统一号令的蒙古诸部，就让明政府有一种"按下葫芦浮起瓢"的无奈。

尽管宣德之后，明军在边境上就饱受蒙古军队的袭击，但明政府与蒙古之间的朝贡体系自永乐年间以来，并未中断过。永乐六年（1408年），朱棣封瓦剌马哈木为特进金紫光禄大夫顺宁王，太平为特进金紫光禄大夫贤义王，把秃罗为特进金紫光禄大夫安乐王。永乐十一年（1413年）七月，朱棣封鞑靼太师阿鲁台为和宁王，赐金印、金盔、鞍马、织金文绮、绒锦，连阿鲁台的母亲和妻子，也赐予诰命和官服。仁宣年间，鞑靼和宁王，瓦剌顺宁王、贤义王、安乐王均朝贡表示臣服。正统年间，尽管有土木之战以及北京保卫战两场事关生死存亡的大战，但战后瓦剌依旧派遣使臣前往北京朝贡。

但自从景泰五年（1454年）也先被攻杀后，蒙古诸部进入了一个更加混乱的年代，瓦剌自此衰败，鞑靼则陷入了激烈的内斗，使得明政府与蒙古之间战和不定。自天顺以后，袭扰大明边境的，主要为朵颜三卫以及鞑靼部，其中又分为诸多小部落，影响较大的，自东向西，有面对辽东的哈剌嗔(喀喇沁)部、面对大同的东土默特部（满官嗔）、占据河套的翁牛特部和鄂尔多斯部。

也先死后，经过数年的攻杀，来自哈剌嗔部的孛来，掌握了鞑靼的实权。哈剌嗔部，其地在明初朵颜卫，又名喀喇沁，其祖先善于制作"黑马湩"，即黑马奶制品，哈剌嗔即黑马湩的音译。在也先称霸草原之时，哈剌嗔部也臣服于瓦剌部。此时其首领名为孛来。孛来的上位也是颇有一番曲折，在也先与蒙古名义上的大汗脱脱不花内斗时，孛来受萨穆尔公主派遣，救出了元室后裔孛儿只斤·伯颜猛可，在此事中孛来也积累了一定的声望。到了景泰五年（1454年），也先被攻杀后，孛来带兵攻杀瓦剌领主阿剌知院，立脱脱不花幼子马可古儿吉思为可汗，自为太师专权，时称"鞑靼部落，孛来最强"。孛来专权后，其部也移动到河套附近驻扎，西攻瓦剌，东挟兀良哈三卫，草原上一时无人可敌。而其在朝贡的同时，屡屡发动对明边境的袭击，甚至其来朝贡的使臣，都要在回去的路上劫掠一番。天顺元年（1457年）四月，孛来使臣五百余人，在大同地界，袭击护送他们的明军百余人，将明军的马匹、战甲尽数掠夺。天顺二年（1458年）八月戊辰，孛来率两万军袭击镇番卫，与明军交战；八月丁丑，甘肃总兵官上奏："孛来自今岁五月以来，从镇番抹山儿入境，至凉州、永昌，延及山丹、黑城子等处，往来摽略，官私畜产，俱已馨尽。自兰县抵于甘州，道路梗塞，转输不继。"至天顺六年（1462年），孛来部持续对甘肃、宁夏、延绥等地进行袭击，造成了巨大损失。在天顺六年（1462年），孛来继续向东扩展，收服了福余、泰宁诸部。直到成化元年（1465年），蒙古内部再次发生争斗，三月，孛来率九万骑兵入辽。自孛来率部进入辽东后，辽东边警亦是不断。虽然成化二年（1466年），孛来被翁牛特部的毛里孩杀死。但辽东边患并未消除，蒙古骑兵时常以千余人的规模侵犯辽东，同样造成了重大损失。如成化三年（1467年）四月，辽东镇守太监就上奏蒙古骑兵两千余人，入寇开原、锦州等处。此时，掌握蒙古实权的毛里孩已经于成化三年（1467年）二月请求通贡，并得到了明宪宗的准许，并在四月正式派遣使臣贡马，使臣也得到了明廷设宴款待。可是蒙古骑兵对于辽东等地的侵袭并未减少。这充分说明,当时所谓的蒙古统治集团的中心,对各部的约束力十分有限。这就意味着九边各镇,时时刻刻都面临着蒙古各部的侵扰。

在哈剌嗔部之西,直面大同之地,还有满官嗔部,即东土默特部,亦时时侵扰边境,不过,自孛来之后,蒙古袭击明廷的策源地已经不是宣府、大同以北,而是河套。而随着蒙古的政治中心逐步移动到河套地区,河套地区的蒙古部落也开始陷入动荡之中。

继孛来而起的毛里孩,为蒙古翁牛特部。翁牛特部是成吉思汗弟斡赤斤后裔所建,与哈剌嗔部一样,原本也居住在朵颜三卫之地。元末辽王阿札失里归顺明朝后被封为泰宁卫指挥使。此时翁牛特部的首领毛里孩攻杀了孛来,立乌珂克图汗(被孛来所杀)的兄长、脱脱不花汗的另一个儿子脱思即汗位,即为摩伦汗,毛里孩自称太师,掌控大权。毛里孩在成化二年(1466年)对明边境进行了持续的攻击,甚至让宪宗认真备战,准备将其扫除。但明军尚未成行,又被满俊之乱牵制,使得宪宗最终还是在成化三年(1467年)同意了毛里孩的通贡请求,河套地区暂时归于宁静。可惜好景不长,毛里孩也犯了也先、孛来这些"太师"前辈的毛病——弑君。摩伦汗在位一年,即为毛里孩杀死,而毛里孩又被报仇的科尔沁部首领诺延博罗特攻杀。此后,阿罗出、加思兰、孛罗忽等部又相继进入河套,这次杨信、王越等人率明军坚决对抗,取得了一定的战果。杨信、王越在成化六年(1470

年）相继击败阿罗出，尤其是王越在开荒川一战中，重创阿罗出部。阿罗出部遭受重大打击后，加思兰、孛罗忽等部继续占据河套。成化九年（1473年），王越率领明军主力，昼夜兼行一百八十余里，偷袭位于红盐池的蒙古军大营，取得大胜，并一路追击，将加思兰、孛罗忽部逐出河套。但不久之后，达延汗在弘治年间卷土重来，河套最终为鄂尔多斯部占据。

鄂尔多斯，即斡尔朵，在蒙古语中是众多宫帐之意，此处指代的是成吉思汗的灵帐。鄂尔多斯原本在漠北之地，其名得以落在今天的鄂尔多斯高原，是因为明中期统一蒙古部落的达延汗，将成吉思汗的灵帐迁了过来。从正统到成化，蒙古部落最高掌权者皆为"太师"，也先、孛来、毛里孩，全部都是以太师执掌朝政，而孛儿只斤的子孙，则如同傀儡一般，任人宰割。名义上的可汗，往往在位不超过五年，从脱古思帖木儿去世，到达延汗即位，只有阿岱和脱脱不花汗在位超过十五年。而达延汗即位时，也仅仅七岁。成化十六年（1480年），因满都鲁可汗去世且无子孙，作为蒙古亲王巴彦蒙克的儿子，孛儿只斤·巴图蒙克继承汗位，达延汗即大元汗的音译，而因其年幼，明人也称之为小王子。达延汗是蒙古历史上极有作为的统治者，其在成年后，于正德年间先后消灭以亦不剌因、亦思马因等为首的割据势力，统一东蒙古各部，结束百年来异姓专权、内讧和封建割据的局面。继之，将东蒙古划分为左、右两翼，左翼有察哈尔、喀尔喀和兀良哈三个万户，右翼则有鄂尔多斯、土默特和永谢布（一作永绍不）三个万户，达延汗分封诸子为领主，保证了政权的稳定。达

万历十年蒙古部落分布图

延汗的在位时间很长,虽然文献之中记载不一,但其横跨成化、弘治、正德、嘉靖四朝应无疑问。在其统一蒙古诸部期间,也并未放松对明境的骚扰,尤其是对宣府、大同以及河套以南延绥、宁夏、固原、甘肃四镇发起了持续的攻击。弘治十年(1497年)五月,蒙古军兵犯大同,连营三十里。弘治十四年(1501年)闰七月,兵部言自当年三月以来,河套的蒙古军队对韦州等地进行了数十次的杀烧抢掠。而弘治十九年(1506年)后,明蒙双方就断绝了通贡。在正德年间,达延汗以河套为基地,继续不断侵扰边境。那么,从也先到达延汗,蒙古军队对明廷的持续侵扰,对于明军的后勤补给又造成了怎么样的影响呢?

尽管在北京保卫战后,蒙古军队并未对明廷造成事关存亡的威胁，双方也没有爆发战略决战，但是蒙古军队持续数十年的侵扰，几乎从外部摧毁了边境明军的补给系统。

我们从蒙古军队历次的袭扰就能看出其目的，就是抢夺物资。我们可以成化年间的延绥镇为例，来看一看蒙古军对明边境军民的掠夺。

成化年间蒙古军队对延绥镇劫掠情况表[①]

时间	详情
成化元年二月	蒙古军队从府谷县入寇，掠夺百姓
成化二年九月	蒙古军队入境劫掠，在小龙州涧等处被明军击败。明军救回被掠夺人口三十四人，马骡牛羊五千三百余
成化二年十月	蒙古军队设伏击败明军，驱赶牛羊人口而走
成化二年十一月	蒙古军队进入安定县，杀二十七人，掠夺二百四十七人，马骡牛羊二万余
成化六年正月	蒙古军队劫掠保安、安塞二县，焚烧营堡，杀死居民，将牛羊钱谷劫掠一空，仅牛羊即被掠夺四万余
成化六年二月	明军击败入境蒙军，夺回牛羊八百余
成化六年三月	明军击败入境蒙军，夺回马骡牛羊一千六十余
成化七年十一月	蒙军百余人入境，被击败，夺回牛羊十六只

从表中可知，蒙军的侵扰，其目的往往不在占领城池，而是掠夺人口和物资。而成化九年（1473年）的红盐池之战与韦州之

---

① 资料来源：《明宪宗实录》。

战后，对于延绥镇的劫掠已经少了很多，但对于宁夏、陕西、甘肃的劫掠并没有停止。其伤害同样是巨大的，如成化十年（1474年）六月，蒙古军队入寇秦州、安定、会宁、通渭、秦安、陇西、宁远、伏羌、清水九州县，杀掠人口三千三百六十四人，掠夺牲畜十六万五千三百余，焚烧房屋四千六百二十余间，夺走、毁坏谷麦三十六万七千六百余束。而与延绥临近的宁夏，还有明军的马苑，也常常被蒙古军队"光顾"。但对于边境上的军民而言，被掠夺的绝不仅仅是生命和辛苦耕作、饲养得来的粮食与牲畜，更是和平生活的远景。

早在正统十四年（1449年），于谦就已经指明了蒙古劫掠对于边境军民的伤害。北京保卫战之后，于谦整顿边务，就发现了蒙古骑兵骚扰边境的严重后果：

> 臣照得大同三路自旧岁七月以来至今，达人不时攻围，四散抢掠，臣守西路地方，又系紧关冲要。敌行四通道路，节次侵犯、攻围。臣领所部官军，相机截杀、追赶，累次奏报外，切见边城军民趁空樵采柴草，抢割田禾，度日不为经常之道。即目正当农种之时，虽令各人照旧耕种，但闻边墩不时举放炮火，人心惊恐，自不安生。况今达人聚集人马众大，少者五七千，多者一二万，整阵入境，攻围各城。在边军民人等不敢出城樵采、收割，又无经营。各卫仓廒，旧岁民间该纳秋夏粮料草束，为因路阻，运送不前。见在边储官军马匹按月支给，有减无增。再照西路五卫马队，原有官军

四千九百二十员名，先于乾河等处与贼对敌，阵亡中半，回卫见在者，又有被伤。旗军告令弟男替代，俱系未经操习战阵之人，旧役惯战马军十无三四。又况见在马匹止有二千一百余匹，中间多有新例借劝收买儿骡小马，不堪骑战十有二三，比与原旧马数缺少二千八百余匹。及照本年二月内臣差千户张鉴管领无马官军一百八十一员名前去坟岭墩设伏，有贼到墩，攻围未战之时，内有达子三人，通晓汉话，叫称我一哥是女直同知，一哥是浮石参谋，一哥是哈密指挥。我来近墩打话，你每听者，要讲和着，管你每的大头目奏将去连夜差使臣来。我每便回去。你若不来讲和，我每三班人马，轮流打搅，你不得种田等。因已行具本奏报外今敌聚众复入境内，扰攘军民，不得耕种，切虑四月以后青草茂盛，觑若敌势众大，就于腹里驻扎，趁草牧马。城门关闭，人不得樵采，马不得牧放，欲便兴师战斗，尤须量己料敌。设若寡不敌众，如之奈何？①

可见蒙古骑兵对侵扰明军边境所取得的效果非常熟悉，就是要使得明军无法在边境上安心生产，以此消耗物资，再趁其疲弱时，进攻掠夺。

蒙古骑兵的侵扰，使得边境军民难以安心从事生产。假设你是一名驻守在边境上的军士，你好不容易通过屯田收获了粮食，

---

① 于谦：《于少保奏议》卷 1《北伐类》，明刻本。

你与你的同袍将粮食存储在仓库中，这个时候蒙古骑兵挥舞着马刀就来到了你所在的军营，袭击了你们，你侥幸未死，但是粮食都被夺走了。而因为蒙古骑兵四处游走，补给的路线也被掐断了，你受着伤，挨着饿，还看着同袍的尸体，内心是多么的绝望。而在你附近的居民，见你们自身难保，更是远远迁徙到别处耕种，你的粮食越来越少，逃亡的军士越来越多，你的内心是什么感想？长此以往，边境之上，别说后勤物资，连足够的士兵都没有。正是在蒙古骑兵的不断侵扰之下，边境明军的后勤补给愈发不堪。

以和为贵

蒙古骑兵不断袭扰明边境军民，但是其自身并没有获得太大的好处。明蒙在通贡状态下对于双方都有好处。明军要吃饭，蒙古军也不能饿肚子。尽管蒙古相比于明初，已经多占了河套、大宁等地，但是粮食产量依旧不高，因此才不断南下劫掠。嘉靖二十年（1541年），蒙古向明廷请求通贡时，就承认了这一情况："近以贡道不通，每岁入掠。因人畜多灾疾，卜之神官，谓入贡吉。"尽管蒙古碍于面子，将入贡说成是天意，但客观上依旧表明通贡是对明蒙双方都有利的政策。尽管洪武年间明军的骑兵战力极强，但是其马匹来源并不稳定。洪武年间骑兵的马匹，很大程度上是依靠夺取原本元军留在各处的骑兵部队。因此到了永乐年间，在缺乏生产能力的情况下，各地的战马存有量就已经下降。因此明政府一方面在西部重开茶马贸易，另一方面也自永乐之后，允许蒙古向明廷进贡马匹，作为补充战马的手段。蒙古向明廷进贡马匹，明廷则赏赐大量的钞币、纺织品给蒙古贵族。鞑靼阿鲁台、瓦剌太平等蒙古贵族均在此列，而朵颜三卫的蒙古贵族也不时上贡马匹，并以此作为赎罪的手段。马匹，始终是明蒙通贡的主角。即使在正统十四年（1449年）土木之变前后，明蒙之间的通贡贸易依旧繁盛，如正统十年十二月[①]，瓦剌贡马八百匹；正统十二年（1447年）十一月，瓦剌又贡马四千一百七十二匹，次月又贡马二百匹；景泰元年（1450年）十月（此时英宗已经回朝），也先又派遣使臣贡驼马四千四百匹；到了景泰三年（1452年），更是一次进贡驼马四万余匹。那么，蒙古这边，又获得了什么好处呢？除了自永乐以来的官服、钞币、织物外，使团还有一个巨大的便利：贸易。由于明廷给蒙古使臣的赏赐是按人数发放的，因此宣德以后，蒙古使团的人数是越来越多。宣德元年（1426年），前往北京朝贡的蒙古使团人数一般在三百人以下，正统二年（1437年）八月，脱欢的使团也是二百六十七人，但此后使团的人数就突破了千人。正统四年（1439年）十月，瓦剌脱脱不花汗派都督阿都赤率使团千余人来朝；正统七年（1442年）十一月，瓦剌使臣卯失剌又率使团两千三百零二人来朝，此后瓦剌使臣也往往在两千人之上。这几千人来往明蒙之间，并非简单接受赏赐，更是借机贸易。如正统十年十二月的这次进贡，除了八百匹马外，还有青鼠皮十三万张、银鼠皮一万六千张和貂皮二

[①] 正统十年十二月为公元1445年12月29日至1446年1月26日。

百张。这其中，除了貂皮照单全收外，青鼠皮和银鼠皮明廷只各收一万张，剩余的十几万张皮货，以及明廷挑剩下的马匹，均由使团自行售卖。除了皮草，历次使团用于贸易的物品还有玉石等物。总之，明蒙通贡对于双方都是有利可图的，尤其是蒙古从明廷得到的各色纺织物，正是其所亟需的。

然而，由于蒙古政局的动荡，在脱脱不花汗和也先去世后，明蒙通贡的局面也不如先前。天顺年间，明廷就已经因为蒙古军队屡屡劫掠边境，试图拒绝其通贡请求。到了成化年间，瓦剌衰落，鞑靼再次掌握蒙古的大权，政局变幻，双方通贡大大减少，但尚未断绝。弘治年间达延汗崛起后，从弘治十一年（1498年）到弘治十七年（1504年），双方也有短暂的通贡"蜜月期"，使团人数被限定在两千人，其中只有五百人得以入京。但自弘治十八年（1505年）开始，到嘉靖十一年（1532年），双方绝贡长达二十八年，使得明蒙之间进入了一个"两败俱伤"的时期。

在通贡的情况下，蒙古人可以合法进入边关贸易，用马匹、皮货换取必要的生活用品，即所谓互市。而绝贡之后，这一路径就被掐断了。尽管明蒙双方都存在不少走私商人，但也只是杯水车薪。而对于蒙古人来说，随着明边墙的逐步修筑，跨界掠夺的难度也更大了。但是恶劣的经济形势，使得蒙古部落不得不努力恢复通贡。而最终隆庆和议的达成，才算真正让明蒙双方松了一口气，让边境军民得以休养生息。

蒙古诸部中，最先试图恢复通贡的是土默特部的吉囊（一说为小王子博迪阿拉克汗）。其在嘉靖十一年（1532年）提出恢复通贡，但明廷并未准许。到了嘉靖二十年（1541年），另一蒙古部落首领俺答汗再次向明廷请求通贡，依旧遭到了拒绝。而明蒙双方的关系也进入了一个新阶段。俺答汗虽有"汗"名，但并非如其祖父达延汗一般，是整个蒙古部落的大汗，而是与吉囊一样，是蒙古右翼土默特万户首领，其驻地在今呼和浩特一带。俺答在嘉靖初年崛起，先是控制了蒙古右翼，将察哈尔部赶往辽东，又向西征伐，瓦剌各部乃至青海、西藏俱是其兵锋所指。而俺答汗也深知通贡的重要性，因此其屡次向明廷请求通贡，但明世宗朱厚熜都予以拒绝。

明世宗拒绝蒙古通贡，从动机到结果，均不能称之为理性。嘉靖十一年（1532年）蒙古请求通贡，为兵部廷议所拒绝，蒙古因此拥众十万，入寇边关。然而，与兵部不同，熟悉边关事务的边将则希望恢复与蒙古的通贡，以此为明军赢得休整的时间。但是气头上的明世宗并没有采纳。等俺答汗掌握大权，终于在嘉靖二十年（1541年）以汉人石天爵为使，遣其前往大同，表达通贡之意。《明世宗实录》记载：

> 北虏俺答阿不孩遣夷使石天爵、肯切款大同阳和塞求贡，言其父谒阿郎在先朝常入贡，蒙赏赉，且许市易，汉达两利。近以贡道不通，每岁入掠。因人畜多灾疾，卜之神官，谓入贡吉。天爵原中国人，掠居虏中者，肯切系真夷，遣之同来，果许贡，当趣令一人归报，伊即约束其下，令边民垦田塞中，夷众牧马塞外，永不相犯。当饮血为盟誓。否

即徒帐比鄙，而纵精骑南掠去。

巡抚大同都御史史道疏闻其事，因言：虏自弘治后不入贡且四十年，而我边岁苦侵暴。今果诚心归款，其为中国利，殆不可言。第虏势方炽，戎心叵测，防御机宜，臣等未敢少懈。乞亟下廷臣议所以侍之者。

诏兵部议集以闻。虏侍命边外，屡向墩哨卒词进止。一日，邀守墩百户李宝下墩，以虏酒席他饮之，载以马拥入俺酋营，与之欢饮。虏众有势掠哨卒，劫其衣粮者，俺酋闻则痛惩之，遣夷使送哨卒给衣粮还。

于是巡抚御史谭学复以其事奏：因请速定大计。谓虏虽诡秘之情难顺，而恭顺之迹有征。准贡则后虞当防，不准则近害立至。且请多发兵粮，遣知兵大臣趣临调度，相机抚剿。①

通过上述文字，可以看出，此次俺答汗确实是真心请求通贡。首先是客观上，就如文中提及的人畜多灾疾，蒙古部落的生活已经非常困苦，连明军巡边士卒的衣服都要一并劫掠。其次是主观上，俺答汗相比毛里孩等人，更加认真对待通贡，表达了足够的诚意，其表现为能够约束部下，不进攻明军边哨。甚至请边军喝酒，也将抢夺的物资还给巡边士卒。

然而，这些结论，是我们从事后得出来的。在当时的明朝君

---

① 《明世宗实录》卷251，嘉靖二十年七月丁酉条，台湾"中央研究院"历史语言研究所1962年校印本，第5030至5031页。

臣眼中，却并非如此。由于成化、弘治年间的通贡，并未改变蒙古军队不断袭击边境的情况，身在京城的明朝君臣对于以通贡来实现边境和平，并不抱以期望。因此，不同于边境诸臣对于通贡抱有期望，在明世宗的授意下，兵部不仅对俺答汗的通贡请求不以为意，甚至要出兵剿灭俺答汗。

> 虏方强肆，遽尔求息，恐其有谋……虏侵扰各边，猖狂已甚，突来求贡，夫岂其情？……石天爵虽我边民，在虏日久，恐为虏间，趣令抚按官究明驰奏。
>
> 于是兵部会五府九卿议，会虏多诈，其情贡不可信，或示和以缓我师，或乘隙以扰我疆，诡秘难凭，声击靡定，惟以大义拒绝之，则彼之奸谋自沮。今日之计，惟在内修选帅将，足兵足食，乃第一义。故臣初议拟添设总督大臣，处置兵饷，盖为是也。今宜责令总督大臣趣行赴镇，长顾却虑，大振天声，使之畏威豚，方为得策。因条上便宜六事。
>
> 上曰：丑虏绎骚，迄无宁岁，各边总兵、巡抚官殊负委任。宣、大近畿重镇，尤宜谨备，乃往往失事，大启戎心。今却假词求贡，虏情叵测，差去大臣不许循习常格，虚文塞责，务选将练兵，出边追剿，数其侵犯大罪，绝彼通贡。果能擒斩俺答阿不孩者，总兵、总督官俱加异擢，部下获功将士升五级，赏银五百两。户部即发帑银四十万两，兵部发马价银二十万两，各选廉勤郎中，随军调度。仍推选科道官各一员，前往纪功。如无破虏奇绩，大臣不许回京，并镇巡官

一体坐罪。①

得知消息的俺答汗极为气愤,当即率部突入长城,直奔太原。明军不敌,损失惨重,官民物资更是被劫掠一空。但到了嘉靖二十一年（1542年）,俺答汗再次派遣石天爵到大同请求通贡。没想到,此时的大同巡抚已经改为龙大有。龙大有竟将石天爵抓捕,称其为间谍,押往北京。《明世宗实录》中记载了石天爵关于蒙古希望通贡的供词:

> 谓虏酋小王子等九部咸住牧青山,艳中国纱缎。计所以得之者,唯抢掠与贡市二端。抢虽获有人畜,而纱缎绝少,且亦自有损失,计不如贡市完。因遣天爵等持令箭二枝、牌一面,为信誓,请贡市。一请不得则再请,再请不得则三请,三请不得则纠众三十万,一循黄河东墟南下,一自太原向东南大城无堡塞地方,而以劲兵屯大同三关待战,盖虏之真情也。②

明廷不仅没有抓住这次机会,反而将蒙古使臣石天爵杀死,传首九边。如此一来,彻底激怒了俺答汗。两国交战,不斩来

---

① 《明世宗实录》卷251,嘉靖二十年七月丁酉条,台湾"中央研究院"历史语言研究所1962年校印本,第5032至5033页。

② 《明世宗实录》卷262,嘉靖二十一年闰五月戊辰条,台湾"中央研究院"历史语言研究所1962年校印本,第5209至5210页。

使，何况是前来通好的使臣。如果明世宗记得的话，永乐年间，正是因为使臣郭骥被杀，才开启了永乐年间六次大规模的征伐蒙古。如今，明世宗也将迎接蒙古人的怒火。《明世宗实录》也认为：

> 于时，当事者即欲勿许，亦宜有以待之。乃不为长虑却顾，遽杀其信使，夸张功伐，苟快目前。虏闻则大愤怨，遂不待秋期，即以六月悉众入寇，大掠山西，南及平阳，东及潞、沁。悉如天爵语。每攻克村堡，屠戮极惨，辄以执杀天爵等为辞云。①

嘉靖二十一年（1542年），蒙古军队大规模南下，边关告急，明廷紧急征调陕西、辽东、蓟州客兵援救。到了嘉靖二十五年（1546年）五月，俺答汗还是没有放弃通贡的念头，又让被掠到蒙古的玉林卫百户杨威作为信使，言俺答汗准备了九头白骆驼、九匹白马、九头白牛，以及金银锅各一口，准备进贡给嘉靖皇帝。可见，俺答汗这次是对嘉靖皇帝朱厚熜进行了了解，知道这位皇帝推崇道教，喜欢祥瑞，才精心准备了这么多的奇异动物。然而，将石天爵抓捕的大同巡抚龙大有在事后得到了朝廷的嘉奖，为边境上的军将树立了一个不好的榜样。杨威被放回来后，就被杀死，用于报功。到了当年七月，俺答汗又寄书时任宣大总

---

① 《明世宗实录》卷262，嘉靖二十一年闰五月戊辰条，台湾"中央研究院"历史语言研究所1962年校印本，第5210页。

督翁万达，表达通贡的意愿。到了嘉靖二十六年（1547年），俺答汗又派了使臣李天爵请求通贡。不出意外，这两次通贡的请求再次被嘉靖帝否决了。熟悉边务的大明边臣，如直接接洽后两次通贡请求的宣大总督翁万达，就言辞恳切地上疏给嘉靖皇帝，力陈蒙古通贡的诚心以及通贡对于明廷的好处，反而受到了嘉靖帝的训斥。

到了嘉靖二十九年（1550年），经过近十年的通贡请求，俺答汗终于明白，光表达诚意是不够的。嘉靖二十九年（1550年），即农历庚戌年的八月，蒙古军队兵临北京城下，即著名的"庚戌之变"，这是土木之变后，蒙古军队再一次出现在北京城下。在上一次的北京保卫战中，明军在于谦的带领下表现了非凡的勇气，给予瓦剌军队迎头痛击。但是到了此时，北京城中的京营军队胆战心惊，调来的援军只敢远远观望。朱厚熜与严嵩只得紧闭城门，龟缩不出。在面对蒙古通好请求时刚愎自用的明世宗朱厚熜，此时却束手无策。而俺答汗志不在北京城，通过在城外大肆劫掠，迫使朱厚熜最终接受了徐阶的建议，向蒙古提出先退兵再和谈的要求。

经此一事，明世宗终于答应了俺答汗的通贡请求。在嘉靖三十年（1551年），明廷终于同意在大同、宣府和延绥三处开放马市。但旋即在嘉靖三十一年（1552年），又以蒙古不遵守约定继续掠边为借口，关闭马市。此后蒙古继续南下劫掠，明军则调集重兵守卫长城，消耗了大量的人力物力。

而明蒙双方最终实现通贡互市，则要到隆庆年间。因高拱、王崇古妥善处理了俺答汗之孙把汉那吉的叛逃事件，向俺答汗释放了足够的善意，双方终于有机会进行和谈。经过明廷内部的反复博弈，终于实现了具有历史意义的"隆庆和议"。在此期间，王崇古、高拱、张居正反复说明通贡对于朝廷的益处：

> 在朝廷无大烦费，而大小酋首可使无复犯边。
>
> 一定贡额，夷虏入贡名虽效顺，而实希赏，今宜定制岁许一贡，每贡俺答马十匹，夷使十人，老把都吉能、黄台吉各八匹，夷使各四人，其诸酋首各以部落大小为差，大者四匹，小者二匹，夷使各二人。通计岁贡马不得过五百匹，夷使不得过百五十人。马分三等，以上马三十匹进御，余马给价有差，老瘠者不准充贡。其使岁许六十人进京，余留待境上。使还之日，听以马价市买缯布诸物，分给诸酋，以为酬赏。其钦赏之额，听礼部查照三卫及西番诸国事例颁给。
>
> 一议贡期贡道。虏入贡互市，宜以春月马弱之时，且及万寿圣节四夷来庭之会，夷使马匹及表文自大同左卫验入，量给犒赏。应驻边者，分驻各城，及送赴各抚镇验赏。应入京者，差官押送，自居庸关入，由昌平进京，赴四夷馆安插，听礼部照例管束给养。事完仍差官由原途押回，所过地方，各将领盛陈兵伏示之威重。所驻公馆，内外防范，不许奸徒交通传泄，邮传廪饩一如故事。其经过驿城烦费，每年听各抚臣议补。
>
> 一议立互市。北虏散处漠北，人不耕织，地无他产，锅

釜衣缯之具，咸仰给中国。今既誓绝侵犯，故虏使即求互市，庶免盗窃，非谓求开马市也。其互市之规，宜如弘治初北虏三贡例，虏以金、银、牛马皮张、马尾等物，商贩以缎、绸、布匹、锅、釜等物，择日开市，令虏酋以三百人驻边外，我兵五百驻市场，以次贸易，期尽一月而止。各镇商货不足交易者，听行各道查发其客商所易马匹，或营收给原值，或听贩卖。各镇市场，在陕西三边已有先年原立场堡，其大同应于左卫迤北威虏堡边外，宣府应于万全右卫张家口边外，山西应于水泉营边外。听各将领及兵备道经理每值互市之期，商人及官军不得阑出禁物、交通罔利及构起边衅。罢市之后，有虏骑近边索扰者，行俺答及各酋长查究。但有赍到各酋首番文乞讨诸物，量议给发。如夷情变诈，军门议行责问戒备，其各镇仍袭通虏媚虏夙弊者，重治之。

……

上裁从之。[①]

隆庆五年（1571年）二月，明穆宗册封俺答汗为顺义王，并根据王崇古的建议对蒙古朝贡的日期、路线和额度作了规定。授其下属首领以都督、指挥等职。而其益处也如王崇古所说，大大减少了军费的开支：

---

① 徐日久：《五边典则》卷10《宣大》，明刻本。

各镇每年四时戒备，则有调遣客饷，春秋摆边设防，则有行粮料草，各营有探哨夜役行粮，各墩有常瞭行、月二粮，为费不赀。且一岁之间军丁或零斩虏级，或被虏伤死，所以犒赏优恤之，其皆以督抚纸赎，及各城商税地租等银给用，每岁亦不下数千金。今既许虏通贡，则前费俱可减省，以为抚赏各夷之需。此外不足，每镇先于年例客饷内动支数千，专待抚赏夷使及守市夷兵，人布二匹，酋长缎二匹、绸二匹，以好生边者，酌量来使大小，量加赏犒。今岁抚赏余银即充来岁支用，积之数年，客饷或间岁可省，或岁可半给，因可以节内帑。

……

夷狄之于中国，有顺有逆。帝王制御之策，有经有权。经以制御之而无忘有事……今俺答年近七十，其弟老把都，子侄黄台吉、吉能各年逾五十，皆非昔强壮时，傥各酋未死之年，那吉辈继承之后，边境有数年之安。则宣大、山西残破之城堡，可渐充实，荒芜之屯田，可渐开耕。河西、延宁之大边可渐修葺，蓟镇边台既修，腹里城堡亦可渐增筑。主兵既练，入卫之兵亦可渐减。各镇练兵设险，积饷缮器之务，靡不豫图。数年后，兵气振扬，边备严整，纵虏有反侧，我固有以待之。以守可固，以战可胜，是不失经常之守，而所省财力且无算矣。虽暂假爵职之名器，示以荣锡之恩，每岁暂借客饷十之一二为抚赏酬贡之费，是一时羁縻之微权，而保固疆围，生全边氓，不既多乎？释此不事，则拒

虏甚易，而灭虏实难，虏东西岁扰，我远近戒防，士马疲于
奔命，财力匮于征轮，非计之得也 。①

通过隆庆和议，明廷北部边境的后勤压力大大缓解，为之后
张居正改革创造了一个良好的外部环境，大明王朝终于可以松口
气了。

而在蒙古方面，议和之后，俺答汗又进一步收留大批北徙汉
人开发漠南地区，建筑板升，奖励农耕，发展手工业。万历三年
（1575）建成归化城，也就是今天的呼和浩特。自此，明蒙之间
终于实现了总体上的和平。在戚继光于万历年间降服土蛮部后，
明蒙之间保持了数十年的和平。只是，在几百年的争斗中，明蒙
双方均已元气大伤。

---

① 徐日久：《五边典则》卷10《宣大》，明刻本。

下篇

坍缩

第九章　辽东

明亡清兴，一切始于辽东。辽东镇，这个明代九边最东边的军镇，是如何一步步走向灭亡的呢？而在这其中，后勤又是扮演着什么样的角色呢？让我们一起来看一看。

四战之地

在整个明中前期，辽东并不是明蒙之间的主战场，从洪武到正统，双方征战的焦点是漠北与山西，天顺以后，鞑靼部逐渐入主河套，大同、延绥、宁夏、甘肃又成为防守的重点。辽东虽然不时有警，但多为骚扰劫掠性质的进攻，并没有威胁到明王朝的统治。

究其原因，主要还是因为在鞑靼、瓦剌、兀良哈三部中，位于辽东之西的兀良哈蒙古是实力最弱的，因此在明初的几次大战中，辽东都不是主战场。明与北元之战，直到洪武二十年（1387年）正月，朱元璋才正式发动对纳哈出的北伐，并在当年六月将其逼降。次年四月，威胁辽东南翼的高丽王国，发生军事政变，原本要西征明军的高丽军在右军都统使李成桂的率领下，回京逼宫，四年之后，李成桂废掉高丽末代国王，建立李氏朝鲜，成为明朝的藩属国。辽东南翼威胁基本解除。到了永乐年间，朱棣再次探索北部边界的"极限"，派遣明军进入黑龙江流域，招抚当地的女真人，建立了奴儿干都司。在永乐年间，整个东北地区的形势可以说是安宁的。但对于辽东来说，仍旧是危机重重。

辽东，以及更北边的奴儿干都司，自唐末以来，长期游离于汉族政权之外，而纳哈出虽然投降，但是其麾下军队以少数民族为主，包括蒙古、女真、朝鲜等多个少数民族。尽管对于朱元璋来说，华夷一体是其既定的民族政策，但是要想维持明政府在辽东的统治，光靠"恩"是行不通的，还必须有足够可靠的军事力量。因此，明政府有计划地向辽东移民，其中主要是军属与罪犯家属，毕竟此时的辽东并不是什么好地方。除此之外，还有大量来自胶东半岛的移民，从登州走海路来到辽东。而随着时间的推移，这些移民也出现了大量逃亡的现象。明初的兀良哈蒙古，虽然与明朝态度暧昧，战力也不及瓦剌、鞑靼，但也不时侵扰辽东，掠夺物资人口。因此在明中前期，虽然辽东的安危没有事关全局，但也是如同坐在火山口一般。

此后，辽东先后经历了成化犁庭、左翼蒙古南迁、万历征朝鲜、萨尔浒之战、大凌河之战等几次大战，最终只能退守山海关。

成化犁庭，即成化年间明军与建州女真之间的战争。尽管明朝初年，明军在辽东主要防御的是蒙古势力，但明军与女真之间，也并非一片和谐。洪武二十八年（1395年），明军就曾追至甫达迷城（今属哈尔滨市宾县），获"女真镇官三，并那女六百五十余人"。而女真不仅与明军有所龃龉，与朝鲜亦是不和，双方互有争战。

到了宣德年间，明军转入守势，女真部族亦动了劫掠边境的心思。宣德四年（1429年）九月，时任辽东总兵官巫凯上奏海西女真、野人女真寇边。到了土木之变后，女真看明朝衰弱，加大了寇边的频率与规模。景泰元年（1450年），女真部在其首领李满住的率领下，以一万五千兵力，入寇开原、沈阳，并围攻抚顺千户所城池。天顺年间，女真持续袭扰开原等地。因此到了成化三年（1467年），明军联合朝鲜，对女真部进行了围剿。

明宪宗先是于成化二年（1466年）让原本主持防御蒙古的宣大总督、左都御史李秉前往辽东提督军务，又于成化三年（1467年）五月让武靖伯赵辅佩平虏将军印任辽东总兵官，前往辽东镇驻地广宁，准备对女真的战争。当时建州女真、海西女真频频发动对明军的攻击，成化三年（1467年），连辽东上贡的人参都无法保障。五月，朝廷拟定辽东开中则例，金州仓、海州仓、定辽左右仓、三万仓共六万五千引，折合粮食七万六千石。但此时明宪宗并未下定征讨女真的决心，对前来朝贡的女真首领董山等人以礼相待，并将其礼送出境。当年七月，明宪宗让赵辅于广宁对董山宣旨，表达招抚之意。没想到，在宣旨过程中，突发变故，董山竟然抽出随身携带的小刀，刺伤通事。赵辅当即令甲士将其捕获。在驿馆的女真人知道消息后随即暴起，刀砍馆驿兵卒。赵辅在上疏中称"征剿之势，必不容已"。八月，明军赏赐军中蒙古舍人、军余①共一千三百四十人,每人赏银三两。九月,辽东从广宁、宁远、义州、锦州等处抽调官军二万九千余名,征剿建州女真。同时,兵部从京营之中调取七千兵力前往广宁等处守备,以防毛里孩部乘虚而入。

九月二十四日,明军联合朝鲜,出征建州三卫。明军分左右两路大军进击,左路军主力于二十九日在薄刀山击破女真军百余人,此后明军继续对女真军进行追击,十月四日,都指挥柯忠率领三千精兵到达建州女真的本营,在击溃敌军后,将其房屋烧毁。另一支由左哨右监丞韦朗率领的官军则在九月二十九日,击败朗家寨等处女真。第三支由左掖副总兵王瑛率领,由浑河口出境,于九月三十日在五岭等处与女真军交锋并取胜。然而,左路大军的斩获并不多,一共生擒五十一人,斩首二百四十五,俘虏一百零六人。右路军战果,与左路军相当。右路军兵分二路,主力共生擒十五人,斩首一百三十四人,俘虏二十九人;副总兵都指挥同知裴显率另一支共生擒三十一人,斩首二百五十九人,俘虏十六人。而朝鲜军则直捣黄龙,将女真首领李满住杀死,生擒二十三人,斩首三百八十六级,向明朝报功。明朝联军共斩首一千零二十四级,则阵亡的女真人比这个数字还要高。若按景泰二年(1451年)所报建州三卫共二千三百余户算,则此次明军对女真部确实造成了不小的打击。但也并未达到彻底剿灭建州女真的

---

① 明代卫所军士为世袭,一军户出一名丁壮为军士,剩余丁壮称为"军余",其中世袭军官家中无军职的子弟则为"舍人"。作为预备役人员,可在特定条件下动员参加军事行动。

目的，在明军班师后，隐藏在山谷中的女真人陆续返回。明军又重回守势。

成化三年（1467年）的犁庭之役，对建州女真造成了较大的破坏，其首领被杀死，房屋庐舍被焚烧，人口也大量减少。但明军并未就此高枕无忧。女真部与蒙古一样，也是分为三大部落，建州女真被打击后，海西女真继续南下骚扰。而建州女真在恢复元气后，也继续南下侵扰。成化十五年（1479年）到成化十六年（1480年），明军与建州女真再次爆发战争，明军兵分五路，进攻建州女真，此次生擒斩首共六百九十一人，俘虏四百八十六人。而建州女真随后报复，入明境杀死居民五百余人，掠夺走了大量牲畜。这并非明宪宗所乐见的，成化十六年（1480年），明军与建州女真、蒙古鞑靼部都爆发了战争，在建州和威宁海子之战中，明军都取得了胜利，但随之而来的是敌军的报复：

> 始建州、次威宁海子、次大同，报三大捷，实开三大衅于边，自是边境无宁日，士马疲弊，馈运耗竭，公帑私蓄皆赤立，边民荼毒，有不忍言。[1]

此后明廷则采取了招抚的态度，成化二十年（1484年），明宪宗以马文升为辽东巡抚，主持安抚建州女真。此后一直到嘉靖年间，明廷对女真诸部都是采取以抚为主的政策，而女真诸部

---

[1]《明宪宗实录》卷213，成化十七年三月辛卯条，台湾"中央研究院"历史语言研究所1962年校印本，第3705页。

中,仍有部分酋长率部南下劫掠,袭扰明军。但总体而言,辽东的形势尚可。

但是到了嘉靖年间,辽东的形势进一步恶化了,其原因就是著名的左翼蒙古南迁。左翼蒙古察哈尔部,原本驻牧于今内蒙古自治区锡林郭勒盟及赤峰市北部一带。明嘉靖二十六年(1547年),达来逊库登汗惧为俺答所并,率领所部十万东迁,住牧于辽河河套。原本,辽东明军就要应对女真和兀良哈蒙古的不断侵扰。而且,女真、蒙古之间,隐隐结成了同盟,相互配合着对明军进行袭扰。但原本的兀良哈蒙古,也就是朵颜三卫,明面上还是与明朝通贡,因此与女真的交往还不算紧密,远没有后来的"满蒙一家"这般亲密。但是左翼蒙古南迁,则打破了原本的生态。

左翼蒙古除了库登汗的察哈尔部外,还有一部分喀尔喀蒙古部众,此外还有科尔沁部与土默特部,也在往辽东方向迁移,朵颜三卫的领地,逐渐为其所吞噬,兀良哈名存实亡。这并非仅是蒙古内部的争斗,亦是对辽东的严峻考验。

首先是军事上。隆庆年间,明政府与俺答汗实现了"封贡互市",但却拒绝了左翼蒙古封贡的请求。两者之间,并无和平协议,这就使得左翼蒙古可以毫无政治负担地侵扰辽东。这也是为什么在隆庆和议之后,大同、宣府等处可以休养生息,而靠东的蓟镇、辽东反而形势愈发严峻。在明朝史籍中的"北虏"蒙古人与"东夷"女真人,终于可以联起手来,压迫明军。自嘉靖二十六年(1547年)以来,辽东风声鹤唳,当年女真部进攻广宁、义州，杀掠数万人。隆庆六年（1572年）十月，王杲，也就是努尔哈赤的外祖父，率军三千，与蒙古黄台吉部合力攻打抚顺。

其次在经济上，辽东也面临着一大难题。由于明政府没有与左翼蒙古实现通贡互市，而朵颜三卫手中则有明廷的官方通贡证书以及所赐官印。因此，在吞灭了朵颜三卫后，左翼蒙古依然打着朵颜的旗号，假冒朵颜三卫的蒙古人入边互市，谋求经济利益。蒙古人是假的，但是作为通贡凭证的敕书是真的，明廷有时也难以分辨。这就使得以经济封锁来遏制左翼蒙古的手段也失效了。这些与明廷敌对的蒙古人，今天驱赶牛羊赚着明廷的钱，明天就拿着刀弓劫杀明朝军民。而身在辽东的文官武将，则在战争与互市之间，拾起了第三条道路：以夷制夷。之所以说是"拾起"，是因为这条路早在明初就走过。

早在永乐时期，朱棣对女真部落首领授予官职，让其在名义上接受明政府的管理，同时对其进行分化。永乐元年（1403年）设置建州卫，以女真首领阿哈出为建州卫指挥使。永乐十年（1412年）析出建州左卫，以图们江流域的斡朵里部首领猛哥帖木儿为建州左卫都指挥使，清太祖努尔哈赤即出自建州左卫，猛哥帖木儿为其先祖。三十年后，明政府又从建州左卫中分出建州右卫，以猛哥帖木儿同母异父弟凡察担任指挥使。

除了建州三卫，明廷也在东北其他区域授予部落首领官职。目的就是要以此手段，分化女真各部，让其不得统一，无法成为明廷的威胁。百余年间，明政府在东北导演了一出"以夷制夷"的大戏，时而厚待建州女真，时而厚待李氏朝鲜，让其互相攻

明末辽东形势图

击，时而又利用海西女真，甚至蒙古部落来牵制建州女真。

明廷的羁縻分化政策取得了一定的效果，猛哥帖木儿就是代明受过，在救援明军的途中被同为女真族的杨木答兀和兀狄哈杀死，到了明中叶，女真部落与明辽东驻军的矛盾不断扩大，时常寇边劫掠，明军也常常对女真部落发动攻击。但双方战争的规模一直在可控范围内，女真各部也一直未完成统一。不过随着时间的推移，到了万历年间，东北明军的防守压力极重：西部有察哈尔部土蛮，泰宁部速把亥、炒花，朵颜部董狐狸、长昂等势力窥边，东部则有建州王杲、王兀堂，叶赫部清佳努、杨吉努等部落侵扰。尽管时任辽东总兵李成梁所率明军战力强劲，但频繁出征使得辽东原本不多的粮草消耗得更快，以夷制夷，显然更加经济。明军不费一刀一枪，用有限的利益驱使女真、蒙古内斗，自己则坐收渔利。嘉靖晚期的女真哈达部王忠，万历十四年（1586年）的科尔沁首领翁阿岱，均为此类。

但是历史证明，依靠以夷制夷的手段，不可能取得真正的和平。女真、蒙古都逐渐看清了明朝的手段，女真的统一不可避免。辽东明军将迎来真正的敌人。虎视眈眈的女真人，也在等待着一个时机。

辽镇粮饷

明亡清兴。辽东明军与女真军队之间的此消彼长，后勤保障亦是一大表现。那么，辽东明军的后勤保障究竟经过了怎样的变化呢？

洪武四年（1371年）二月，在朱元璋的招抚政策下，元辽阳行省平章刘益携带地图账册来降，当年，朱元璋在辽东设立辽东卫指挥司，此时辽东仅仅只是卫级的军事单位。而明军此时在辽东的地位也并不巩固。朱元璋继续以故元旧臣刘益为首任指挥同知，即是例证。很快，就在投降的三个月后，刘益被元军击杀。此时明军在辽东，仅有金州等少数据点。但鉴于辽东屏蔽北平的重要地位，也是为了应对盘踞在辽东的纳哈出势力，在洪武四年

（1371年）七月，朱元璋设置定辽都卫，并开始逐步加强辽东的军力。这从后勤数据上也可以看出。洪武五年（1372年）二月，朱元璋发给辽东卫军士御寒衣物，一共是五千六百七十五人。到了当年五月，朱元璋又命中书省预备衣鞋三万供给辽东，说明此时辽东的明军至少已经有三万人。也是在洪武五年（1372年），朱元璋令吴祯率舟师数万从山东半岛向辽东海运粮食。庞大的运输队带来的是大量的粮食。在当年十一月，纳哈出入寇牛家庄，将粮仓内十万余石粮食烧毁，从侧面可见此时辽东粮草之充足。洪武八年（1375年），朱元璋改全国都卫为都司，定辽都卫亦改为辽东都司，此后朱元璋在辽东陆续增设海州卫、盖州卫等卫，终洪武之世，辽东都司共设卫二十五。洪武年间，以辽东都司与大宁都司统辖东北，自大宁都司被撤后，东北只剩辽东都司一处，以及主要依靠羁縻的奴儿干都司。

因此，辽东都司，以及后来辽东镇的后勤补给，成为守御辽东的重中之重。因此辽东虽未设置承宣布政使司，但在都司之外仍设有专管钱粮的机构，正统三年（1438年）置分守辽海东宁道，属山东布政使司，管理粮储事务；成化十二年（1476年）又于辽东设户部分司，置总理辽东粮储户部郎中一人，驻广宁，专总辽东都司的钱粮事务。除了机构设置，明廷对辽东的物资补给在初期也极为慷慨，洪武二十六年（1393年），朝廷拨给辽东都司耕牛一万三千八百七十八只，排在所有十七个都司中的第七位。这使得辽东镇在明初的后勤补给尚且不错。辽东的后勤补给，主要来自屯田、运输与开中。幸运的是，辽东镇以及其他军镇的后勤数据，在明代的诸多政书中，都有记载，如魏焕《九边考》中就有嘉靖十八年（1539年）前后九边军镇的钱粮数量。

到了万历九年（1581年），时任户部尚书张学颜完成《万历会计录》的编撰，将其进呈，为我们保留了珍贵的数据。《万历会计录》是明代万历年间官修财计著作，其中保留了大量珍贵的钱粮数据，与军镇相关的如第27至29卷，记录了明代屯兵重镇的年饷开支数额，此外还有明代各项收入与支出的数据，如屯田、盐法、茶法、船料、商税、杂课等收入项目和文武官俸禄、仓场、漕运、营工俸粮等支出项目。《万历会计录》自隆庆年间始修，至万历九年（1581年）方修完，而其最后一任编修官户部尚书张学颜实则是一名经验丰富的"边将"。张学颜，字子愚，嘉靖三十二年（1553年）进士，历任曲沃知县、工科给事中、山西参议、永平兵备副使等职。隆庆五年（1571年）晋右佥都御史，巡抚辽东。当年十一月与李成梁大败入犯的鞑靼土默特部，晋副都御史。万历六年（1578年），又击败入犯辽东的蒙古军队。因此，《万历会计录》中关于辽东镇的钱粮数据，应有很高的可靠性。在《万历会计录》卷17《辽东镇饷额》中，列出了辽东镇现存粮饷以及兵马的数额，如下表所示：

种类	原额	现额	增减数量
屯粮	700000石	279212石 荒田折粮银431.941两	减粮420788石 增银431.941两
民运	布：320000匹 花绒：140000斤	159842.595两	

续表

种类	原额	现额	增减数量
盐引	141548引	111402引(两淮、山东),该银39076引	减30146两
京运银	10000两	449984两(含客兵40000两)	增439984两
官军	94693名	83324名	减11369名
马匹	77001匹	41830匹	减35251匹

表中原额,并不是某一年之数。如屯粮七十万石,是永乐初年的数据,而京运银,则始于正统六年(1441年),由此可见,《万历会计录》中所谓原额,实则是各项数据较为初始的一年的数据。在数据之后,《万历会计录》又对各单项进行了分析:

> 屯粮。本镇屯粮,洪武二十四年,五十三万七千二百五十余石。永乐十年,七十一万六千一百余石。正统以后,粮数遂减。正德、嘉靖以来粮止三十八万三千八百余石。节经清理,未足原额。隆庆间,灾虏频仍,田亩益荒,实征屯粮仅二十三万五百余石。见今粮料渐增至二十七万九千二百一十二石三斗有奇。无论初额,即嘉靖间粮数亦不及多矣。①

辽东镇的屯粮,经过洪武、永乐时期的高峰后,即被腰斩。

---

① 张学颜:《万历会计录》卷17《辽东镇饷额》,明刻本。

屯田的破坏，在第六章中已有阐述，不再赘言，然而，从辽东镇的情况，我们还是可以看出边镇屯粮的缺乏。万历初年，辽东驻军在官方数据中，仍有八万余人，假设一人一月粮食的消耗量是一石，八万人一年理论上要消耗掉九十六万石粮食，而当时一年屯粮不过二十八万石不到，只能支持三个多月，剩余的缺口，就需要各种手段去弥补。

民运。本镇军需，旧例取给山东税粮折布三十二万匹，本色钞一百八十万锭，花绒一十三万二千斤，由海运自登州府新河海口运至旅顺口交卸，再由辽河直抵开原。成化、弘治间，本折兼收。正德初，始奏改折色，陆运盐折布四万六千余匹。正德十五年，照例折银永平地亩花三百四十六斤。正德五年始，户口盐钞银九百三十五两。嘉靖七年始，内山东布运二司岁运折银一十四万七千一百一十九两一钱七分零，万历六年改兑太仓转发。①

民运，原本主要是布匹和花绒。花绒即皮棉，指将采摘下来的籽棉进行轧花后脱离了棉籽的棉纤维。辽东镇位居东北，冬季气候寒冷，布匹花绒正是亟需之物。而其运输路线也充分利用了地形，布匹物资经登州海运至旅顺口，再转运至辽河，辽河在万历十年（1582年）时为辽东都司之界河，沿辽河北上，一路经海

---

① 张学颜：《万历会计录》卷17《辽东镇饷额》，明刻本。

州卫、辽东镇驻地辽阳、沈阳中卫（经支流浑河）、铁岭卫，直抵开原，包含了辽东都司北部诸多重镇。然而，海运风险仍然巨大，船只漂亡，时时发生，因此明初在运河通航后，海运就逐步停止了。正德以后，将本色改为折色，直接原因就是当时已经没有足够可以用来运输的船只。不过，到了万历中后期，因为辽东战事紧张，明廷再开海运，向辽东运送补给。

　　盐引。本镇盐引，正统六年抚臣李濬曾请开中，部议未允。后因参政刘琏之奏，始议开派，旋即停罢。景泰间，缘有虏警，复行开中。成化、弘治中，淮、浙、山东、长芦、福建、河东、广东等盐相兼中纳。嘉靖以来，惟两淮、山东盐引，每岁预开，余俱停止。常股、存积开派，多寡不一，四十五年定经制，额派两淮、山东存积盐一十二万四千三百一十二引。隆庆三年、万历二年又将存积盐暂停，止开常股。六年始定派常股、存积盐一十一万一千四百二十引为例，皆以备主客兵饷，并补岁出不敷之数。[①]

　　……

　　盐课。本镇盐场在海州、义州、广宁近海地方，额编煎盐军一千一百七十四名，额盐三百七十二万七千一百七十七斤。交纳各卫给官军食用，其商人兴贩计车征税，大车每载课银一两二钱，小车六钱，岁无定额。海州课银，每年都司

---

　　① 张学颜：《万历会计录》卷17《辽东镇饷额》，明刻本。

取银四百两，解蓟镇军门，余贮广宁库。广宁课银办于城南杜家屯叶家园，委官轮收，解本库。义州课银广宁委官在场征收，俱军饷支用。[1]

盐引与盐课，也是边境粮饷的重要补充手段。实际上，早在永乐十九年（1421年），辽东的屯田就已经无法满足驻军需求，即以开中法补充粮食。盐引即开中法用以兑换之凭证，但盐引的兑换率并不稳定。在《万历会计录》中，自正德十年（1515年）以后，即缺相关记录。正德十年（1515年），山东盐一引值钱一钱二分，则十一万余引所获亦不甚多。其中所提及的常股盐，是指岁办额盐中，供报中商人守场支取的部分。存积盐则指的是剩余积留在场的盐，边防紧急时，用于开中。常股盐与存积盐的比例并不固定，永乐时期为七分常股，三分存积。正统五年（1440年）增为八分常股，二分存积。存积盐的价值一般高于常股盐。盐课方面，虽然辽东的额盐有三百七十二万多斤，但用于辽东镇的银两并不多，补充极为有限。

京运。本镇主兵银，自正统六年发银一万两以后，或增发，或摘发，或补民运，或抵盐银，或以盐银抵补，俱无定例。隆庆间渐增至一十六万三千余两。客兵银自正统八年发银五万两以后，并未给发。嘉靖二十五年预防边患，始发银

---

① 张学颜：《万历会计录》卷17《辽东镇饷额》，明刻本。

二万两，四十三、四等年，渐增至四万两。万历二年以米议
给募兵，并防修边工，又加家丁、墩军月粮，功升官军俸
钞，主兵银增至三十万七千九百二十五两四钱一分八厘二毫
五丝。客兵银增至一十万二千五十八两九钱五分，共年例银
四十万九千九百八十四两三钱六分八厘二毫伍丝，每岁二次
解发。①

京运年例银，是北京从户部银库（如太仓库和承运库）中，
拨给边镇的军费。到了万历年间，这才是辽东镇后勤补给的主要
来源。由此可见，辽东镇后勤补给的趋势，是本色的减少和折色
的增加。截至万历初年，辽东一镇，八万三千三百二十四名官
兵，所依赖的粮草为一年二十七万九千二百一十二石粮食和约七
十一万一千三百九十二两白银。但这些钱粮，所用则极多。

这些钱粮，要供给哪些部分呢？首先是官兵的俸禄。

官职	本色	折色
总兵官	米三石	银七两八分七厘五毫
都指挥使	米三石	银二两六钱一分
都指挥同知	米三石	银二两二分五厘
都指挥佥事	米三石	银一两四钱四分
指挥同知	米三石	银一两三分五厘

① 张学颜：《万历会计录》卷17《辽东镇饷额》，明刻本。

续表

官职	本色	折色
指挥佥事	米三石	九钱四分五厘
正千户	不详	六钱三分
卫镇抚莫副千户	米二石	五钱四分
实授百户	米二石	三钱六分
所镇抚	米二石	二钱七分
试百户	米二石	一钱三分五厘
武举指挥	米六石	无
武举千百户	米五石	无
武举所镇抚	米三石	六分七厘五毫
总旗	米一石	二分二厘五毫
小旗	米一石	九厘

其次，就是官兵的月粮、行粮。

主兵月粮则例：

总兵正兵营、辽阳副总兵营、参将营并入卫各游击守备备御头目、通事、降夷并将领随任精锐家丁及召首小旗，月支一石，帮支一石。

出口哨探夜不收并沿边守瞭墩军，月支正粮一石，帮支二斗。

内总兵营大夜不收，每名岁支钞□刺草布、绵花银钱折银七钱五分九厘零□□。

并操司军随营家丁各驿摆堡马军，月粮一石。

报效军随操舍人，月支四斗五升，小尽减支一升五合。

金州守备下达官头目系广宁拨发回卫者，月支一石。

本城海防军月支五斗。

抚院中军下听差官军月粮随广宁正兵营造支。

主兵兼食行粮则例：

定辽等二十五卫所头目、通事，月支一石，帮支一石。

安乐州头目，同守腹里路台军与投降夷人名为乡导愿操者，并广宁等卫永宁监养马军及自在州头目守门军，俱月支一石。

老幼达子月支五斗。

守门舍人月支四斗五升，小尽减一升五合。

自在州大凌河松山所守门余丁，月支三斗，小尽减一升。

纪录幼军月支二斗。

以上官军，上半年本色，下半年折色。每石给银二钱五分（万历九年加至四钱）。

广宁调到各城选锋军壮，在镇团操者，除月粮外每名日支行粮一升五合，如放折色每升折银一分。

各城镇副参游守等营随操官军，如遇征调，系百里之外者，千把总官每员日支粟米三十。

管队官旗□□伍军士每员名，日支粟米一升五合。①

此外还有马匹草料、官兵冬衣以及修边各项费用。然而，这仅仅是停留在纸面上的"则例"，在操作过程中，明军的后勤补给远不如则例上这般完备。显然，以辽东的收入，是无法满足这些支出的。万历五年（1577年）七月，"辽东战兵劳苦，本色腾贵"，万历十二年（1584年）十月，时任蓟辽总督张佳胤请求增加饷银，户部回复："太仓岁入止三百六十七万六千余两，而岁出则四百二十二万四千余两……取盈何地？"最后因为辽东战事紧急，还是破例又拨给了辽东明军八万两。然而，这仅仅是辽东局势尚不十分紧张的情况，这些粮饷，仅仅能够维持辽东的基本防卫，而随着辽东局势的愈发艰难，招募而来的"兵"，取代了卫所的"军"，成为作战的主力，而其需要的饷银数量也越来越大，最终，成为压垮大明王朝这只骆驼的稻草。

从卫所到家丁

尽管明廷在全国各地设置了都司卫所，但这并不意味着明朝实行单一的军制，在卫所之外，尚有民壮和募兵两种兵制。如《明史·兵志》所言：

卫所之外，郡县有民壮，边郡有土兵。

---

① 张学颜：《万历会计录》卷17《辽东镇饷额》，明刻本。

太祖定江东，循元制，立管领民兵万户府。后从山西行都司言，听边民自备军械，团结防边。闽、浙苦倭，指挥方谦请籍民丁多者为军。寻以为患乡里，诏闽、浙互徙。时已用民兵，然非召募也。正统二年，始募所在军余、民壮愿自效者，陕西得四千二百人。人给布二匹，月粮四斗。景泰初，遣使分募直隶、山东、山西、河南民壮，拨山西义勇守大同，而紫荆、倒马二关，亦用民兵防守，事平免归。

成化二年，以边警，复二关民兵。敕御史往延安、庆阳选精壮编伍，得五千余人，号曰土兵。以延绥巡抚卢祥言边民骁果，可练为兵，使护田里妻子，故有是命。[1]

早期的募兵，只是作为卫所的辅助力量。正统二年（1437年）开始的募兵，是在军余，即军户家属以及民壮中招募，可以看作后备役，其粮饷发放的模式也与卫所基本相同。但到了嘉靖年间，随着"南倭北虏"的严峻形势，募兵制开始走上台前，并展示了其强大的能量。

戚继光抗倭是中国家喻户晓的英雄事迹，而戚家军也是当时明军中最能征战的部队之一。然而，与戚家军相对的，是卫所军队的无能。而卫所军队战斗力的下降，则与后勤保障的衰落有直接关系。自成化、弘治以来，卫所军队屡屡被用于工程徭役，不仅地位降低，更耽误其耕作，卫所军队既缺衣少粮，

---

① 张廷玉等:《明史》卷91《志第六十七·兵志三》,《续修四库全书》版，第2249至2250页。

又缺乏训练，战斗力自然低下。因此，倭寇侵入东南沿海，一度如入无人之境，卫所军队不堪一击。戚继光入浙作战后，屡屡因为兵员战斗素质低下而苦恼。因此于嘉靖三十六年（1557年）上《练兵议》：

> 今军书警报，将士忧惶，徒将流寄杂兵应敌，更取福、广舟师驱而陆战，兵无节制，卒鲜经练，士心不附，军令不知。况又赤体赴敌，身无甲胄之蔽而当惯战必死之寇，手无素习之艺而较精铦巧熟之技，且行无赍裹食无炊爨，战无号令，守无营壁，其何以御寇？为今之计，必器垒具而进可相持，糇粮备而退有宿饱，此所谓"蓄艾于豫，而后无患于病"者也……况十室之邑必有忠信，堂堂全浙岂无材勇？诚得浙士三千，亲行训练，比及三年，足堪御敌，可省客兵岁费数倍矣。①

由《练兵议》可知，当时赴浙江剿灭倭寇的援军，不仅作战素质差，而且缺衣少粮，戚继光也将完善后勤作为第一要务。此后戚继光终于在浙江总督胡宗宪的支持下，招募义乌一带的农民、矿工四千余人，经过严格训练，成为一支纪律严明、战斗力很强的抗倭劲旅。戚家军的粮饷也非常优厚。根据戚继光《戚少保奏议》卷1《议处兵马钱粮疏》之《经略广事条陈勘定机宜疏》

---

① 戚祚国：《戚少保年谱耆编》卷1，清道光刻本。

记载,戚家军前往福建时,每人分得三两安家银,二两旧功赏银,两万人共需银十万两。除了赏银,戚家军的月粮、行粮也颇为不错。"每兵日给口粮三分三厘,行粮一分二厘",也就是每月有1.36两银子。根据同时代唐顺之在《重刊荆川先生文集》卷9《与李龙冈邑令》所言"夫五钱者,江南之平价也,七钱者,折色之则也",戚家军可得月粮1.94石至2.72石,是当时卫所军队月粮的两倍。没有了后顾之忧,其战斗力自然也是极强的。自抗倭战争以后,以雇佣关系和依靠粮饷多寡决定作战能力的募兵制从东南沿海拓展至全国。

而在辽东,募兵制的典型就是"家丁"。家丁,从字面上看,就是富贵人家的奴仆,如果不是对明代军事有所了解,很难将其与军队联系起来。然而,明代家丁,是一支举足轻重的军事力量。

明代军屯的破坏,其中一个重要原因就是各级将领中饱私囊,因此早期的家丁,依靠的是边将的私产。如嘉靖时期钱薇所上《论急遣抚臣安边靖虏疏》所言:

> 臣又闻将官树奇勋多藉家蓄之兵,蓄家兵必由私殖之厚,故正统间都御史罗亨信督屯大同等处,将校皆得自耕于边,无事率家丁以耕,而兵即农也,有警驱家丁以战,而农即兵也。盖将官自耕,其利有四:官耕则民藉其捍卫之力,亦将安心于耕,一利也;既耕则官可自足,不复侵渔于军,二利也;官之利在边,则奋勇遏敌,敌不得入境,三利也;

耕必三时在外，而边地之险厄周知，可以按伏御敌，四利也。自兵部侍郎于谦巡大同，奏革镇将耕种，而边土尽入于屯籍，俾民自为耕。夫谦之奏革，以镇将役军多而侵利博也，岂知其弊遂至官民并废耕耘，而弃其壤为虏驻牧之所哉。①

钱薇所言，追溯的是正统时期早期家丁的形态，此时家丁与卫所军士同样是且耕且战，且钱薇提到了家丁的一大特点：那就是家丁隶属于将领，而将领变相侵吞军田后，为了保护其私产，作战特别勇猛。其弊端正如于谦所指出的，这种将官田化为私田的行为，必将导致"镇将役军多而侵利博"的局面，因此正统时期，将官私养家丁用于作战的行为很快就被遏制了。但随着明蒙之间冲突不断，家丁作为将领的私属小股部队，确实爆发出了高于卫所军的战斗力，因此自英宗以来，边将蓄养家丁用于作战，并未断绝。到了嘉靖年间，随着卫所军队战斗力的急剧下滑，募兵制得以快速发展。钱薇上疏之意，亦是言家丁战力之强，其曾言"今战功多赖家兵"。在嘉靖朝，因为边境危机，家丁的战斗力为朝廷所认可。此时家丁用于作战非常普遍。

明后期，使用家丁最为普遍，也最为出名的，就是辽东镇。李成梁将其家丁编为"前锋外"和"前锋里"两个部分，编制与一般军营相同。

---

① 陈子龙编：《明经世文编》卷214《承启堂集》，明崇祯刻本。

那么，这么多的家丁，其粮饷又从何而来呢？如《万历会计录》所言，万历初年，辽东总兵官的月俸不过米三石，银不过七两八分。那么，当时的辽东总兵是谁呢？就是与戚继光齐名的辽东名将李成梁。李成梁在万历元年（1573年）以军功升辽东总兵，万历三年（1575年）因击败土蛮等部，加授太子太保，世荫锦衣千户。万历六年（1578年）又加封为宁远伯，岁禄亦不过八百石。然而，李成梁的军队中，家丁数量极多。早在隆庆年间，还不是辽东总兵的李成梁就以"收召四方健儿，给以厚饩，用为选锋"闻名，这些家丁，显然不是李成梁依靠俸禄供养的。

实际上，在嘉靖年间，家丁的后勤保障就被纳入了明廷的粮饷体系之中。毕竟，就算是"收入不菲"的边将，养数十人的精锐私属尚可，养一支军队，也不是其所能承受的。因此，随着家丁规模的不断扩大，其粮饷也必然要纳入政府的后勤体系中。尽管户部并不愿意，但面对既成事实，也是无可奈何：

> 乙未，总督京营戎政、镇远侯顾寰请给京营副将、参将所招选家丁行粮月石有半。户部覆言：家丁支粮，原非旧例，盖先因边将收养边人惯习夷情者为哨探，始有家丁名色，而京营中以庚戌虏患添设，边将因沿为例，当时事出仓卒，未可遂为故事。①

---

① 《明世宗实录》卷450，嘉靖三十六年八月乙未条，台湾"中央研究院"历史语言研究所1962年校印本，第7640至7641页。

　　而朝廷之所以默许了这一情况，亦是出于补充兵员的考虑。因为屯田破坏，运粮艰难，再加上边境物价腾贵，使得边境守军纷纷逃亡。而募兵制正好可以填补这一"空缺"。因此明廷在嘉靖三十七年（1558年）同意了"逃军缺额在百名之内者，得令家丁充之，而食其食焉"的建议。到了嘉靖四十年（1561年），蓟辽总督杨选即言"月粮、行粮折支间支，悉与他军士同"。但募兵与卫所军的粮饷体制并不相同：卫所军领取粮饷的过程是职方司（或为督捕厅）交给卫所，再经验军厅与下粮厅交到卫所士兵手里，而家丁以及其所代表的募兵，则是经总协衙门交给验军厅、下粮厅，再发给募兵，并不经过卫所，可见此时卫所军士与募兵已经是两套粮饷体系了。

　　在《万历会计录》中，家丁月粮也是重要的开支项目。这也间接淡化了家丁的私属性质。然而，家丁粮饷由国家开支后，并没有完全改变家丁的私属性质，而是使其划分为"在营家丁"和"随任家丁"。两者之中，随任家丁依旧保持着私兵的属性，这些随任家丁通常与主将一同升调，且待遇不逊于戚家军。嘉靖三十九年（1560年）兵部所定京营军事家丁的粮饷为安家犒赏银五两，月米二石，也是卫所正军的两倍，所以家丁的粮饷被称为"双粮"。

　　到了万历年间，在辽东镇，家丁军饷就已经成为所有开支中最大的部分。万历十四年（1586年），时任辽东巡抚顾养谦上疏《全镇图说》，其中就有辽东镇各类支出。

一各营家丁头目,每名人马月各支银六钱五分,岁领赏银九钱。如遇征防出百里外,人得支行粮日一分五厘;遇贼对敌者全支,远戍者半支,或以乏饷则不与,马不复支行料。今止议广宁正兵营家丁头目人马,各加至九钱,差足比于直、浙、闽、广之饷,而尚不敢望蓟之募兵。其各营家丁头目人马概议加银五分,各得银七钱,差足比于宣大之腹里。

一正兵营选锋军,凡属河东、河西、锦义、宁前选调者,有一年一更之例,粮赏随各原卫造支。而人马月支广宁行粮料草银共九钱,如遇征防,虽适千里,不复支行粮料草。今止议人马共加银三钱。

一全辽各营军士,每名月支饷银四钱,岁领赏银九钱。若征调出百里外,人马得支行粮料日三分,或半支或不与。今止议军饷月加银一钱,共五钱。

一墩军、夜不收,处极冲者,每名月支饷银五钱,次冲者每名月支饷银四钱,岁俱领赏银九钱。今止议概加银一钱,极冲者六钱,次冲者五钱。

一河西马给料八个月,月给银一钱八分。惟广宁四卫老哨诸军之马,仍给草四个月,月给银一钱五分。其余皆无草,今未敢议加。

一河东马给料六个月,月给银一钱八分,余月皆无草,今未敢议加。

一金州营半粮半赏,军士月支饷银一钱二分五厘,岁领赏银四钱五分。今止议月饷加至二钱五分，岁赏加至九钱。

一盖、复二卫议添将领练兵三千七百名，每兵一名止议月饷二钱五分，岁赏九钱。马议料六个月，从河东马之例。盖以金、复、盖三卫在辽，犹称腹里，故兵饷不过举先年二钱五分之例，而尚不敢比于今之四钱，视宣大腹里军饷七钱者，不过三分之一耳。

一全辽军饷皆薄甚，而独于正兵营家丁议之稍厚者，以其最劳苦而功多，且有更番攀报之累，累及全辽。厚家丁而免攀报，实所以惠全辽而培其元气也，是以急也。诸军则仍从其薄而不敢概焉厚望者，恐难计臣也。①

根据顾养谦的上疏，在所有饷银中，家丁头目的是最高的，在不加饷的情况下，岁饷亦有16.5两；其次为选锋军，在卫所支月饷0.4两，在营支行粮料草0.9两，月饷1.3两，加岁赏0.9两，岁饷总计16.5两，但前者有行粮而后者不再另支；普通卫所军士则只有月饷0.4两，岁赏0.9两，岁饷5.7两；最低者为盖州、复州二卫军士，月饷0.25两，岁赏0.9两，岁饷3.9两。可见此时卫所军队的粮饷已经远远不及家丁。顾养谦所言"全辽军饷皆薄甚，而独于正兵营家丁议之稍厚"。那么在此制度下，以家丁作为主力的辽东明军，是否能应对辽东的战场呢？从结果而言，显然是不能。

---

① 顾养谦：《抚辽奏议》卷6《全镇图说》，明万历刻本。

厚待家丁，而薄待卫所军，虽然有其正当性，毕竟此时卫所军队战力孱弱，不靠精锐家丁，确实难以取得战果。但是，依靠金钱培养出来的军队，不可能完成保家卫国的任务。这一点，戚继光早已发现。戚家军的强大战力，不是靠金钱堆积形成的，而是靠严格的训练以及保家卫国的坚定信仰，而这些，是辽东家丁所不具备的。辽东镇以家丁为核心的军事方针，就意味着军队的趋利属性，不仅没有解决卫所制的腐败问题，更没有提升明军的战斗力。当危机出现时，辽东明军并没有挽狂澜于既倒，反而加速了大明王朝的覆灭。

第十章　落日余晖

万历初年，经过张居正改革，大明王朝的国力有所复苏。辽东在总兵李成梁，巡抚张学颜、顾养谦等人的经营下，状况尚且安宁。但随着万历二十年（1592年）到万历二十八年（1600年），明廷陆续经历了平定宁夏副总兵哱拜叛乱、援朝抗日战争和镇压播州杨应龙三场大战，耗空了明朝的国力。在三大征中，不仅辽东的军力受到了削弱，而且也打破了明朝与女真之间脆弱的平衡。

脆弱的平衡

首先是爆发于万历二十年（1592年）的宁夏之役。宁夏之役可以说是明代灭亡的军事预演：首先，宁夏之役的缘起，并不是外部入侵。发起叛乱的，正是明朝的游击将军，原宁夏副总兵哱拜以及所属的家丁。其次，宁夏一镇的叛乱，不仅驻守宁夏镇的明军不能平定，连三边总制麾下的军队都堪称"束手无策"，要从辽东、宣府、大同乃至浙江调拨精兵才能镇压。第三，此时明军的粮饷已经是捉襟见肘，粮饷的匮乏，成为宁夏之役久久不能解决的症结所在。如果能够从中吸取教训，大明王朝尚有延续的希望,然而时间并没有给大明王朝这个机会。从宁夏之役,到援朝之役,再到播州之役,从万历二十年(1592年)到万历二十八年(1600年),三大征耗尽了明军的家底。万历三十五年(1607年),根据刑科左给事中曹于汴的奏疏:"先年宁夏之役,费饷金几二百万;东倭之役,七百八十余万;播州之役,亦费三百余万。"①

在三大征中,宁夏之役虽然从三月叛乱到九月平定,时间并不算长,而其地点也局限于宁夏,但是却总共耗费了近二百万两白银。

万历二十年三月(1592年),哱拜叛乱刚起,总督西北的魏学曾就上奏:"宁镇内多房,外且逼虏,非广集兵马钱粮难以扑灭。便宜调总兵李昫、副使杨时宁进剿,疏乞全陕钱粮听其挪借,所属官听其委用,仍求户、兵二部速发饷银以备悬购。"同时,明军围困宁夏城,并定下水攻之策。

> 己丑,兵部题宁夏乱卒恣横……乃若黄河水高宁夏城数丈,次坝灌之,贼当立死,亟遣劲兵,先据人灞(坝),以渥(握)胜机,仍绝其饷道,则一城坐困,必有斩贼出应者。②

---

① 《明神宗实录》卷441,万历三十五年十二月癸未条,台湾"中央研究院"历史语言研究所1962年校印本,第8395页。

② 《明神宗实录》卷246,万历二十年三月己丑条,台湾"中央研究院"历史语言研究所1962年校印本,第4591页。

然而，因魏学曾在招抚与强攻之间摇摆，给了叛军喘息和调整的时间，叛军勾结蒙古军队，明军压力骤增，因此，明廷从全国各地调集精兵，开赴宁夏，如此一来，明军的耗费剧增。从万历二十年（1592年）四月开始，明廷陆续从蓟州、辽东、宣府、大同、浙江等地调兵。四月，明廷先是从辽东调李如松率军奔赴宁夏。五月，浙江亦派出精兵两千驰援宁夏。浙兵得以成行，在于其粮饷费用全部由浙江开销，不用中央政府再调拨军费。

> 浙江巡抚常居敬言：浙兵素称骁勇。去岁倭警，特汰老弱，募精壮，申严节制，一时将卒人人有灭贼心。如宁绍参将杨文等，听用参将叶欢等，俱身经血战，勇冠一时，愿于所练各兵选一千名，令统赴宁镇为督臣冲锋犄角之用。粮饷器械俱臣措给。上以助兵讨逆，特嘉其忠，着该将官统赴杀贼。①

就在几天之前，朝廷刚刚驳回了陕西巡抚沈思孝请求调集浙兵五千的请求：

> 先是陕西巡抚沈思孝言：逆贼勾虏诸部向应，而陕兵调遣无余。欲募浙兵五千，宣大骑兵五千，乞发帑银充饷，并

---

① 《明神宗实录》卷248，万历二十年五月甲申条，台湾"中央研究院"历史语言研究所1962年校印本，第4623页。

释李材赴用。兵部会户部覆议:募兵远地,势难立至,无如就陕招募土兵三五千,可济防守。所请银两,务救燃眉,李材谋略素称,宜从抚臣之请。诏发太仆寺马价十万两,着思孝即于本地募兵练习防御,仍命户部发银五万充饷。[1]

兵部与户部原本以"募兵远地,势难立至"否决了从宣大、浙江募兵、调兵的请求,但却同意给陕西十五万两白银用于练兵,可见从两地调兵花费之大。因此当浙江巡抚提出"粮饷器械俱臣措给"后,明神宗立刻就同意了这一请求。浙江兵具体花费了多少,难以追寻。但从李如松一路看,这个花费是不少的。李如松军在万历二十年(1592年)四月的花费如下表所示:

李如松援军花费

时间	银钱数量	事由
万历二十年四月	八万两	赍库贮济边银八万两,给讨叛边兵行粮
万历二十年四月	一十万两	发行军犒赏银二十万,赏从征宁夏军丁每名二两,其中军千、把总等官听总督酌给,余备临阵先登、斩获等用
万历二十年四月	三千两	发马价银三千,给监军御史梅国桢、督军李如松沿途犒赏

---

① 《明神宗实录》卷248,万历二十年五月丁丑条,台湾"中央研究院"历史语言研究所1962年校印本,第4619至4620页。

仅万历二十年四月（1592年），明军就花费了二十八万三千两白银用于李如松军的行粮、犒赏。除了辽东、浙江二路兵外，明廷最终还是调拨宣大精兵六七千人星夜驰援宁夏。魏学曾亦调集周边军力，向其集中。而除了援军外，明廷亦给陕西划拨巨款，用于募兵、筹粮、犒赏。如下表所示：

时间	银钱数量	事由
万历二十年三月	五万两	犒师
万历二十年四月	十万两	发库贮济边银十万两，给补甘肃镇经略借支及备召军之用
万历二十年五月	十五万两	发太仆寺马价十万两，着思孝即于本地募兵练习防御，仍命户部发银五万充饷
万历二十年五月	五万两	发库贮济边银五万两，给巡抚沈思孝备募兵月粮之用
万历二十年六月	二十万两	兵部请遣素有威信服人房大臣一员经略宁夏，仍发帑银二十万，听便宜御房平贼
万历二十年八月	三十万两	仍发马价十万解往犒军，行南京户部发银二十万付陕西巡抚召募战守之用

当然，光花银子是没有用的，仍然需要他处将粮草运往陕西、宁夏，方能满足作战需求。万历二十年（1592年）四月，明神宗就"诏三边督抚委司道有司买运粮料刍束，以备军需"。当月明军第一次攻城战，就因粮草不足而匆匆结束。因此，明军一方面四处调集援军，一方面筹措粮食，运送前线。

宁夏镇乃至陕西全省的军粮，都不足以平定此次叛乱，因此势必要从外省调集粮食。当年五月,宁夏巡抚朱正色因粮饷缺乏,叛军又引外敌乘虚而入,请求朝廷"简部院大臣专督边储民运"。户部查看九边年例后,认为与陕西邻近的四川、河南二省尚有库存余粮,因此调集四川粮食十万石、河南粮食八万石,转运至陕西备用。同时,新增盐引,以开中法补充粮食。

明军广集精兵,筹措粮草,再加上水淹之计,如果这些措施真能布置到位,宁夏之役应能迅速解决。然而,在关键时刻,明军的粮饷又出现了问题。叛军不仅设伏明军的后勤车队,更与蒙古骑兵勾结,阻断了明军粮道。明军状况愈发困苦。幸而李如松、麻贵等将领奋勇拼杀,以及继任总督叶梦熊彻底断绝了招抚的念头,节制诸将,坚决主攻,明军得以先后击败蒙古外援与叛军。最终在万历二十年(1592年)九月攻破宁夏镇。

宁夏之役虽然平定,但是已经暴露出了明军在面对大规模战争时后勤的力不从心。首先就是粮食的缺乏。自从明中期以运银替代运粮,折色代替本色,大明边军的粮储一直就是一个巨大的问题。宁夏镇的叛军愿意跟随哱拜起兵的一个重要原因就是明军拖欠粮饷。这也是明中后期边镇兵变频发的重要诱因。而战乱一起,魏学曾身为三边总督,总制延绥、甘肃、宁夏三镇,甚至可以说是整个西北的军务,但是其军粮储备竟然无法应对宁夏一镇之叛乱。当年五月,监军御史上奏"千里运粮,兵家所忌,今关外绝无刍粟",因为粮储的缺乏,不得不调动周边四川、河南的存粮,才能应对。其次就是粮食的保卫。洪武、永乐时期,行军作战,粮道规划得非常合理。而到了万历二十年(1592年),明军在境内平叛，粮草的安全却不能保证。四月癸丑，叛军与蒙古军合力烧毁围城明军的粮草，让明军无所得食。不得已停止攻势。到了八月，在李如松所率辽东、宣大精兵已经到达宁夏镇的情况下，明军又被蒙古骑兵截断粮道，陷入被动。

而明军的孱弱，也不仅体现在后勤的无力上。宁夏一镇的叛乱，身为军事重地的西北竟然无力平息，需要明廷调集辽东、宣大、山西、四川、浙江以及苗兵助阵才能平定，而仅仅辽东一路，就花费了近三十万两白银。这意味着明军北境区域防守的策略宣告失败，这一缺点只是在与蒙古主力保持和平的局面下才显得并不那么致命。大战过后，宁夏镇自是一片凋零，陕西全省更是元气大伤。而大明朝廷，以及在这次平叛过程中表现出色的李如松、麻贵，还来不及喘息，又要投入一场更为致命的战争中。大明在军事上的平衡，即将被打破。

最后的高歌

明军在宁夏镇奋力平叛的同时，大明最重要的藩属朝鲜，正在遭受丰臣秀吉所统领的日军袭击。从万历二十年至二十六年（1592年—1598年）的抗倭援朝战争，既是明朝在军事上最后的高歌，也是对辽东影响最大的战争。此次战争，历时七年，就后勤而言，可分为三个阶段：警戒、出征、善后。

虽然明廷一早就得知了日军入侵朝鲜的情报，但是并未派军队进入朝鲜，而是一方面打探情报，一方面加强戒备。万历二十年（1592年）五月，朝鲜国王李昖向明廷报告日军进犯釜山，明廷就下令"诏辽东、山东沿海省直督、抚、道、镇等官，严加整练防御，无致疏虞"。从此时起，明军就开始进行各方面的调动，以应对倭寇的袭击。六月，辽东镇派祖承训率军千余人入朝作战。因为情报失误，这支入朝明军可以说是全军覆灭。而明廷得知战报后并未立刻入朝报仇，而是加紧全国调度，进行作战准备。从万历二十年（1592年）六月到万历二十年（1592年）九月，明廷对抗倭援朝进行了兵员和物资的准备。

《明神宗实录》明军援朝抗倭备战情况

时间	地点	具体情况
万历二十年六月	辽东	发年例银二十万给辽镇备用
	天津	宜将漕粮六七万石截留支用
	山东	于保甲军余中简选壮丁,分拨防守,乞留民屯屯粮银四万并事例班价给饷
	宣府、大同	令总兵麻承恩、李东旸等挑选一万六千以备倭警,应咨户部议发帑银数十万
万历二十年七月	天津	请将调到二万三千人选五千,与南兵六百习水战,余仍归保河操练。每日可省行粮三百六十两,即以造战船备巡哨
万历二十年八月	通州	通州大运三仓积贮数百万石,六军之命系焉。其地倭船可以径达,胡马亦尝再至。是以新旧二城并建凡以树藩屏护储胥也……借太仆寺马价二万济用
	京师	命兵部右侍郎宋应昌往保蓟辽东等处经略备倭事宜

续表

时间	地点	具体情况
万历二十年八月	辽东、天津	宋应昌奏称辽左、天津皆畿辅要害,承平日久,军务废弛。乞赐专敕便宜行事,及请发钱粮,制造器炮,以本部主事袁黄、刘黄裳随行赞画……发二十万,余如所奏
万历二十年九月	京师	铸防海御倭军务都督及大同东路管粮同知各关防
	浙江	浙江巡抚常居敬题奉旨调取防倭战船。浙船大者重滞且尖底木碇难以涉海,惟有沙、唬二船可缘内河抵天津。随即调取八十只,哨官五员,捕舵兵士杂流共一千五百有奇,随船军火器械三千六百余件,药铅子六千余斤,行粮安家船租银共支过八千二百余两
	天津	今与总兵倪尚忠将十营汰多弱,选精锐,可得万五千余人,时操练严纪律,倭不足擒也。新兵三千或令尚忠兼统,或令游击一员领之
	京师	宋应昌已奉新命,宜会蓟辽督抚亲画信地管辖分布,一应挑选防守车炮、水陆坑堑船只,逐一确议奏闻,仍给顺保辽东、山东督抚防倭各敕书遇警飞驰应援,各地方以一倭不入为功
	南京	选得沙船、唬船六十只,捕枪等工九百五十名,长枪一万一千枝,委把总陈天泽等管押计日至天津听用
	蓟州	新设海防游击驻扎乐亭县地方,南兵三千增募七百,廪粮料草约银七万一千,兵部酌照户七兵三分给

到了万历二十年（1592年）十月，日军已经几乎攻陷朝鲜全境，朝鲜国王李昖带着大臣逃至义州，不断向明廷求援。而明廷也基本完成了兵力调度和后勤准备，开始分批进入朝鲜。与宁夏之役一样，此次调兵，明廷集中了全国各地的兵马。最先进入朝鲜的是辽东本镇军马一万人以及吴惟忠所率的南兵三千人：

> 兵部言：近报倭贼欲犯义州，拒敌势不容缓，宜行经略及督抚责令吴惟忠统领南兵火器手各三千，限五日内往辽并发到兵马及本镇兵丁一万克日赴义州，同朝鲜兵将协力堵剿。蓟、保两镇各选精兵五千，宣、大各选精兵八千，马步相半，择将统领，文到五日即往辽东听经略调遣。户部速办粮料并秋文，四川巡抚速催刘綖兵马星夜前来。各督抚挑选精壮，无徒虚文塞责。①

根据《明神宗实录》万历二十年（1592年）十月壬辰条的记载，明军调动的兵力为三万九千余人，这与朝鲜《经略复国要编·益乞增兵益饷进取王京疏》记载的三万八千九百三十七人相近，真正进入朝鲜作战的明军应为此数目。但对于明军进入朝鲜的人数，中朝双方都有不同的数据，在《明神宗实录》中，明廷还计划调集义乌兵，也就是戚家军数千以及山西兵两千和保定兵

---

① 《明神宗实录》卷253，万历二十年十月壬辰条，台湾"中央研究院"历史语言研究所1962年校印本，第4706页。

万余作为后备入朝，朝鲜《宣祖实录》则记为四万六千人，显然是将这些后备军也算入了。

近四万大军奔赴朝鲜，对于此时的明军后勤来说，是一场严峻的考验。明军的粮草供应，主要还是来自中国，朝鲜能提供的军粮极为有限。朝鲜方面在明军入境时曾进行过统计，其按明军数量为四万八千人计算，得出其日费粮食七百二十石，而义州存储的粮食不过五万石，按朝鲜方面的计算可以支撑五十余日。而根据《明神宗实录》万历二十年（1592年）十二月己亥条的记载："至于义州存贮粮料豆草，及辽阳仓积，可供五万兵马数月之用。"而从明军入朝，到碧蹄馆之战，足足三月有余，绝非朝鲜所能供给的。援朝明军的粮草，至少一半以上来自中国的供给。

而明军的粮食，也绝非辽东一镇能够供给。尤其是远道而来的援军，其花费都需要明廷解决。辽阳仓虽然有储粮，但这些粮食原本是用于辽东镇的防御，要满足援朝明军的粮草补给，势必要从他处调运粮食。

> 户部言：经略侍郎宋应昌题称永平、山海额设刍粮止为防虏，今调集大兵防倭，主客兵饷一时兼应，召买无从。先年顾巡抚议开海运，拨临、德仓粮数万石，繇天津达山海至辽东，以备大兵支用，诚便计也。所用船只、篙工悉听抚臣酌行，奉旨备倭。粮饷既有运道，可通着行漕抚等衙门，速

以备春防无误。①

临、德仓,即临清仓与德州仓,临清与德州均是大运河的重要节点。按照制度,漕运系统在临清储备有十一万四百石预备米,德州储备有七万石预备米。这些军粮,从德州经过运河到达天津,再过山海关到辽东,用于援朝明军的补给。

明军进入朝鲜后,展现了卓越的战力,万历二十一年(1593年)正月,平壤之战,明军大获全胜。接着又乘胜占领开城。但在二月的碧蹄馆之战,明军遭遇日军伏击,攻势受挫。明军与日军进入对峙。但是这对明军后勤来说,无疑是加剧了压力。在万历二十一年(1593年)二月,明神宗朱翊钧下令犒赏援朝明军白银十五万两。同时让山东等处购买粮食,准备从登州、莱州出发,通过海运补给明军,"务使东征四五万人可彀半年之用"。在此期间,李如松还派兵焚烧了日军粮仓。此时朝鲜半岛因为战争的破坏,基本上是无粮可征。中日双方都在后勤上陷入了困境。在此情形下,双方撤开了真正的苦主朝鲜,进行和谈。以后世的眼光看,明军与日军在万历二十一年(1593年)的和谈,是一场"鸡同鸭讲"的乱弹,但对于当时位于朝鲜半岛的双方来说,能和谈实在是再好不过了。对于日军来说,作为侵略者,在明军进入朝鲜半岛的那一刻,其占领朝鲜半岛,进而进攻明朝的企图就已经失败了。在平壤之战中,日军死伤惨重,碧蹄馆之战,日军

---

① 《明神宗实录》卷254,万历二十年十一月壬戌条,台湾"中央研究院"历史语言研究所1962年校印本,第4720页。

虽然以优势兵力重创明军，但也被明军骑兵强悍的战斗力所震惊，完全失去了大规模决战的意图，加上李如松焚烧了日军在龙山存储的大量粮食，日军已经无力再发动大规模攻势。明军则一方面在碧蹄馆吃了大亏，精锐骑兵死伤惨重，尽管对于碧蹄馆之战明军的伤亡数量一直存在争议，但明军至少损失了数千辽东骑兵是毋庸置疑的。另一方面，粮草不济的情况已经发生，朝鲜重臣柳如龙在碧蹄馆之战后，发现明军士兵已经面露饥色。明军一方面粮草补给跟不上，另一方面人数并不占优，要想短期内击败全部日军，显然也无法实现。而战事拖延越久，粮草补给就越困难。此外，还有一点，就是此时朝鲜瘟疫横行。山东巡按周维翰从朝鲜回国后，谈到朝鲜：

> 山东巡按周维翰言：臣奉命驰过鸭绿江，前诣平壤，咨谙军情、夷情，颇得梗概。军有久难再羁之情，倭有去而未决之情。夫军之所以久难再羁者何也？病势已迫而不可淹留也。倭之所以去而未决者何也？贡瑞已开而不可收拾也。盖军士自抚贡之说渐起，而战斗之心渐弛，及湿暑交浸，疫瘟大作，亡殁多人。军中泣声震野，一经物故，尸辄烧焚。诸军悲且怨矣。即今途中，臣所目击，枕籍道傍者，气息奄奄，伛偻而行者，癯然鬼面，尚可为行伍备乎？臣谓军情久难再羁者，此也。[1]

---

[1] 《明神宗实录》卷264，万历二十一年九月壬戌条，台湾"中央研究院"历史语言研究所1962年校印本，第4908至4909页。

因此到了万历二十一年（1593年）六月，中日双方开始议和，并初步达成协议。日军退出朝鲜王京，回到釜山一线。明军也开始撤军。万历二十一年（1593年）七月，明军陆续撤出朝鲜，宣大兵先行，保定兵次之。只留下刘綎部南兵防守朝鲜要害。到了八月，原本用于备倭的二十万漕粮也用于江北赈灾。中日双方均不会再发动大战。但是朝廷依然要为留在朝鲜的明军负责粮饷。由于朝鲜被破坏得过于严重，能提供的粮食极为有限。宋应昌原本计划留一万六千人防守朝鲜，而这些人一月就要耗费五万两白银，这些钱都要从户部、兵部出，朝鲜只是"量助衣、鞋、食米等费"。因此最后只留下刘綎五千兵。即使如此，朝中言官也不断弹劾此事，认为在朝鲜驻兵是"实外虚内"之举。但好在神宗皇帝坚定了驻军之心。

中日之间的和谈本身就是对于现实的无奈"妥协"。日本的条件中国无法同意，中国的诏书，日本视为侮辱，双方都不认为自己是上一场战争中的败者。因此日本在万历二十五年（1597年）正月，再次发动侵朝战争，丰臣秀吉派大军入侵朝鲜。明廷再次派兵驰援朝鲜。在选定主帅之前，兵部已经开始筹办明军粮饷：

> 议援则必议调兵，议兵则必议运饷，议兵饷则必议设官。今廷议已详，援兵请于宣大、蓟辽挑选七千名，其应募浙兵三千七百余名，令督臣即于本镇募用，以省劳费。省直

水兵陆续调发，行、月二粮，折色取给中国，本色折办朝鲜。①

万历二十五年（1597年）二月，明廷以麻贵任总兵官，并"照先年戚继光伍法，共选三千七百八十五员名，以原任副总兵吴惟忠领之；原议辽兵三千名，今议再加挑选，以原任副将杨元领之"。明廷让南兵与辽东兵先行入朝支援，并让朝鲜先备下粮食，作为后勤保障。当年三月到五月，明军陆续进入朝鲜。三月，明军征集军士一万九千名；四月，调四千军前往辽东把守门户，并将辽东存粮运往朝鲜；五月，此时明军已经调集三万大军，但对日军依然处于劣势，负责经略朝鲜的兵部尚书邢玠针对朝鲜多山的地形，请求从湖广等处再调南兵前往朝鲜。万历二十五年（1597年），进入朝鲜的援军当在四万余名。

面对卷土重来的倭寇，邢玠做好了长期抗战的准备。其对明神宗说道："今日当严整兵粮为三年计，万不可希侥幸，图节省。"五月丙申，朝廷下拨了二十五万七千两白银作为明军三个月的月粮和犒赏之用。此时明军的军饷依然不足，就在九天之后，户部上奏辽东积存的粮食加上朝鲜存粮，只剩下二十余万石，因此朝廷再追加三万两白银从山东购买粮食，由登州、莱州海运至辽东旅顺，再船运至朝鲜，同时，从临清仓和德州仓再各调米二万石至登州、莱州转运。到了当年十月，邢玠上报了援朝

---

① 《明神宗实录》卷307，万历二十五年二月壬申条，台湾"中央研究院"历史语言研究所1962年校印本，第5736页。

所用粮食数量，其计划于万历二十六年（1598年）筹措粮食八十万石，其中十万取自朝鲜，七十万取自国内，分别来自山东、辽东、天津三处。山东之粮，多为籴买而来，辽东之粮为辽东镇原本之积蓄，天津则为漕粮。

二次征倭，毕竟此时朝鲜尚有半壁江山在明军控制之中，明军的后勤运输采用的是两条路线。一条是将辽东存粮直接送往朝鲜，另一条则是将山东、天津两处筹集的粮食由海船运往辽东半岛再转交骡马车运。明廷甚至还打算在万历二十七年（1599年）从淮安清江浦直接将漕粮海运至朝鲜义州。从督饷侍郎张养蒙在万历二十六年（1598年）八月所上条陈饷五事看，海运是此次援朝明军最重要的补给方式：

> 其一谓江南造船，工料不坚，重费修艌，宜申严督委侵冒之令。二谓海运数千里，稽延时日，且多驾言漂损，乘机侵渔，宜严押运后时之罚以祛积习。三谓本年额运粮饷俱至义州交卸，方作实数：通限岁终总考，不及额者题参，来岁仍照限半年考成。四谓东征兵饷，岁运米七十万石，银百十万两。有调募未到者，原派粮料应该扣除，以细核实支之数。五谓广求海运可通之路，宜咨山东、保定各巡抚，悉照饷臣所议，将岁派粮饷分投各海道转运。如山东登、莱粮少，移就济南粮多之所，而济南兑运水次，改赴利津，新改漕船，即向利津领兑。该道运额取支应动预备仓粮，与临、

德二仓本色，尤为近便。报可。[1]

但在明军兵力、粮草尚未完成调度时，日军已经发动攻势。驻守在南原的杨元所率三千明军，全军覆没，杨元仅以身免，明军继续后撤，日军占领全州。幸而麻贵在稷山之战击败日军，阻止了明军的颓势。但此后的蔚山之战，明军主将杨镐指挥失策，为日军所败。双方又陷入了对峙局面。

日军的二次侵朝，显然不会再接受沈惟敬之流的忽悠而退兵。邢玠备粮三年，调集大军的思路是完全正确的。但是日军筹备已久，而明军是仓促集结，且分散防守，杨元所率三千辽东军，面对约五万日军的强攻，损失了两千七百人、三千四百余匹战马，正是兵力不占优之故。因此，邢玠继续从南方调集步兵，同时调集水军赴朝，夺取海上控制权，切断日军的补给线路。到了万历二十六年（1598年）四月，明军已经调集了九万大军，由麻贵率领骑兵，刘綖率领四川等处南兵，陈璘率领广东之兵（以水军为主）。五月，明军悉数到达朝鲜。到六月，明廷已经花费了六百多万两白银用于战事。万幸的是，明神宗与邢玠的坚持并未付诸东流。万历二十六年（1598年）八月，日本侵朝战争的主导者丰臣秀吉病死。十月，日军得到消息后，计划撤退，明军与朝军趁机进攻，最终将日军赶出朝鲜。

从明军后勤的角度看，丰臣秀吉的死亡恰逢其时。就在万历

---

① 《明神宗实录》卷325，万历二十六年八月戊辰条，台湾"中央研究院"历史语言研究所1962年校印本，第6033至6034页。

二十六年（1598年）十月丙寅，兵科都给事中张辅之等人还在上疏，言明军数万，大部分只携带了十日行粮，最多也只有半月行粮，而朝鲜国王疏于政事，无法满足明军的后勤保障。因此其请求明神宗督令朝鲜国王协助筹措军饷。明军耗费巨大，但粮草补给的情况只能说勉强维持。如果不是丰臣秀吉病故，日军撤兵，明廷的花费还要更加巨大。然而，日军的失败，并不是这场战争的终结。

围绕着善后问题，明廷与朝鲜又陷入了争执。对于明朝君臣来说，既然丰臣秀吉已死，日军也被赶出了朝鲜，那么将近十万的明军就应该及早撤回国内，既可以减少军费，又能加强国内的防卫力量，且明军将士也不愿远离故土，及早回军，方为上策。但朝鲜君臣并不这么想，朝军作战能力低下，根本没有独自防御日军的能力，况且朝鲜名将李舜臣也在露梁海战中阵亡，实在是心有戚戚。尤其是第一次援朝战争结束后，日军的卷土重来，给了朝鲜太深的心理阴影。因此朝鲜强烈要求明军在朝鲜多待些时日，等确定日军不会再来，明军再撤退。

站在朝鲜的立场上，这个要求很合理。但是朝鲜君臣有一处不厚道的地方，那就是不负担军饷。援军要来，钱粮不出。明廷之中早就对此颇有怨言，在战事尚未结束之时，言官就纷纷上奏，认为援朝之役劳师动众，久而无功，不如及早撤军。到了战事结束，明廷内部又展开舌战，就撤军还是驻军进行了激烈的辩论。战事结束两月有余，援军也未曾回国，每月耗费何止数万。到了万历二十七年（1599年）三月，眼看日军是真的撤退了，明军才陆续撤出朝鲜。四月，明廷命各地在援军回程路上预备钱粮给明军支用，并发给明军各营凭证，其物资陆路可由车辆装载，水路则由运粮空船携带。同时"发马价五万两，俟各兵入关酌量多寡，委官于境上分给"。次月，又"发银十四万，委官分给东征将士"。万历二十七年（1599年）十月到十一月，又花费二十万两白银用作永平、辽东援军的回兵费。

万历二十七年（1599年）闰四月，明神宗发布《平倭诏书》，宣告天下，战事胜利。主体战事结束，但明廷仍然留了一支军队协防朝鲜。而且相比壬辰年，军队的人数要多得多。万历二十七年（1599年）五月，御倭经略邢玠条陈东征善后事宜十事，其中言及，驻朝明军仍有三万四千一百人，马三千匹，其"月饷官兵盐菜及新造唬船，每年共该银九十一万八千九百六十余两"，"合用米豆，分派辽东、天津、山东等处除起运及见贮者，尽数催发外，另每年分派米豆十三万石。俟朝鲜收成之后徐议停运"。同时还建议在朝鲜开垦田地，满足官兵生存之需。此举亦遭到了言官的反驳，户科左给事中李应策言："议留兵三万余，岁费饷银几百万，米豆十三万石，马三千，此在全盛之时尚不能尽给，而况今日匮乏之际乎？"

言官的反驳并不是抬杠。根据户部计算，自援朝以来，明廷向朝鲜运送了超过八十万石的粮食，光这一项，就折合白银四百万两。各路明军的月饷就有二十二万两。而且，援军在朝鲜的物价远远超过国内。在天津盐菜钱为一月三钱，朝鲜则要九钱到一两二，是天津的三到四倍。而且这些钱并非都用到了实处。军官贪污的情况并不鲜见。其中把总梁天胤,征调之时在国内观望逗留,浪费白银四万两,等他赶到朝鲜,战事都已结束,还要求朝廷补饷三万两。"朝廷未得毫末之力,而靡费已不赀矣!艰窘帑藏,何能堪此?"因此朝廷减少了朝鲜驻军的数量,先是由三万减至两万,之后再由两万逐步减至一万六千。到了万历二十八年(1600年)二月,朝鲜可将义州、王京等处仓库中的米豆一十余万石作为驻朝明军的月粮。明廷则负责驻军粮饷的三分之一:

> 天朝量助三分之一,先经本部发银十万,已足量助之数。即如各兵全给折色,不过再发七万余止耳。伏乞命下太仓银库即于清边等银内动支六万两,并先题发关外银八万两,刻期兑发,听留戍官兵二十七、八两年分粮饷支用。其王宗各仓米豆十万石,每石作价六钱,酌量搭放。义州仓米豆九万余石,乞敕辽抚悉心计处,或发辽左备饷,或折价银协济,务期实用,不致狼戾。①

即使如此,耗费仍然巨人。根据兵科都给事中侯先春在万历二十八年(1600年)七月的上疏,驻扎朝鲜的一万六千名明军,一年要花费四十八万余两白银,国内饷银已经极度缺乏,而朝鲜本色粮食根本不足以养活驻军,户部也不拨给银子,驻军已然陷入困境。到了八月,这些驻军终于回到了国内。援朝战事才算划

---

① 《明神宗实录》卷344,万历二十八年二月戊寅条,台湾"中央研究院"历史语言研究所1962年校印本,第6393至6394页。

上句号。

　　万历援朝之役，是万历三大征中，历时最长、花费最大的。其最大的支出，就在于向援朝明军源源不断地输送粮草。按照《明神宗实录》的记载，朝鲜之役花费七百八十余万两白银，而运粮一项，就花费了四百多万两。再加上犒赏、抚恤等钱，消耗了明廷大量的国力。而没有算在里面的还涉及沿海防御，以及蓟辽等处募兵之费用，原本蓟辽、宣大等处的精兵被抽调至朝鲜，其还要再花钱募兵防守，这同样是一笔不小的开销。

　　从战略上看，万历援朝之役是极为必要的，如果坐视朝鲜灭亡，日军对于明廷的损害还要大。辽东将是真正意义上的三面受敌，西有蒙古，北有女真，东有日本，辽东将永无宁日。而日本也将得陇望蜀，进一步侵犯中国本土。后来日本的侵华战争，也正是延续了这一路线。出兵援朝，既是道义上宗主国对藩属所尽的义务，战略上也使得中国腹地免受兵灾。只是援朝一役，耗费巨烦，为明军在辽东等处的失败，埋下了伏笔。

余音

　　万历援朝之役，对整个明军的影响是巨大的。根据万历二十七年（1599年）九月的统计，大同镇征调的援朝明军，出征六千人，只回来二千一百人，调马八千四，只回来四百匹，宣府的情况与大同差不多。这个时候，明军，乃至整个大明需要的都是休养生息。然而天不佑大明，万历二十四年（1596年），播州土司杨应龙公开反叛，到了万历二十七年（1599年），战事进一步扩大，杨应龙开始向内地攻掠。朝廷不得不再派大军征剿。刚刚结束援朝之役的刘綎，不得不再次投入播州之役中。播州之役的过程不再赘述，自万历二十七年（1599年）明廷起大军征讨，到万历二十八年（1600年）明军攻破海龙屯，杨应龙彻底失败。其对西南的荼毒之烈，也丝毫不逊于宁夏之役对宁夏镇的破坏。

从万历二十七年（1599年）开始，乘着川兵精锐奔赴朝鲜，杨应龙扩大了战事，使得朝廷不得不征调贵州、湖广、四川、广东、浙江、福建、广西、云南等处军队。除了南兵，明廷亦从蓟州、辽东、山西、延绥、固原等镇调集精兵，以及部分从援朝战场上回撤的明军奔赴贵州平乱。如此一来，筹备军饷就又成了一个问题，万历二十七年（1599年）八月，户部言太仓银只能支付十六万两，之后又截取了四川送往陕西的年例银十万两，户部银四十万，兵部银二十万，福建贮库银十万两，以及湖广应解京库银等项五十余万一并用作军饷。该月朝廷就动用了一百四十六万余两白银，占整个播州之役耗费的一半。同时，还将湖广等处原本要运往京师的漕粮也拨给征播明军，当年十一月，就将"湖广本色漕粮二十一万二千二百六十五石，并耗尖米十六万一千二百余石以充征播军饷"。

从播州之役粮饷征集的过程看，明廷的积蓄已然不足。宁夏之役和援朝之役，明军的军饷、犒赏，主要还是从国库支出。但是到了播州之役，明廷已然要调动地方库存银两来充给军费。上述银两中，也并未支付到位，闽粤浙等处的银两尚未运到，云南、陕西的银两无法支付，导致军士再次出现饥饿的情况。到了万历二十八年（1600年）正月，朝廷又从广西桂林、梧州两府调集库存银二十万用于军饷。毫不夸张地说，万历三大征已然将万历初年张居正改革所积累的家底消耗得干干净净。而明军的军饷问题也愈发严重。

明代中晚期，明军的军饷，无论本色还是折色，都只是勉力支撑。三大征后，原本并不丰厚的家底，更是雪上加霜，明军处境可想而知。到了万历二十九年（1601年），竟然发生了明军吃死尸的丑闻。

> 甲申，命紫荆、马水军士月饷，每岁给本色三月，豆一月，仍以所发临、德仓粮分赈。时巡按御史于永清巡视边关，至马水口公署，二守卒饿甚，割山涧死人肉，且炙而且啖。永清闻其臭，掺而得之，为之流涕，遂以上闻，故有是命。①

紫荆关位于今保定市，其军士竟然饿到吃尸体，明军之困，可见一斑。但九边之中，经过三大征后，形势最为危险的，莫过于辽东镇。战争的消耗，一是人，二是物资。而万历援朝之役，两者损耗最大的都是辽东镇。万历二十六年（1598年），根据东征赞画主事丁应泰的奏报，辽东镇仅在李如梅兄弟麾下就阵亡了两万多人。万历二十七年（1599年），言官为罢辽东矿税，言及

---

① 《明神宗实录》卷360，万历二十九年六月甲申条，台湾"中央研究院"历史语言研究所1962年校印本，第6725页。

辽东惨状，"辽左三面逼虏，蹂躏难支，加以倭奴发难，士马疲露，死伤殆尽"。除此以外，辽东的积存粮食也被调拨给援朝明军，积蓄为之一空。

早在三大征之前，辽东镇的情况本身就不容乐观。万历十四年（1586年），因为辽东孤悬，请求增饷十六万八千余两，而此时辽东一镇的军饷已经达四十余万两白银，兵部言户部已经无钱可出，拒绝了此次增饷的请求，此时太仓银已经入不敷出。到了万历三十五年（1607年）八月，连太仆寺马价银，也已经入不敷出。太仆寺少卿李思孝上疏道，嘉靖、隆庆间积余有一千余万，自三大征起，宁夏之役从太仆寺借银一百六十万，援朝之役借银五百六十余万，播州之役三十三万，加上其他各项军饷开支，太仆寺已经借给户部九百八十三万两。实在是无钱可出了。一方面，辽东损失严重，另一方面，国家无钱可出，辽东镇既缺兵员，又缺钱粮。形势岌岌可危。到了万历三十五年十二月[①]，兵部同意了时任辽东巡按萧淳的"条陈六事"。其中描述了辽东困境，并提出了解决办法。

第一条是"补额兵以备战守"。辽东原本是九边之中的重镇，但经过援朝之役，元气大伤。"往时辽兵以十万计，视九边称雄。自万历十九年（1591年）阅视，科臣侯先春查汰缺伍，定为经制，兵仅八万，饷亦如之。续因倭警虏患征发调残，全辽兵马仅

---

① 万历三十五年十二月已至公元1608年。

止八万。大营官军堪战者不满百，东西应援，力薄难支。"①此处所说的额兵，指的是额定的数量，而非实际数量。即理论上，辽东镇在万历三十五年（1607年），仍有八万人，其粮饷供给，也是按八万人的数量发放。根据时任户科都给事中李应策在万历二十八年（1600年）三月的奏疏，经过援朝之役，辽东镇堪战的军队只有四万余人，此时也并未恢复到战前的水平。因此萧淳请求将辽东军队充实到八万，并"以原设之饷补给原额之兵"，以此加强辽东的攻守能力，以应对崛起的努尔哈赤。

第二条是"清官丁以均劳逸"。辽东地处关外，军士的成分也比较复杂，有汉官、土官、达官（鞑官）三种。汉官即从洪武、永乐年间开始戍守辽东的汉军，土官即归属东宁卫的归附女真人和朝鲜族人，达官则是安置在安乐、自在二州的女真族人。三者的权利、义务并不一致。土官的月粮与汉官一致，其俸禄虽然只有一半，但父子兄弟不用当差。达官则是"不差不粮，亦不委任以事"。到了万历三十五年（1607年），土官、达官的数量较明初大为增长。土官"丁口溢浩，且多奸徒影射其间"，达官则"私收役占之弊，视土官、华人为甚"。有鉴于此，萧淳提出将土官的俸粮按照汉官发放，同时将其人口尽行编差，以充分运用其人口资源；达官则挑选身体强壮，技艺精良者，"与汉官一体委用"，其徭役则"帮丁亦照数抽差，或以二项帮丁量增数人以示优待之意"。萧淳以此举均平汉官、土官、达官三者的徭役。

① 《明神宗实录》卷441，万历三十五年十二月癸未条，台湾"中央研究院"历史语言研究所1962年校印本，第8389至8390页。

第三条是"定市赏以杜侵冒"。辽东本有马市，以太仆寺马价银购买女真族所养马匹。到了万历年间，随着左翼蒙古进驻辽东，其夺取了部分女真部落的互市凭证，也通过马市牟利。而其中不乏贿赂官员、以次充好、骗取银两的行为。"积年马户贿领抚银累千盈万，径不买马，间以一二羸瘦支应"。因此萧淳提出要对马市进行严格管理，由军士挑选马匹，根绝弊政，重振骑兵。

第四条是"严防御以伐狡谋"。此时努尔哈赤正在征服女真诸部，已经引起了明朝的警惕。因此萧淳提出要加紧操练兵马，同时联络海西女真那林孛罗，加之由蓟镇调兵充实力量，再让朝鲜加强守备，多管齐下，以"为消患未萌，料敌制胜之期策"。

第五条是"酌赏罚以振积懦"。萧淳言辽东镇"自款市之后，武备废弛。每遇虏警，上下怔怯，掩饰欺蒙，虽经勘究亦不过拟杖罚赎而已"。因此其提出要加大对战败军官的惩罚力度："依律而外有杀掳军民数十人，及亡失头畜衣粮数多者，本管将领各充军终身，副总兵量罚，各路应援以远近降级为差。三百人以上，将领永戍，总兵降二级，各路应援以远近发遣为差。千名以上，将领论死，总兵永戍；承勘州县漏报百名以上者参题革职。"

第六条是"宽积羡事大率，备辽储以应军需"。打仗，一是兵，二是钱粮。比起军队数量、质量的下降，辽东最大的问题，还是没钱没粮。李应策在万历二十八年（1600年）三月所上奏疏中提到辽东已经"不见所余之粮"。没钱，一切都是问题。此时的大明王朝，并不是只有辽东缺钱，而是整个国家的财政都出了问题。

> 大抵京库之空虚，由户部之那解，户部之那解，由边饷之不足，边饷之不足，由太仓之匮乏，太仓之滥觞漏卮，未可殚述。其大指以钱粮无款项、经费无规制两端而已。何谓款项？如外有太仓京粮，内有十库承运，迩者承运库向户部传讨钱粮，部数告匮即免三分之一，犹不能供。①

为了解决国家财政的困难，刑科给事中曹于汴提出了一个极为大胆的建议，就是将皇家私库并入国库，减少皇室开支：

> 内府外府，均为皇上之财，中许边计俱赊，圣明之虑，何至并之太仓，使四顾无策，夺饿商之食以给边军，今商力以殚，而边饷所缺尚八十余万。是太仓穷而商与军俱毙也。何谓径制，如九边之饷，岁费京运七百二十万有奇，皇上初年，已逾一倍，较弘治已前，遂逾十倍，等以少赢，令以多绌。何不亦发明谕，根究原委，如光禄寺厨役，一切各费，祖宗时几何，近年几何，一复旧典，以上昭明德，下祛冗滥。乃徒谓屯政之难清，盐法之难理，虚冒之难汰，使一岁

---

① 《明神宗实录》卷441，万历三十五年十二月癸未条，台湾"中央研究院"历史语言研究所1962年校印本，第8394页。

出额常浮四百余万，竭力搜括，而苦不可继也。①

从萧淳所陈六事，可见辽东问题症结所在，亦可见辽东情况之危急。除去三大征的消耗，最主要的问题还是腐败与懒政，"补额兵"意味着存在吃空饷的情况。朝廷每年支付大量的军饷，其根据是军队的编制，但是大量的经费投入，兵员却没有增加。"清官丁"意味着还存在人浮于事的情况，徭役主要由汉兵承担，本身就是对战力的侵害。"定市赏"意味着明廷用大量银钱换来的是蒙古、女真以次充好的马匹。"严防御"说明建州女真已经蠢蠢欲动，大战必不可免。"酌赏罚"说明军纪松弛。最后一条，则指出国库空虚，而万历皇帝的私库却颇有积蓄。萧淳每一条都切中要害，给出的方案理论上也是可行。从事后看，此时距离萨尔浒之战尚有十余年。若明廷认真对待，尚有回转的可能。可是，造成辽东今日之局面的，正是明神宗以及朝堂上的衮衮诸公与边镇军将。清理军务，明断赏罚，私库充公，无疑是要了他们的命。李应策在奏疏中将辽东困顿的根源说得很清楚：

户科都给事中李应策题，该辽东总兵马林条议补救十策，欲每兵月加银一钱。臣查辽东九万五千兵额，今堪战者止四万，是兵减去十分之六，不见所余之粮饷，而但见增饷。七万七千马额，今堪用者二万，是马减去三分之二，不

① 《明神宗实录》卷441，万历三十五年十二月癸未条，台湾"中央研究院"历史语言研究所1962年校印本，第8394至8395页。

见所余之刍料，而但见增料。要见该镇如何粮饷屡加，兵马愈少，如何马兵愈少，粮饷益增？酌令民财匮乏之时，非惟部伍月粮势不能加，虽保寨仓场亦难轻设。非惟该镇新议力不能从，虽援兵旧饷亦难久给。伏乞严加稽核，以纾国计，岂得以国之命脉、民之膏血，填无穷之壑哉？[①]

李应策与萧淳找到了问题，也提出了解决问题的办法，可是，这个以"国之命脉、民之膏血，填无穷之壑"的正是明神宗朱翊钧本人，那么，这个难题岂能破解？而辽东镇，很快就要迎来它的结局。

---

① 《明神宗实录》卷345，万历二十八年三月戊午条，台湾"中央研究院"历史语言研究所1962年校印本，第6428第6429页。

第十一章　失天下

灭亡的序章

明亡清兴，萨尔浒之战是绕不过去的话题。明军集合大军，分别由杜松、马林、刘綎、李如柏率领，却被努尔哈赤各个击破，此战过后，明军再也没有能力集中优势兵力对抗后金军队。明军多路进军，使得人数优势荡然无存，被后金军队各个击破，历来被认为是明军指挥策略的失误。其中，后勤亦扮演了极其重要的角色。甚至从明军角度来说，萨尔浒之战是明军基于后勤和兵员实际情况，再结合往日"先进经验"而作出的部署。

万历三大征，耗费了大量的人力物力，但从结果上看，明军都取得了胜利。明军也从三大征的过程中总结出了一套战法。这个战法正是调集全国之精兵，统筹粮草，分路合击。宁夏之役，明廷从辽东、蓟州、宣府、大同、四川、浙江等地调兵调粮，人马、粮食充足后才发动最终攻击，播州之役也是一样。援朝之役，调兵范围更广，尤其是二次倭乱，十万大军分作三路，分进合击。可以说，明军以此战法，"屡战屡胜"，征讨努尔哈赤，没有道理不采取这样的战法。

但是，明廷与后金的战争，与三大征有一个本质的不同：三大征的主要目的，是为了收复失地，战争胜利的标志是敌军占领的土地被收回；而萨尔浒之战，其目的不是要占领后金城池，而是要使后金无力侵害辽东。这就决定了萨尔浒之战，谁能消灭对方的有生力量，谁就获得了战争的胜利。努尔哈赤敏锐地抓到了这一点，而明廷，却仍旧将其当作一场与宁夏之役、播州之役相似的战争。在杨镐的经略下，明军的目标，是四路大军分进合击，占领当时后金的都城——赫图阿拉。如果不是双方在萨尔浒遭遇，这场战争，在历史上的名称恐怕是要换一换。

万历四十六年（1618年）六月，在后金军队袭击抚顺等地后，明廷开始"走流程"，调兵，筹饷。那么，此时的辽东，情况如何呢？首先，辽东镇当时共有军队十一万人，其中九万为额兵，其余为他处调集或者招募而来。但这十一万人多属老弱，"人鲜精壮"，且士气不振。因此，大军征讨，势必要从外地调集精锐。其次，是辽东本地的粮饷情况。辽东镇此时能提供的粮食已经很少，因此，此次明军出征的军粮，主要依靠外地运输。原本，辽东的粮食可以通过登州、莱州等处，由山东半岛渡海运往辽东，可是作为援朝之役明军征粮的主要对象，山东民间对此并不积极，故此次粮饷，主要由京师顺天府调运。同时，朝廷依旧四方筹集白银，作为军队调拨的开支。此时的明廷，不仅缺粮，更是缺钱。根据《明神宗实录》卷571的记载：

辛酉，户部议添设督饷司属，以便责成，谓：援兵粮饷，除请发内帑十万，太仆寺二十万，工部二十万，先已解去，又议借南京户、兵、工银五十万，今已差官领解。①

户科给事中官应震言："奴先后克去六城，中间敌台多至一百一十五座，自抚顺至张家楼子几三百里，渐不可支。今调兵将集，粮饷不充。前奉明纶，南京户、兵、工三部共借银五十万两，仅以半解；阃寺②、水衡③犹且断断职掌为争。今查巡青衙门，尚有二十余万，若借水衡五十万，阃寺三十万，共足百万之数，以壮边关之色。乞敕谕诸臣，急同舟之济，毋为畛域起见。"④

万历四十六年（1618年），明廷财政比万历三大征时更为紧张。三大征之前，军费开支主要从户部、兵部开支，不足之处，多借用太仆寺马价银。自三大征后，不仅地方库存银两多被用于军费，工部用银也无法"幸免"，此后连南京的钱，乃至万历皇帝的私库银钱也被用作军饷了。如果光是看明神宗四方筹措军饷的举动，难免会产生其对军事尽心尽力的感觉，但是，大明王朝

————————

①《明神宗实录》卷571，万历四十六年六月辛酉条，台湾"中央研究院"历史语言研究所1962年校印本，第10759页。

② 即太仆寺。

③ 指工部都水司。

④《明神宗实录》卷571，万历四十六年六月癸亥条，台湾"中央研究院"历史语言研究所1962年校印本，第10764至10765页。

的钱，怎么就越来越少了呢?

同样还是万历四十六年（1618年）六月，或许是被明神宗催问得紧了，时任户部尚书李汝华向皇帝陈述了国家财政的困难:

> 户部尚书李汝华言：太仓岁入仅三百八十九万，岁出边饷三百八十一万，一应库局内外等用又约四十万，出悖于入。
>
> 以内供言之。万历六年进过大工、铺宫，各库、监、局钱粮共八十七万六千三百七十五两。二十七至三十年共进过册立、分封、冠婚、典礼各钱粮共二百五十五万七千二百四十七两，几尽一岁之入以偿之。往年婚礼不过十万，潞王用止九万，至福王婚礼，进过四十余万。圣母两上徽号，前后共四十七万有余，升退所费香蜡等项，又约二十二万。长公主婚礼用至十三万五千两，七公主婚礼共折解十万余。今瑞王婚礼，又用过十万余。其金花岁增买办银二十万两。自万历六年至三十三年，止约进五百余万矣。
>
> 以边饷言之。九边十三镇，隆庆间，每岁共止二百三十九万有奇。今增至见额银共三百八十一万九千二十九两余。而又苏州府题借本部米、草、布折等银共十五万二千五百余两。松江府借米、草、布折等银共五万三千九百余两。浙江龙袍，历年借支本部京边银共二十九万六千七百六十两。苏松织造借三十余万。陕西羊绒，每运本部协助银二万二千五百两，何借支之多也。而又湖广司道赃罚、南税等银，原系

济边正项，历年共留七万八千二百九十余两为采木用。山东
四十三年，江西四十四年，俱以灾荒题留税银并抚、按赃罚
共九万二千余两。又四十五年题留四千两。广东四十四年题
留本年赃罚并监税二千八百两。其四川税契，则以留充陕西
协饷矣，何题留之多也。而又有归税监者，则南直税契银每
年三万，山东鱼课商税契银八百余两，泰安香税二万两，南
赣关税二万两，自二十七年归监。四十二年，臣部题留前
银，奉旨户、工各一半，然而又有缩于工部者。查三十七年
以来，节年织造、河工并府第，共借去臣部一百五十余万，
乃各省直所欠京边。自三十二三年起，至今不下六百万，此
太仓所以匮极，而边饷拖欠数多也。①

　　户部尚书李汝华的奏疏，展示了萨尔浒之战前明廷财政的困
难。太仓库本是明英宗设立的户部银库。根据《明史·食货志》
记载："各直省派剩麦米，十库中绵丝、绢布及马草、盐课、关
税，凡折银者，皆入太仓库。籍没家财，变卖田产，追收店钱，
援例上纳者，亦皆入焉。专以贮银，故又谓之银库。"太仓库原
本藏银八百万两，经过孝宗、武宗、世宗三朝不断将太仓银划入
内府用于帝王私用，其银数已经大幅下降。到了万历年间，经过
万历大婚、修建宫殿等项开支，到了万历二十七年（1599年），
太仓库银就被用得干干净净。即使如此，明神宗也没有收敛，从

---

　　① 《明神宗实录》卷571，万历四十六年六月戊寅条，台湾"中央
研究院"历史语言研究所1962年校印本，第10775至10777页。

万历二十七年（1599年）至万历三十年（1602年），光是皇室册立、分封、冠婚、典礼就耗费了二百五十五万七千二百四十七两白银，又哪里有多的钱来接济边饷呢？

国库没钱，打仗要钱，计将安出？其实，神宗皇帝不是没钱，光是两淮盐引，其十年间就收纳了百万白银进入内府。但是面对三百万的军费开支，其却只愿意从内府中拿出十万两。那么军饷从哪里开支呢？万历君臣想出来的办法就是再"苦一苦百姓"——加派。到了万历四十六年（1618年）九月，户部在明两京十三省范围内，除了怕在贵州激起少数民族变乱外，其余地方全部加派地税，每亩增加三厘五毫，按照七百余万顷的数量，则可以征收二百三十余万两白银。一下就解决了萨尔浒之战三分之二的军饷。如果萨尔浒之战明军胜了，此项加派或可停止，只是，由于萨尔浒之战的失败，使得辽东的形势更加危急。而百姓的负担也愈发沉重。

通过八个多月的准备，明军终于勉强准备好了人、钱、粮，万历四十七年（1619年）二月十一日，大军集结于辽东镇，战事一触即发。二月二十五日，明军兵分四路前往赫图阿拉。杜松出沈阳中卫，一路东行，过抚顺城，进军赫图阿拉；马林从开原南下，经铁岭卫一路向南；刘綎率部从宽甸堡出发，汇合朝鲜军队，北上向赫图阿拉东南翼进攻；李如柏部则从清河城堡东行，向赫图阿拉西南翼进攻。

战争的结果，我们都已经知道。努尔哈赤早就探听到了明军兵分四路的消息，制定了"凭你几路来，我只一路去"集中优势兵力将明军各个击破的战法。后金军队先是在萨尔浒全歼了轻敌冒进的杜松部，接着往北与马林部大战，马林仅以身还；然后立刻率军南下，伏击刘绖部，将其歼灭。李如柏部不战而逃，杨镐在沈阳按兵不动。大战就此以后金大获全胜告终。

明军此战的指挥历来为后世所诟病。尤其是兵分四路，又缺少配合，才被努尔哈赤各个击破。作为此战的指挥者，杨镐的昏聩自不必多言，然而从后勤角度来说，亦有无奈之举。《明实录》中记载的军费，往往是明廷的方案，在实际过程中，并不能全部落实。加派二百万，始于万历四十六年（1618年）九月，而大军在次年二月就进行会战，大明的行政效率并不能在短短五个月内完成此项任务，因此在万历四十七年（1619年）正月，屡屡有粮饷不济的奏报，明神宗谕令工部与太仆寺发银以供军饷，到了万历四十七年（1619年）二月，在大军即将开拔之际，工部调银十万用于接济辽饷。

十一万大军，在农历二月集结于东北，多待一日，就要消耗近四千石粮食，十日就是四万石。而明军并非是在二月同时集结的，而是陆续到达辽东。在万历四十七年（1619年）正月，兵部尚书黄嘉善称辽东已是"兵马则日调而多，刍饷则日用而少，目今刍秣不继"。在这种后勤条件下，明军必须迅速进兵。如果在粮食吃光之前，战争还没结束，这些从天南海北调集来的明军，说不定就要当场哗变了。因此，从后勤角度看，萨尔浒之战，必然是要速战速决。只是，明军速则速矣，却并没有充分掌握敌情，对后金军队的了解远远不如努尔哈赤对明军的了解。除了杨镐、李如柏外，其他三路明军都是经过苦战才被歼灭，尤其是马林一路，从战术上说已经做得非常好，其环车为营，以火器攻击后金军队，又分兵占领制高点以防后金骑兵冲击。只是没想到后金军队不仅骑兵战斗力强，步兵更是骁勇。马林大营中的明军火器还没来得及施放，后金步兵就已经冲入明军营中。

萨尔浒之战明军的失败，并不仅仅意味着辽东即将失守，此后明廷为了辽东战事，大幅增加国内税收，使得民众苦不堪言，最终揭竿而起，拉开了明王朝灭亡的序章。

连锁反应

萨尔浒之战后，辽东形势愈加岌岌可危。而明廷为了防止整个辽东落入后金手中，再次筹措粮饷物资，运往辽东。但此时明军的财政更为困难。

以马匹为例，万历四十七年（1619年）五月，为了加强辽东武备，兵部尚书黄嘉善请求添置马匹两万，盔甲、器械三万。此时一匹马的价格为十五两白银。两万匹马就是三十万两白银。太仆寺已经无力支付，朝廷向太仆寺、户部、南京兵部、南京户部、南京工部各征集十万两白银，用于买马，数量也由两万匹增加到三万匹。然而四个月时间过去了，这笔买马银，还在朝廷各部门之间打转。如时任兵部尚书黄嘉善言："题奉明旨，备咨各部，随差官前去候领，四阅矣，不谓户部尚书周嘉谟争执之牍又随至也。一番奉旨，一番抗疏，文移往返，动费日月，全辽再失，咎不独在臣部也。"从兵部的角度看，辽东经过萨尔浒一战，损兵折将,元气大伤,势必要加强武备。否则整个辽东都有失陷的风险。而从户部的角度来看,千言万语汇成一句话:"没钱。"

大明王朝需要花钱的地方太多了。就军饷而言,除了辽东,整个九边,乃至其余各省的军饷此时也成了问题。以广东来说,万历四十六年(1618年)十一月,为了让明神宗取消广东矿税监,两广总督许弘纲算了一笔账,广东共有额设官兵四万五千七百八十七名,粮饷、军器杂费共用四十六万两白银,但广东此项一年收入只有四十三万六千余两白银,已经入不敷出。广东自己的驻军尚难以全饷,还要面对其他各路请饷,在这种情况下,明神宗还要从广东额外收取数十万税金,使得广东"库无可借之银,民无可加之赋,省无可汰之兵"。广东本为安逸富庶之地,在明神宗的折腾下都苦不堪言,整个大明朝就更难了。万历四十七年(1619年),八百万太仓银,九百万太仆寺马价银,都已经荡然无存,萨尔浒之战,调动近十万大军,耗费五百万,却以失败告终。大明王朝左右为难。但在朝廷与百姓之间,大明庙堂还是选择了"苦一苦百姓"。原本只是为了应对萨尔浒之战而加派的辽饷,并没有随着战争结束,反而拉开了明末"三饷"的序幕。

相比剿饷与练饷,辽饷是三饷中征收时间最长的,其数额也是越来越大。从万历四十六年(1618年)闰四月到泰昌元年(1620年)七月,明廷就在辽东花费了军饷八百余万两,花费已然超过了援朝之役。这八百多万两白银,换来的是援军十八万、马十万匹以及二百零五万两千石粮食,多余的钱则用于军队的赏银，运输费用以及衙门的办公费用，而关内调兵的行粮、盐菜钱还不包括在内。根据户部的计算，为了满足辽东新增军饷，一年要加派四百万两白银。实际上，辽东军饷的增长速度比预计的还要快，到了泰昌元年（1620年）九月，仅仅两个月的时间，明廷又在辽东花费了二百五十余万两白银，到了天启元年（1621年）正月，辽东已经花费了朝廷两千零一十八万两白银。这其中除了户部所管的粮饷外，还有工部为辽东所制造的器械、盔甲。从万历四十六年（1618年）到天启元年（1621年），工部为辽东战事打造了大量的器械、盔甲。其中包括火炮十三种，从大型的天威大将军炮，到小型的涌珠炮，共制造了一万一千零九十四门；仿制的国外火器也有万余门，包括大、小佛郎机四千零九十架，鸟铳六千四百二十五门；火药、弹丸更是不计其数，其中清硝一百三十万余斤，火药九万五百斤，硫黄三十七万余斤，铅弹十四万余个，铁弹一百二十五万余个；盔甲则有各类头盔三十六万顶，紫花、梅花甲二十六万余副，绵纸甲一万四千副；此外，还有战车三百四十辆，腰刀九万八千余把，弓四万八千余张，箭二百四十余万支。这些器械盔甲虽然最后并未全数运至辽东，亦可见明廷为了保住辽东是下了血本。

此外，粮食的运输亦是一大支出。以海运为例，光宗即位之初，负责督饷的户部右侍郎李长庚为其算过账，海运粮食比起陆运可节省三分之二的经费。但因自然条件的限制，辽东海运，每年只有七、八两月中共计五十日可以通行，在这五十日中，要把五十万石粮食运输完成，必须支付大量的脚价，也就是搬运费。

由天津海运往辽东的粮食四十万石，最经济也要花费数十万白银。因此新登基的明光宗同意了李长庚从私库中"暂借"一百万两作为"运粮召买之资"的建议。

但是，如此大的支出，换来的是一败再败。天启元年（1621年）三月，沈阳之战、辽阳之战相继展开，明军全军覆灭，沈阳、辽阳以及附近城池、堡寨全部为后金军所有，自万历四十七年（1619年）萨尔浒之战后，两年之中，十八万军队，一千二百余万两白银，付诸东流。诚如加派辽饷之始，户科给事中李奇珍所言："虽有加派、搜括、捐资、留税等银，捐（涓）滴之润，不能当闾尾之泄也。"即使如此，面对后金的进逼，明廷在辽饷上不仅没有收敛，征收之额，愈加愈多。辽阳之战后，广宁成为明军防守的重点，辽东经略熊廷弼亲自驻守广宁城，明军亦将大量的物资囤积在广宁城中。"广宁之役，议饷千万"。最终付诸的，约为二百六十万。但广宁之战又以明军失败告终，明军不仅损失了近十四万大军，更将辛辛苦苦征集来的粮食物资留给了后金军作为战利品。

明军一败再败的同时，大明百姓也承受着沉重的灾难。

> 自辽左发难，军需驿骚，竭天下之物力以供一隅，今且五年于兹，约费内帑金钱以千万计。而加派新饷，出之民者，每岁四百八十五万有奇，通五年约费二千余万。百姓敲

骨剔髓，鬻子卖妻，以供诛求，年复一年。①

　　大明王朝治下的老百姓已经是苦不堪言。与老百姓同样困苦的，还有边军，尤其是西北边军，此时的缺饷问题，日益严重。

　　从明建立开始，西北地区一直处在前线的状态。西北地区，有延绥、固原、宁夏、甘肃四镇，几为九边之半数。但西北的后勤情况并不理想。永乐年间因为后勤问题而放弃了威虏卫。从明中叶开始，河套失陷，蒙古骑兵屡屡越过防线，掠夺人口、物资，使得西北的生产环境更为恶劣。好不容易等来了隆庆议和，与蒙古军队达成了总体上的和平，到了万历二十年（1592年）又经历了宁夏之役，其后勤情况早就不容乐观。

　　随着辽饷在全国的摊派，西北缺饷的情况不减反增。到了天启年间，朝政把持在魏忠贤等人手中，终于出现了更严重的危机。崇祯即位之前，大明王朝的西北边境已是哀鸿遍野。以天启七年（1627年）三月到崇祯元年（1628年）三月这一年的时间为例：

时间	地点	情况
天启七年三月丙戌	延绥镇	延镇欠饷数多，饥军可悯
天启七年八月丁巳	临洮、巩昌二府	缺饷五六年，数至二十余万
天启七年八月丁巳	固原镇	京运六年，共缺银十五万九千余两

---

　　① 《明熹宗实录》卷36，天启三年七月辛卯条，台湾"中央研究院"历史语言研究所1962年校印本，第1840页。

续表

时间	地点	情况
天启七年八月丁巳	靖虏卫	边堡缺饷二、三年不等
天启七年十月丙申	平凉府	京运银累计欠七十余万
天启七年十月丙	西安府	京运银累计欠八十余万
崇祯元年三月壬午	延绥镇	天启年间共欠一百五十余万,各军已欠饷二十七个月

而当时西北的督抚们,则对西北的惨状有着切肤之痛。天启七年(1627年)八月,陕西巡抚胡廷宴奏称:"各军始犹典衣卖箭,今则鬻子出妻。始犹沿街乞食,今则离伍潜外。始犹沙中偶语,今则公然噪喊矣。乞将前欠银两速发,以奠危疆。"崇祯元年(1628年)三月,三边总督史永安会同巡抚延绥的岳和声、巡按李应公,一起上疏:"千里荒沙,数万饥兵食不果腹,衣不覆体,盈庭腾诉,麾之不去。间有脱衣鞋而易一饱者,有持器具贸半菽者,有马无刍牧而闭户自经者,有饿难忍耐而剪发鬻市者,枵腹之怨久酿,脱巾之变立生,此延镇缺饷之难也。"

西北的边军因为缺乏粮食,已经到了卖妻鬻子的地步,实在是惨不忍睹。但对于督抚们来说,光描述惨状是不够的,还要提醒远在京城的皇上一句"枵腹之怨久酿,脱巾之变立生",再不发粮食,边军就要造反了!

在此之前,明代已经发生过多起兵变,起因多为粮饷的发放。嘉靖年间,大同镇就因粮饷问题发生了反抗大同巡抚张文锦的哗变。泰昌元年(1620年)十月,根据督饷户部郎中葛如麟的上奏，宣府缺乏粮饷也极为严重，极易引起兵变：

> 宣饷缺乏至极。饥荒旦夕难待。谓：宣府岁额京运主客饷银共该二十九万九千有奇，自万历二十七年至二十九年，未发银二十四万七千四百有奇，而四十八年全未题发，及三十八年以前，未发盐课三十三万九千七百余两，犹不与焉。民运银共该七十八万九千八百有奇，自四十一年至四十七年，共欠六十三万三千五百有奇，而顷优免四十一年以前之十二万八千七百余两，犹不与焉。今非邀浩荡之恩，无论数万老稚久填沟壑，万一强卒悍领，一呼百应，宁止如上年四月之变已哉？而荷戈无人，防御何赖？[①]

到明思宗即位时，除了东北的辽东战事，西北边军的缺粮问题也日益严重，这些过去守卫大明边境的将士，很快就要成为大明王朝的掘墓人。

祸起萧墙

尽管从万历四十七年（1619年）开始，辽东战事一败再败，大明王朝几乎掏空了家底也未能阻止辽东疆域的丧失，但对于崇祯元年（1628年）的明思宗来说，此时还有一个更大的危机摆在眼前：那就是整个大明，都在承受自然灾害，当时气候进入小冰

---

① 《明熹宗实录》卷2，泰昌元年十月戊辰条，台湾"中央研究院"历史语言研究所1962年校印本，第108至109页。

期，全国各地灾害频发，西北旱灾，江南水灾，沿海地区还有风暴潮，在这其中，西北灾情是最为严重的。

西北地区，本身就干旱缺水，又是军事重镇，军士用水、用粮极为困难，粮食可以靠内地运输，水却是只能看老天爷的心情。从万历晚期开始，西北就旱灾频发。本来，陕西被灾，还可以向河南借粮，但崇祯元年（1628 年），河南也发生了灾情，灾民已经到了吃树皮草根的地步。自顾尚且不暇，又如何顾得上陕西呢？而崇祯元年（1628 年）三月，三边总督向朝廷奏报西北惨状后，情况并未缓解。到了崇祯元年（1628 年）十一月，西北已然激起民变。时任陕西巡抚胡廷宴再次上奏："全陕灾荒，而延、巩为甚，饥民相聚为盗，乞赈恤停征。"换言之，即使胡廷宴早在当年三月就上报了灾情，可在三月到十一月的时间里，朝廷仍旧没有停止在陕西征税。到了崇祯二年（1629 年），西北终于是"枵腹之怨久酿，脱巾之变立生""强卒悍领，一呼百应"。

尽管朝廷在崇祯元年（1628 年）十一月减免了西北赋税，但崇祯元年（1628 年），三冬无雪，崇祯二年（1629 年），三春无雨。明思宗朱由检一会儿让大臣"虔诚祈祷"，一会儿说自己"昼夜靡宁"，却无法尽力救灾。而此时西北的情况是什么呢？延绥民频盗起，"饿殍之状，不啻《流民图》"。《流民图》是北宋熙宁六年（1073 年），由于河东、河北、陕西等地发生大饥荒，百姓纷纷逃难到开封以西一带，官府派遣人赈济灾民，却将大部分钱粮中饱私囊。灾民为活命扶老携幼到京城乞讨。当时管理安上门的郑侠，命画工绘其所见，奏献于宋神宗，其惨状让宋神宗废止了青苗法。在旧时，可以说是"惨状"的代名词了。陕西之中，情况最为惨烈的就是延安府与庆阳府，二者都是边地，这些灾民中很多人都曾经是大明的军士。为何说曾经呢？因为就在崇祯二年（1629年），因为军饷告急，明廷采用了最简单的办法——裁军。

> 崇祯己巳，秦大旱，粟踊贵，军饷告匮。总督杨鹤、甘抚梅之焕分道勤王，是年复以稽饷而哗，其溃卒畏捕诛，亡命山谷间，倡饥民为乱。时东事急，朝议核兵饷，各边镇咸厘汰，裁额至数十万。[①]

西北裁汰下来的军卒，既无军饷，又无粮食，却有一身武艺，那就只能造反了。而这段材料，还有下半段，更为著名：

> 乘障兵咸噪而下，而兵科给事刘懋[②]疏请裁定驿站，岁可节金钱数十万，上喜，著为令，有滥予者罪勿赦。懋意谓苏民力也。而河北游民藉食驿糈，至是遂无所得食，益无赖。溃兵乘之，而全陕无宁宇矣。[③]

---

① 吴伟业：《绥寇纪略》卷1《渑池渡》，清嘉庆十年虞山张氏照晓阁刻本。

② 刘懋上疏时为刑科给事中，后为兵科给事中。

③ 吴伟业：《绥寇纪略》卷1《渑池渡》，清嘉庆十年虞山张氏照晓阁刻本。

光是裁军还不够，崇祯元年（1628年）二月，原刑科给事中刘懋还上疏请求裁撤驿站，以实现每年节约数十万两白银。朱由检大喜，将刘懋改为兵科给事中，专管驿站事务。后来的故事我们都知道了，在这批被裁撤的驿卒中，有一个人叫做李自成。清代计六奇《明季北略》卷4《流贼初起》中，将明末"流寇"的起源分为六类，分别是"叛卒""逃卒""驿卒""饥民""响马""难民"，其中前三个都与军队有关。而"天下形势，莫强于秦。秦地山高土厚，其民多膂力，好勇敢斗。故六者之乱，亦始于此，而卒以亡天下"。

这是计六奇在明亡后所作的总结。但在当时，明廷君臣尚不以为意，在其眼中，区区"流寇"，还是好解决的。但天不遂人愿，西北灾情愈演愈烈。崇祯三年（1630年）七月，之前还在为裁撤驿站得到朱由检赏识的兵科给事中刘懋，已然发现西北的灾情与变乱并没有因为节约了几十万两银子就有所改善：

> 秦之流贼，非流自他省，即延庆之兵丁、土贼也。边贼倚土贼为乡导，土贼倚边贼为羽翼，六七年来，韩蒲袤掠其数不多，至近年荒旱频仍，愚民影附流劫于泾（泾阳）、原（三原）、富（富平）、耀（耀州）之间，贼势始大。当事以不习战之卒剿之，不克，又议抚之。其剿也，所斩获皆饥民也，而真贼饱掠以去；其抚也，非不称降，群聚无食仍出劫掠，名降而实非降也。且今年麦苗尽枯，斗粟三钱，营卒乏饷三十余月。即慈母不能保其赤子，彼官且奈兵民何哉？且

迩来贪酷成风，民有三金纳赋不能得一金，至于捕一盗而破十数人之家，完一赎而倾人百金之产，奈何民不驱为盗乎？若营兵旷伍半役于司道，半折于武弁，所余老弱既不堪战，又不练习，当责督抚清汰掺练以备实用也 。①

丛刘懋的奏疏看，朝廷并非不知道西北变乱的起因，却无法解决这个问题。在明末军政严重的腐败情况下，这个问题几乎是无解的。国库没有钱赈灾，皇帝私库、士绅家财数之不尽却称得上是"不拔一毛"，反而还要加重剥削。《明季北略》中记载的《流贼初起》，是一则非常典型的"官逼军反"的故事。

崇祯元年（1628年），陕西西安府长安县富林村有个名为钱文俊的富绅，喜好发放高利贷，乡人怨声载道。当时位于西安府城的镇守总兵官王国兴，招募了五百名家丁，其中有不少好赌的无赖之徒。其中几名也曾向钱文俊借高利贷，而无力偿还，后来双方发生冲突，兵丁杀死了三名来讨债的钱家家仆。钱文俊向王国兴告状，称兵丁从其处借了四十七两白银，实际上这些兵丁只借了九两，并偿还了八两。只不过钱文俊将八两白银统统当作利息，此后又向上级行贿。王国兴查明之后，钱文俊仍然不肯松口，被王国兴打了三十杖。钱文俊逃向官府，兵丁追捕而至，与文官发生冲突，被激怒的兵丁杀死了钱文俊全家，又劫狱救走了犯事的兵丁，接着就作为叛军一路杀掠出城，接着领导饥民数

---

① 谈迁：《国榷》卷94《崇祯二年三年》，清钞本。

万,正式反叛明廷。根据计六奇的说法,著名的农民军领袖高迎祥、罗汝才、刘国能、马守应俱是从此处起义,拉开了明末农民战争的序幕,此后军变、民变越发不可收拾。

到了明中后期,军队哗变已经不是什么新鲜事,而军队哗变的首要原因,就是缺饷,或者是答应的赏赐没有发放。万历援朝之役,万历二十一年(1593年)六月己亥,游击吴天赏所部就"以赏犒不至鼓噪"。到了崇祯时期,这种情况愈发严重。崇祯元年(1628年)七月甲申,辽东镇宁远军中,就以四个月没有发放军粮而发生哗变。哗变的军人将当时以右佥都御史巡抚辽东的毕自肃和总兵朱梅抓了起来,向他们逼问粮饷。毕自肃并非庸官,袁崇焕天启年间任辽东巡抚时就评价其"沉雄有大略",在"宁锦大捷"中立有功劳。毕自肃多次向朝廷请饷,但均无下文。值得一说的是,否决请饷的户部尚书毕自严,正是毕自肃的亲兄,可见当时国家财政之艰难。但造反的兵丁可不管这些,他们拿出兵刃,将毕自肃、朱梅以及推官苏涵绑到谯楼之上击打,最后劫获用于抚恤、赏赐和朋桩银①共两万,哗变兵丁还不满足,又向商民"借"得五万白银,才肯罢休。毕自肃因此事辞官,气愤而死。后袁崇焕将哗变的骨干十六人斩首。宁远之后,锦州又因军饷发生哗变。辽东是当时明廷军事的重中之重,尚且发生因缺粮而导致的哗变。西北军镇之兵变,数量更是远远多于辽东。根据

---

① 明代战马非正常死亡和走失,官兵要向太仆寺缴纳一笔费用,称为朋桩银。

学者统计①，崇祯年间，前述灾情最为严重的延绥，一共发生了十起兵变，统计中的二十四起兵变中，西北兵变占了十四起。除了延绥，崇祯元年（1628年），固原镇也发生了大饥荒，边军与饥民起义，打开府库，围攻周围州县；崇祯二年（1629年）十二月，原本援救辽东的山西明军，因为缺粮，在良乡哗变，到陕西投奔农民军；崇祯三年（1630年）正月，甘肃军卒杀死参将孙怀忠，叛走兰州。除了西北，辽东、蓟州、山西纷纷兵变。这些兵变的军队中，有很大一部分加入了农民军，并成为农民军的骨干。原本，明代的兵变平息得较为迅速，除了万历三大征中的宁夏之役，其他兵变大都在短时间内被明廷采用剿抚并用的手段平息。抚，需要物质条件支持，但此时明廷并无能力安抚好叛军与饥民。

首先，就是天灾。崇祯二年（1629年），兵变、饥民四起之后，天灾并没有结束。崇祯三年（1630年），黄河以北大旱，千里赤地，黄河以南则水灾频发，一片泽国；崇祯四年（1631年），言官称延安府已经三岁连荒，山西更是"自天启初以来无岁不灾"；崇祯五年（1632年），延安、庆阳"千里不炊，几成旷土"。在这种情况下，军饷的发放愈加困难。崇祯二年（1629年），根据户部尚书毕自严的上奏，即使将当年明廷的全部收入都充作军饷，也弥补不了缺口，户部侍郎南居益则言延绥、宁夏、固原三镇，已经缺饷三十六个月。在这种情况下，边军再不反抗，就是

---

① 李贤强：《明代北部边疆兵变的发生与处置》，《湖北大学学报（哲学社会科学版）》2021年第4期。

坐以待毙。嘉靖时期，若是因缺粮致使兵变，朝廷会尽快调集粮食安抚，但到了崇祯初年，实在是无粮可筹。而明廷此时能提供的救济只能说是杯水车薪，崇祯四年（1631年）正月，明思宗派御史吴甡携银十万两前往延绥赈济边军，十二月，停征延安、庆阳等处辽饷，但显然没有什么效果，因为缺口实在太大。前往延绥镇赈济的吴甡在崇祯五年（1632年）成为陕西巡按，上奏陕西的苦难：

> 近日秦盗之炽，仍是。四年来，遭诛之寇，每掠一村则一村之强壮者尽遭威胁而为贼。彼强壮者眼见妻子被掳，财畜被劫，房窑被毁，求生无术欲逃无归而亦不得不为贼。贼所为日多，而荒所为日甚也。然盗之与荒亦自有说，四年以前致盗飘荒，四年以后致荒飘盗。何以言之？自崇祯元年旱魃为虐，赤地千里，军缺饷而哗，民缺食而逃。一二奸黠不逞之徒，挺（铤）而走险，袒臂一呼，饥军、饥民，玄相附和，盗因以起。使岁稍丰稔，人有悛志。而二年、三年其旱尤甚，盗之燎原，不可扑灭，盖起于此，故曰盗飘荒致也。
>
> 四年仲夏，雨泽沾足，臣发赈之后，近城居民亦有荷犁而耕者。臣七月发自榆林，见芃芃黍苗，阴雨膏之，不胜色喜。曰：天心其厌乱乎？无奈贼以抢劫为生，秋成之日，尽为所掠。而且截我粮道，而且断我樵采。入冬以后，大雪助虐，孤城昼闭，井灶俱寒，强壮者既化为盗，所留老幼何以守城？故内应而报克者狎至也。使无盗贼之扰，则秋获可

望，粮路可通，身家可保，亦何至饥疲若此？故曰荒糵盗致也。

……

臣在耀州时，因延安南北饥荒至极，斗米五六钱，或有钱而无米可籴，或有米而无钱可买，道殣相望，惨不忍言。榆林一月之内死者六千余人，此流民之图所不载，而贾生之涕无从挥者。臣不待抚臣之请，即檄行布政司于闰十一月内解捐输银一万两，具疏入告。已而思之，此以济镇城，尚忧不给，岂能波及三十六营堡乎？又于十二月内发捐轮银六千两。又思十九州县二卫，处处穷荒，四野萧条，白骨青燐，冤号星夜，田地荒芜，把犁无人，若不预给籽粒，招抚流移，劝课耕农，则资生无望矣。又捐输一万三千有奇，委各道督其事，分给各有司查散，而捐输之数大约尽矣。乃自甘泉、宜君告变，道路梗塞，前此榆林一万闻尚留延安府库，后此二万解官趑趄不前，不知何日方到穷民之手。即到穷民之手矣，不知何日方有收获之望，此涓滴者，能有几何？金钱有限，饥民无穷。①

天灾与变乱使得西北民生难以恢复。如果朝廷不采取措施，这场变乱，是不会平息的。崇祯二年（1629年），农民起义势大后，朝廷要派出新的三边总督前往处理。朝中诸臣知道此事艰

---

① 吴甡：《柴庵疏集》卷九《荒盗频仍赈费有限疏》，清刻本。

难，不敢出任。而此时的杨鹤提出了"清慎自持，抚恤士卒"的方略，毅然前往陕西赴任。可杨鹤到达陕西后，就暴露出了其不谙军政的弱点。此时陕西的农民军，虽然是为了活命而反抗明廷，具备正当性，但其军纪较差，杀伤抢掠，无所不为。杨鹤到任后，仅采用了有限的军事手段，如让洪承畴等人率兵击杀农民军。其主要还是以抚为主，包括给诸多农民军首领颁发免死文书，让其投降，安置在延绥等地。为了表达"诚心"，其甚至还邀请起义军领袖神一魁的女婿与自己同住，只要农民军愿意口头表达归顺之意，杨鹤就赦免他们。可是农民军并未真心归顺，往往降而复叛。杨鹤因此遭到弹劾下狱。眼看农民军攻城略地，并从陕西蔓延至山西等地。明廷认为此时招抚已经难以平息，转而走向了征剿，而这也将明帝国彻底拖入了深渊。

南辕北辙

明末三饷，辽饷针对的是辽东防务，而剩余的剿饷、练饷，针对的则是农民军。崇祯十年（1637年），明廷为镇压李自成、张献忠等人领导的农民起义，采兵部尚书杨嗣昌之议，在全国"因粮均赋"，每亩加派米六合，以每石折银八钱征解，另每亩又加征银一分四厘九丝，田赋加派达三百三十万两。崇祯十二年（1639年），明廷为镇压农民起义军，以训练边兵为名增加赋税，每亩增收赋银一分，共增征赋银七百三十万两。从事后看，三饷的征派，非但没有挽救大明的危局，反而加速了其灭亡。

明思宗在失败前，不断发出"诸臣误我""君非亡国之君，臣皆亡国之臣"的感叹。在朱由检看来，自己自即位起，就着力解决大明的危机，十几年来宵衣旰食，不曾享乐，却落到这般田地，是无法接受的。大明朝的危机不是崇祯一朝产生的，平心而论，崇祯朝君臣为了挽救大明，付出了极大的努力。只是，"拯救大明"和"拯救黎民"，在他们看来并不是一回事，因此，崇祯君臣越"努力"，大明灭亡得越快。造成席卷大半个天下的农民起义，并不是少数"奸徒"裹挟饥民而起，而是土地兼并愈演愈烈，最终爆发的结果。实际上，明王朝的危机，早在明中叶就已经初现端倪，到了嘉靖后期，土地兼并、财政困难和兵备废弛等已然是明面上的问题。万历初年的张居正改革是唯一一次找对了方向的挽救措施。改革中的清丈土地，对国家、百姓都有利，却损害了豪族的利益。万历六年（1578年），张居正在稳固大权后，下令清查全国土地，限三年完成。《万历会计录》即是其成果。根据清查，万历初年垦田数达七百零一万三千九百七十六顷，较弘治十五年（1502年）增加二百八十多万顷。接着在此基础上，实行赋役改革，在全国推行"一条鞭法"。但在专制主义中央集权国家，清丈土地是一件极为艰难的事情。张居正死后，各项措施陆续废除，土地兼并的矛盾并未解决。

崇祯年间，大明朝已然是内忧外患，但要在崇祯一朝解决自洪武以来积累的问题矛盾，主观与客观上都无可能。崇祯君臣的目标，是要解决农民起义与后金军事威胁这些明面上的问题。而这一切，都需要庞大的军费，海量的后勤物资，这无疑是沉重的负担。但是不加强军备，筹措粮草，明王朝就有灭亡的危险。试图救国家于危难的晚明士大夫本身对此事是处于矛盾之中的，茅元仪就是其中的一例。

在《武备志》卷135《军乘资·饷一》中，茅元仪论及明代屯田之得失，认为明代屯田毁坏的原因，首先是明仁宗"余粮免半"的政策。茅元仪认为，明仁宗即位后将原本每分地征收十二石余粮的政策改为每分地征收六石余粮，减少了屯田军户的负担。这是明仁宗基于永乐时期大规模用兵对屯田产生的破坏，主动减少屯田军户的负担的明智之举。但在茅元仪看来，此举减少了明军的军粮收入，是短视之举。所谓"举天下之军籍食于屯，一旦失其半，何以足军国之需"？可见，在茅元仪眼中，为了"军国之需"，军户的困顿并不是需要考虑的事情。但茅元仪并非庸碌、无情之人，其亦看出屯田之毁坏，在于豪强兼并土地。要想重振屯田，必须抑制豪强、清丈土地，也知道此举必然会"犯江南巨室之怒"，但不如此，则贫者日贫。茅元仪认为清丈土地是"夺不应得者与应得之人"，只有抑豪强而抚贫弱，才能"众心得而祸不可煽"。只是，在最终给出的方案中，茅元仪还是选择加重军屯的征额：

> 复正余粮二十四石之额，复上仓交盘之制。即以今田等之，可得米三千一百四十六万四千五百七十六石。除正粮以食其十之三，尚可得余粮一千五百七十三万二千二百八十八石。今京军不过十二万，南京军额不满四万，尽补天下失伍之额，不过一百四十六万，除屯军外，不过九十八万余。用

其米三之二，足以养矣。截长补短，尽取给于此，更不烦转输之劳，而岁有两岁之支，苟足九年之蓄。则缮险治器皆可取给，更以其余设预备之仓，补饥荒之缺。军有余食，民无暴取，野无弃土，国有积储，虽井田复兴，内政复作，不能过也。但经理之时，向抛荒者，未免有牛种开浚之费；在边外者，未免有筑堡防御之劳。然筑堡即所以修边，开浚乃所以永利，牛种之费，正在一时，苟兼行钱法取之裕如，不足烦当中之虑也。①

从茅元仪对军屯的思考和对策来看，其并非不知道问题的症结，但是最终的选择还是苦一苦最基层的军户。茅元仪企图以屯田军户两年的牺牲，换取边军的物资充足，无疑过于理想主义，从明末三饷的征收来看，真若将军屯的征额恢复到二十四石，又岂会仅实行两年？《武备志》刻于天启年间，崇祯元年（1628年），茅元仪将此书上呈朱由检，但不为其所重视。茅元仪此后仅仅作为孙承宗的助手抗击后金军队，官至副总兵，后又因辽东哗变，解官去职，郁郁而终。茅元仪关于军屯的建议最终只留在书中。但崇祯二年（1629年）以后，如何处理军与民的关系，已然是朝堂争论的焦点。诚如言官吴执御所言"加派则害于民，不加派则害于兵"。在此背景下，对农民起义采取"抚"还是"剿"的态度，实际上就是倾向于"害民"还是"害兵"。

---

① 茅元仪：《武备志》卷135《军乘资·饷一》，明天启刻本。

我们再回到主"抚"的杨鹤身上。从杨鹤的行为与结果看，其"抚民"的措施无疑是失败的，但其思想还是值得探究的。杨鹤在崇祯元年（1628年）曾对明思宗言："图治之要，在培元气。自大兵大疫，加派频仍，小民之元气伤；辽左、黔、蜀，丧师失律，封疆之元气伤；缙绅构党，彼此相倾，逆阉乘之，诛锄善类，士大夫之元气伤。"①杨鹤本人也因为这些建议获得了美名。杨鹤的这些话，深得朱由检的赏识，当是时，国家疲敝，元气大伤，休养生息，利国利民。明思宗、杨鹤以及部分官员都持此观点。因此，杨鹤到任后，采取以招抚为主的政策，是符合帝心、官心乃至民心的。

但是，为什么招抚的政策失败了呢？除了杨鹤本身政治能力有限外，明思宗朱由检的态度才是至关重要的。朱由检虽然标榜自己不是亡国之君，更因为在煤山自杀殉国而有"君王死社稷"的美誉，但其性格、能力，都有致命的缺陷，不足以挽救危局。其中最致命的两点，一是急于求成，二是不肯担责。杨鹤的招抚政策，本身是得到朱由检的许可的。

杨鹤在朝臣视西北为畏途时，承担起三边总督的职责，极具勇气。其来到陕西后，也提出了两个解决农民起义的方案，一为蠲免赈济，二为移民就粮。蠲免赈济，需要国家的财政支持，尤其是赈济。蠲免赋税只是减少了朝廷的盘剥，但是边军、饥民依旧没有粮食，而朝廷给的赈济则极为有限。崇祯元年（1628年）

① 夏燮：《明通鉴》卷81《庄烈帝》，清同治刻本。

十月，朱由检发内帑十万用于陕西赈济，但这对于陕西灾情来说只是杯水车薪，而朝廷也没有意愿给予更多的支持。移民就粮亦不可行，陕西附近的河南、山西同样是灾情遍地，四川道路艰难，还有贵州动乱需要其物质支援。更何况，饥兵、饥民本身就是社会不稳定因素，各地也不愿意接纳。因此杨鹤实际上并没有什么有效的措施可以在短时间内抚平农民起义。杨鹤新招降的农民军发现，投降之后，依旧没有出路——国家的赈济极为有限，"归顺"之后依旧是吃了上顿没下顿的状态，返回原籍也无地可种，因此纷纷降而复叛，在陕西杀伤抢掠。朱由检因此迁怒于杨鹤，将其下狱。后来杨鹤在狱中为自己辩解，认为自己所做之事，是体察了皇帝之意的，即以和平手段解决农民起义的问题，毕竟朱由检自己都说流寇亦是子民。但是，和平解决这一问题，有一个必要的条件，那就是强大的经济实力，有钱有粮，才能招抚流民。明帝国的国库此时已经入不敷出，因此当朱由检发现杨鹤无法短时间内迅速解决农民起义，就将其作为替罪羊下了狱。不仅仅是杨鹤，户部尚书毕自严、蓟辽督师袁崇焕，皆是如此。无论当初多么受朱由检赏识，一旦无法到达皇帝的预期，纷纷都被下狱问罪。

抚不行，则剿。崇祯四年（1631年），杨鹤下狱，意味着明廷放弃了以招抚为主的政策。此时农民军已经蔓延至山西。在此情形下，朱由检下定了剿灭农民军的政策。崇祯四年（1631年）十一月，朱由检以之前剿杀农民军表现出色的洪承畴为三边总督，开始了对农民军的围剿。在洪承畴的指挥下，明军集中兵力，将农民军各个击破，陕西境内的农民军基本为其所败。在此期间，朱由检对洪承畴所部也提供了较为充足的后勤保障。崇祯四年（1631年），其就命兵部、户部筹措饷银二十五万供给洪承畴，到了崇祯五年（1632年），又为其提供了二十万两白银作为军饷，这在当时殊为不易。为何朱由检没有给予杨鹤如此的物质支持呢？恐怕还是因为洪承畴的表现十分"出色"，让朱由检看到了平息农民军的希望。然而，树挪死，人挪活，在洪承畴打击陕西境内的农民军时，农民军也在往邻近地区转移。到了崇祯六年（1633年），起义军已经扩散至河南、湖广、四川等地，农民起义已成燎原之势。

在洪承畴的筹划下，明军继续向周边围追堵截农民军。崇祯六年（1633年），曹文诏往山西平定农民军。崇祯七年（1634年），朱由检更是以陈奇瑜为河南、陕西、山西、四川、湖广五省总督，负责剿杀农民军。陈奇瑜在初期剿灭了湖广的农民军，并将李自成、张献忠等部围困在车厢峡之中，但随后中了农民军的诈降之计，放任农民军出走，使得功亏一篑。自此以后，明廷已经失去了将农民军一网打尽的机会，明军与农民军将陷入持久战。明廷君臣也重新调整了策略。

陈奇瑜去职之后，继任五省总督的是卢象升。卢象升在继任之前，几番推辞五省总督之职，并非其不肯任事，而是当时形势十分复杂，其需要对全盘进行思考。在任期间，卢象升先后上"平寇十要"和"剿寇三大机宜"，收录在《卢忠烈集》中。所谓"平寇十要"，是指"办饷、筹兵、用人、任将、设险、定功罪、

明分合、专责成、以民攻贼、以贼攻贼"十项措施，"剿寇三大
机宜"则是指"剿荡须审大局，兵饷须握全筹，督理须尽专力"，
在这其中，筹办军饷，是第一要务。卢象升在与农民军的作战
中，也注意到了农民军起事的不得已之处，无论是剿是抚，终归
需要大量的粮饷。因此，办饷是卢象升最为看中的，其在向朱由
检所上的《剿寇第一要策疏》中，论述了其筹办军饷的策略。卢
象升总结了农民军起事八年来的经验，认为"熟计八年来，强寇
愈剿愈横，所在攻城掠野，大率皆缘兵民从贼、作贼，是以党类
日繁。民从贼多起于饥寒，兵从贼多缘于缺饷。封疆之吏，日日
望之，朝廷计臣无术点金，请十不能得五，夫兴师一万日费千
缗，倘缺一兵之粮，必有一兵起而为患者，此何等时而尚堪尝试
乎？"①有鉴于此，卢象升提出让官员纳捐和将内库贡物折银等措
施，筹集军饷。在此之前，为了筹措军饷，明廷屡屡加派，卢象
升认为加派所累皆是贫民，应当向不贫之人索要粮饷。卢象升带
头将自己的俸禄和家产捐出，作为军饷，自卢象升以下，各级官
员根据品级不同，捐助银两，就近上缴。同时，卢象升根据《万
历会计录》，指出"每年起运钱粮，通计一千一百余万，解外库
者四百余两，即今太仓之银；解内库者六百余万，即蜡、茶、颜
料、弓箭、弦条、芝麻、华绒、丝绵、绢布、狐皮、胖袄等项"。
卢象升希望朱由检可以将内库物资折银充饷，如此一来，加上官
员捐纳，可以在不累百姓、不损国家的前提下每年筹集一二百万

① 卢象升：《卢公奏议》卷4《剿寇第一要策疏》，清道光刻本。

军饷。卢象升的想法可以说是解决明廷财政危机的好办法,堪称是破局之策。只可惜这些提议并未得到实施,而卢象升很快就被调往北方防御后金,此事也就没有下文。

卢象升之后,朱由检又以杨鹤之子杨嗣昌主导剿灭农民军。杨嗣昌根据起义军活动范围,提出了"四六正隅,十面张网"的计划:

> 流贼初起于延绥,而其害中于陕西、山西、河北、河南、湖广、四川、江北、庐、凤、应、安之八境。今山西余孽渐消,河北可幸无事,四川时戒不虞,而全伙大患惟在陕西、湖广、江北之间。其南邻江西,北邻山东二省,虽贼所未至,亦切近当防图之。之法当以陕西、河南、湖广、凤阳为四正面。此四巡抚与之计兵、计饷,责之分任剿而专任防。又以延绥、山西、山东、应天、江西、四川为六隅面。此六巡抚查其见兵见饷,责之时分防而时协剿,如是而十面之网张矣。
>
> 却用总督、总理二臣为随贼所向,专任剿杀之官。如贼在陕西,则陕西、四川、湖广、河南、延绥、山西六抚,张六面而总理入关与总督会剿。贼在河南,则河南、湖广、凤阳、应天、山西、山东六抚,张六面而总督出关与总理会剿。贼在湖广,则湖广、河南、陕西、四川、应天、凤阳、江西七抚,张七面,而总督、总理俱入楚会剿。贼在江北,则凤阳、应天、山东、河南、湖广、江西六抚,张六面而总

督、总理俱入江北会剿。如是而合剿之局定矣。①

杨嗣昌的计划深得朱由检之心。但要落实十面张网的计划，必然要增兵增饷。杨嗣昌提出要增兵十二万，增饷二百六十二万八千两（后增值为二百八十万两）：

> 今议官兵十二万，每步兵一名，日给五分，计兵七万四千名，该银一百三十三万二千两；每马兵一名，连草料日给一钱，计兵三万六千名，该银一百二十九万六千两。以上共银二百六十二万八千两。其将领中，千把总应支廪给即扣各兵每年六个月小尽给之，不须另派。然此未分行、二粮之算也。若边兵原有坐粮调用止给行粮，数或少减。南兵募兵本无坐粮，不当又分行坐名色，数亦不增止此二百六十二万八千两者。②

然而，这些钱从何处出？杨嗣昌原本想依靠各省用于防务的存银来解决，但各省留存之银远远无法满足征剿农民军的需求，因此，为了剿灭农民军，明廷最终还是选择了加派，征收剿饷。而在加派之初，杨嗣昌计划三月内就荡平农民军，可谓与茅元仪所言"暂累吾民一年，除此腹心大患"不谋而合。但事实是，剿饷一旦开征，又岂会只征一年？剿饷开征的第一年，明廷通过在

---

① 杨嗣昌:《杨文弱集》卷9《敬陈安内第一要务疏》，清刻本。
② 杨嗣昌:《杨文弱集》卷9《敬陈安内第一要务疏》，清刻本。

原本粮税上加派，清丈土地，富户捐纳和裁撤驿递，共筹银三百三十万两，可是这些银钱并未悉数投入作战中，在各级官员的贪腐下，前线明军依旧处于缺饷的状态。此后明廷又开征练饷，让更多的百姓站到了明廷的对立面，农民军愈剿愈多，势力越来越大。明廷君臣的一番心计，终究是南辕北辙。即使后来孙传庭等人能取得部分战役的胜利，初代闯王高迎祥也为明军所杀，但明廷的倒行逆施已让民怨沸腾，而起义军调整策略，喊出了"均田免粮"的进步口号，大明王朝终于走向了覆灭。

结语

从洪武元年（1368年）到崇祯十七年（1644年），大明王朝从定鼎中原走向了终结，以农民起义为基础建立的大明朝最终也消亡在农民起义的风暴中，当年跟随朱元璋平定天下的明军，到头来也成为压倒骆驼的一根稻草，大明王朝版图的兴衰，也反映在军士手中的那一粒粒米粮中。

明太祖朱元璋在创业之初，奉行"高筑墙、广积粮、缓称王"的战略，在所占之地推广屯田，恢复生产，积累了丰厚的后勤物资，作为征战天下的资本。朱元璋对军事后勤有着极为清醒的认识，不仅广积军粮，更以军粮为武器，在鄱阳湖封锁汉军粮道，让陈友谅兵败身死。此后南征北战，平定天下，朱元璋对明军的后勤路线更是精心谋划，确保明军不会因缺粮而败。之后更是在全国范围内推行军屯，辅之以民运、开中，使得明军粮储充裕，无后勤之忧。

明太宗朱棣夺位后，迁都北京，疏浚运河，依靠军屯粮储与四方所运之粮，五次亲征漠北，让鞑靼、瓦剌俯首称臣，南方则由张辅率军平定交趾。明军之势，可谓威震天下。然而，大规模的征战与工程徭役，让本应从事农业生产的军士疲于奔命，无力耕种，从而破坏了军屯制度，为明军之后的后勤问题埋下了隐患。与此同时，因为政治原因与后勤因素，明廷相继放弃了位于东北的大宁都司、河套的东胜卫与西北的威虏卫和亦集乃城，为将来东北、河套、西北的失地埋下伏笔。

仁、宣二帝时期，明廷休养生息，恢复生产，明军亦转攻为守。在此期间，交趾得而复失，明宣宗朱瞻基更因为后勤问题，将明军前哨开平内迁，重点建设宣府、大同防线。到了正统十四年（1449年），明军声威散去，瓦剌军全歼明英宗朱祁镇所率之数十万明军于土木堡，明军自此彻底转入守势。英宗之后，鞑靼部进入河套，宪宗、孝宗虽有驱逐蒙军、收复河套之意，却无决心，明军有小胜而无大获，终于使得河套为鞑靼部所占领。明廷北境门户大开，不得不耗费巨力修筑边墙，以此为依托经营九边防线。

与此同时，明廷君臣亦疏于战事，耽于享乐。军屯、漕军、递运所，这些维系明军生命的后勤措施，相继废弛，戍边军士衣不蔽体，食不果腹，又有沉重的徭役在身，纷纷逃亡。军屯荒废，军粮渐少，民运粮食，路途艰难，卫所制下的明军，已然战力堪忧。嘉靖年间，南倭北虏，明军在卫所制基础上增加营兵制，募兵之制一开，战力增加，但民众负担陡然加剧，一分田要养两处兵，苦不堪言。

万历之初，张居正锐意改革，清丈田亩，打击豪强，明军军储复增，加之隆庆和议，边境安宁，明军军威复振。明神宗虽然耽于享受，于军事却有着天然的敏锐，万历三大征平定外敌内乱，于后勤筹备，更是有称道之处。但面对三大征暴露出的后勤问题，却没有及时解决，反而更重剥削。

萨尔浒之战，明军困于粮草短缺，仓促分兵出征，遭遇大败。此后明廷变本加厉，从民间加派辽饷。天灾人祸之下，西北饥民、饥军，相继揭竿而起，原本应该守卫大明疆土的边军，因为无粮可食，反而葬送了明王朝。而大明君臣，面对揭竿而起的饥饿子民，发出的竟是"不作安安饿殍，效尤奋臂螳螂"的冷血之语。富有四海的皇帝，家财万贯的勋贵，衣食无忧的士大夫，面对国家危难，吝啬于私财，只知道搜刮百姓，剿饷、练饷相继加派，天怒人怨之下，大明王朝的倾覆已是必然之理。

王朝版图，既是兵锋所至，更是人心铸就。军心民心，无不与军粮息息相关，而解开版图之枷的钥匙，本身就掌握在执政者手中，于公于私，一念之差，关系的则是天下兴亡。

主要参考文献

古代典籍

明代以前

班固：《汉书》，北京：中华书局，1962年。

陈寿：《三国志》，北京：中华书局，1982年。

欧阳修等：《新唐书》，北京：中华书局，1975年。

脱脱等：《宋史》，北京：中华书局，1985年。

明代

《明实录》，台北：台湾"中研院"历史语言研究所校印本，1962年。

毕恭：《辽东志》，明嘉靖刻本。

毕自严：《度支奏议》，明崇祯刻本。

陈子龙等：《明经世文编》，北京：中华书局，1962年。

方孔炤：《全边略记》，明崇祯元年刻本。

高岱：《鸿猷录》，明嘉靖四十四年刻本。

顾养谦：《抚辽奏议》，明万历刻本。

顾祖禹：《读史方舆纪要》，北京：中华书局，1955年。

何乔远：《名山藏》，明崇祯刻本。

黄宗羲：《黄宗羲全集》，杭州：浙江古籍出版社，2012年。

焦竑：《国朝献征录》，上海：上海书店，1987年。

金幼孜：《北征录》，明嘉靖刻本。

李贤：《古穰集》，明成化刻本。

李贤：《大明一统志》，明弘治刻本。

刘定之：《否泰录》，明万历刻本。

卢象升：《卢公奏议》，清道光刻本。

陆容：《菽园杂记》，北京：中华书局，1985年。

马文升：《西征石城记》，明万历刻本。

茅元仪：《武备志》，明天启刻本

瞿九思：《万历武功录》，明万历刻本。

戚继光：《纪效新书》，北京：中华书局，1996年。

戚继光：《练兵实纪》，明万历刻本。

戚祚国：《戚少保年谱耆编》，清道光刻本。

申时行等修：《大明会典》，上海：上海古籍出版社，2002年。

沈德符：《万历野获编》，北京：中华书局，1989年。

宋濂等：《元史》，北京：中华书局，1976年。

宋讷：《西隐文稿》，清乾隆三年重刻本。

王鸣鹤：《登坛必究》，明万历刻本。

王世贞：《入晋稿》，明刻本。

魏焕：《皇明九边考》，明嘉靖刻本。

吴甡：《柴庵疏集》，清刻本。

徐日久：《五边典则》，明刻本。

徐元旸：《剂和悃诚》，明天启刻本。

许论：《九边图论》，明嘉靖刻本。

严从简：《殊域周咨录》，北京：中华书局，1993 年。

杨铭：《正统临戎录》，明万历刻本。

杨嗣昌：《杨文弱集》，清刻本。

叶盛《水东日记》：北京：中华书局，1980 年。

叶向高：《四夷考》，明万历刻本。

佚名：《诸司职掌》，明刻本。

于谦：《于少保奏议》，明刻本。

袁彬：《北征事迹》，明万历刻本。

汪道昆：《太函集》，明万历刻本。

王越：《王襄敏公集》，明万历刻本。

张萱：《西园闻见录》，民国排印本。

张学颜：《万历会计录》，明万历刻本。

张雨：《边政考》，明嘉靖刻本。

章潢：《图书编》，明万历刻本。

清代

毕沅：《续资治通鉴》，清嘉庆六年递刻本。

陈鹤：《明纪》，清同治十年刻本。

谷应泰：《明史纪事本末》，上海：上海古籍出版社，1994年。

计六奇：《明季北略》，清活字本。

谈迁：《国榷》，北京：中华书局，1958年。

吴伟业：《绥寇纪略》，清嘉庆十年虞山张氏照晓阁刻本。

夏燮：《明通鉴》，北京：中华书局，1959年。

张廷玉等：《明史》，北京：中华书局，1974年。

赵翼：《廿二史札记》，北京：中华书局，1984年。

今人论著

著作

杜洪涛著：《戍鼓烽烟——明代辽东的卫所体制与军事社会》，上海：上海古籍出版社2021年版。

顾诚著：《隐匿的疆土——卫所制度与明帝国》，北京：光明日报出版社2012年版。

顾诚著：《明末农民战争史》，北京：北京日报出版社2022年版。

胡凡著：《明代九边形成及演变研究》，北京：高等教育出版社2021年版。

赖建诚著：《边镇粮饷：明代中后期的边防经费与国家财政危机（1531—1602）》，杭州：浙江大学出版社2010年版。

刘景纯著:《明代九边史地研究》,北京:中华书局2014年版。

彭勇著:《明代班军制度研究——以京操班军为中心》,北京:人民出版社2020年版。

彭勇著:《明代北边防御体制研究——以边操班军的演变为线索》,北京:中央民族大学出版社2009年版。

王毓铨著:《明代的军屯》,北京:中华书局2009年版。

徐庆儒主编:《中国历代后勤史简编本》,北京:金盾出版社1996年版。

张磊著:《明代卫所与河西地区社会变迁研究》,北京:光明日报出版社2021年版。

朱永嘉著:《明代政治制度源流与得失》,西安:陕西师范大学出版总社2023年版。

华林甫主编:《中华文明地图》,北京:中国地图出版社2018年版。

谭其骧主编:《中国历史地图集》,北京:中国地图出版社1982年版。

【美】窦德士著,陈佳臻译:《长城之外:北境与大明边防1368—1644》,成都:天地出版社2024年版。

【美】黄仁宇著,张浩、张升译:《明代的漕运》,厦门:鹭江出版社2015年版。

【美】黄仁宇著:《十六世纪明代中国之财政与税收》,北京:生活·读书·新知三联书店2015年版。

【美】乔治·C·索普著，张焱译，杨少俊校：《理论后勤学》，北京：解放军出版社2005年版。

论文

硕博士论文

卜佳慧：《明长城研究史评述》，山西大学2023年硕士论文。

董建民：《援朝御倭战争明军粮饷问题研究》，山东大学2023年博士论文。

范传南：《明代九边京运年例银及其经营研究》，东北师范大学2011年博士论文。

胡元：《明代将帅家丁研究》，西北大学2020年硕士论文。

李晓辉：《明代督抚制度研究——以中央地方关系为视域的考察》，中国政法大学2013年硕士论文。

王慧明：《明代募兵制研究》，东北师范大学2021年博士论文。

许明玉：《明朝对明末农民起义剿抚政策研究》，云南师范大学2018年硕士论文。

苏新红：《明代太仓库研究》，东北师范大学2010年博士论文。

赵现海：《明代九边军镇体制研究》，东北师范大学2005年博士论文。

张松梅：《明代军队饷银供给演变探析》，曲阜师范大学2005

年硕士论文。

期刊论文

陈梧桐:《朱元璋恢复发展农业生产的措施》,《农业考古》1982年第1期。

陈育宁:《明代蒙古之入居河套》,《史学月刊》1984年第2期。

崔继来:《明代九边军兵的冬衣布花赏赐》,《安徽史学》2021年第2期。

段琳:《明代延绥镇民运粮供应区的形成与分布》,《延安大学学报(社会科学版)》2009年第5期。

范传南、姜彬:《论明代地方管粮官中的"道"》,《保定学院学报》2022年第5期。

付海月:《"河运"还是"海运"——明代漕运方式的嬗变及思考》,《黑龙江史志》2016年第4期。

胡克诚:《明代漕运监兑官制初探》,《古代文明》2016年第2期。

胡英泽:《明代九边守战与生活用水》,《史林》2009年第5期。

黄半文:《朱元璋在元末农民战争中的经济政策》,《浙江师范学院学报(社会科学版)》1983年第1期。

李晶:《明代大同镇粮食供应的地理圈层关系》,《农业考古》2017年第1期。

李三谋、刘彦威：《明代九边军屯与军牧》，《古今农业》2008年第2期。

李贤强：《明代北部边疆兵变的发生与处置》，《湖北大学学报（哲学社会科学版）》2021年第4期。

李想：《明代中叶后漕军的积债问题》，《井冈山学院学报（哲学社会科学）》2008年第9期。

梁淼泰：《明代九边的军数》，《中国史研究》1997年第1期。

梁淼泰：《明代"九边"饷中的折银与粮草市场》，《中国社会经济史研究》1996年第3期。

梁淼泰：《明代"九边"的饷数并估银》，《中国社会经济史研究》1994年第4期。

梁四宝：《明代"九边"屯田引起的水土流失问题》，《山西大学学报（哲学社会科学版）》1992年第3期。

林金树：《明初吴中地区社会经济状况初探》，《明史研究论丛（第四辑）》1983年。

林延清：《论明代兵变的经济原因和历史作用》，《明史研究论丛（第四辑）》1991年。

刘杰：《明末农民战争历史根源再探讨》，《长江大学学报（社会科学版）》2013年第7期。

刘景泉：《论朱元璋的军屯政策》，《南开史学》1981年第1期。

阮宝玉：《明清漕运中民运与军运的抉择——以江西、湖广"仪兑"为中心的讨论》，《史林》2019年第6期。

宋上上:《明代九边粮价与月粮折价关系的再考释》,《中国农史》2023年第2期。

孙晋浩:《开中法与明代盐制的演变》,《盐业史研究》2006年第4期。

唐景绅:《明初军屯的发展及其制度的演变》,《兰州大学学报》1982年第3期。

田冰:《明成化至正德时期北方边粮供应的变化及其影响》,《郑州大学学报(哲学社会科学版)》2007年第5期。

王尊旺:《略论明代九边军费管理的列衔问题》,《兰州学刊》2012年第3期。

王林鹏:《明初"开中法"与西北边防》,《黑龙江史志》2015年第1期。

韦占彬:《明代边军仓储管理论略》,《河北师范大学学报(哲学社会科学版)》2007年第4期。

韦祖松:《明代边饷结构与南北转运制度》,《盐业史研究》2005年第2期。

夏强:《成型但不成熟:明代的盐法道制度》,《盐业史研究》2019年第2期。

谢文森:《明代漕运成本问题探究》,《绥化学院学报》2017年第5期。

岳廷俊、其格:《明朝屯垦经济初探》,《新疆社科论坛》1999年第2期。

张松梅:《试论明初的军饷供应》,《东岳论丛》2004年第6

期。

　　张叶、吴滔：《从淮仓到淮库：漕粮加耗折银与明代财政》，《史林》2017年第4期。

　　赵毅、范传南：《九边防卫与明帝国的财政体制变迁——以九边军费为探讨中心》，《社会科学辑刊》2011年第5期。

　　周松：《元代黄河漕运考》，《中国史研究》2011年第2期。

后　记

　　当这本书的写作进入尾声时，我不禁回想起初中二年级的某个中午。彼时的我，正拿着一本类似《中学生天地》的杂志，读着一篇名为《吃饭问题》的文章，边看边吃着学校食堂煮的半生半熟的青菜。文章中描绘的各类军粮，例如拿破仑的罐头、德国人的牛肉，似乎可以增加寡淡午饭的滋味，而书中"饥饿是古代士兵的头号杀手"，更是给了我一点小小的震撼，间接开启了我的写作之路。

　　少年时期的我，体育课屡屡不及格，但是对军事题材却有着浓厚的兴趣。一来我的大舅是一名优秀的海军军官，榜样的力量是无穷的；二来闭路电视的时代，电视节目选择不多，电视里有什么看什么，父母看什么我就看什么，大概是幼儿园时期，我就在被窝里陪父母一起看当时刚刚播映的《三国演义》。在我的认知里，古代士兵的头号杀手当然是关云长的刀、赵子龙的枪，抑或是赤壁之战中那漫天的火箭，至于诸葛亮历次北伐，屡因粮尽而还的遗憾，则是无法体会的。等到本科一年级，古代史老师一句"要是把食堂都关了，你看学校还能不能开得下去"的玩笑话，让我再次燃起了对中国古代军队吃饭问题的兴趣。因此写了一篇《漫话古代军粮》的杂文，有幸被新华社解放军分社刁炜编辑相中，刊登在《世界军事》杂志上。对军粮问题的研究，是我科普写作的起点。

2022年年底，当我还没从世界杯回过神时，接到了山西人民出版社崔人杰兄的电话，问我是否愿意参与"溯源"系列的历史通识写作。面对这天大的"馅饼"我自然是一口应承下来，报上了古代军粮的选题。我的本意是深入研究一下古代军粮的种类，看看古代军人的菜谱上究竟有些什么。无论何时，"美食"都是一个有趣的话题。但是通过前期的资料搜集与整理，发现这个命题过于宏大了，以我的学识，断然是不可能将先秦到清代的军粮问题研究清楚的。因此我转而将目光放在了更为具体的问题上：军粮问题对于一个朝代兴亡的影响。因为我在"保存朱明一代的直接史部"的天一阁博物院工作，因此我选择了明代作为研究的对象。在正式写作之前，我从《明实录》等史料中攫取资料，先做了一个资料长编。等长编做完，发现历史与自己的设想还是有不小的差距。我本身是想做一个"有趣"的读物，但史料中展示的显然是明代军士的血泪史，即使是我认为最有趣味的军粮种类，在今天看来，这些军粮根本与"美食"二字毫无关系。也终于理解了二十年前那句"饥饿是古代士兵的头号杀手"的深意。因此，最终定下了"版图之枷——军事后勤视野下的明代国家兴亡"的题目,希望能从军事后勤的角度阐释明代国家兴亡与疆域变迁背后的经济因素。

这本书从立项到出版,要感谢山西人民出版社梁晋华总编辑的支持;"溯源"系列的负责人崔人杰兄给了我很大鼓励,更给了我充足的时间,让我能从容地完成书稿;责编吉昊老师对全书进行了认真校对,改正了很多因为我粗心大意而造成的错误;陈婷老师三易其稿,设计出了我认为是最棒的封面。还有黄博老师,不吝挥毫,为本书题写书名,令我喜出望外。

在此,我要特别感谢我的导师华林甫教授。在人民大学读研的三年里,华老师对我认真指导,严格要求,尤其是告诉我"最笨的办法就是最好的办法",让我踏踏实实找史料、做研究。而当我志忑地提出为本书作序的请求时,华老师没有丝毫犹疑,欣然允诺。而本书的插图,也是以华老师《中华文明地图》中的明代图组为底图绘制的,老师的言传身教和鼓励,是我能够完成本书的重要动力。同样感谢的还有中央民族大学的彭勇教授和江西师范大学的方志远教授,两位老师不吝笔墨,慨然推荐,字句间的深邃洞察与真挚勉励,不仅为书稿添上点睛之笔,更赋予我继续前行的力量。

同时,要感谢我的妻子顾乔娜对我写作的支持和鼓励;感谢我的父母,从千岛湖赶到宁波帮我照顾孩子;他们的付出让我可以在下班后安心写作。也要感谢天一阁博物院,为我提供了一个非常好的环境,刘云、刘晓峰两位老师不厌其烦听我讲述写作时的心得，并给予宝贵的建议；张晶晶、赵梦洁、吴雨琪等同事对本书的"催更"，敦促我加快进度。当然，最需要感谢的是各位读者，在这个知识碎片化的时代，每一位阅读书本的读者，都是我们创作的不竭动力，希望这本书能够让大家喜欢。

赵旭腾

2025 年 3 月于天一阁待访楼